EL ROMANTICISMO EN LA AMÉRICA HISPÁNICA

II

BIBLIOTECA ROMÁNICA HISPÁNICA

DIRIGIDA POR DÁMASO ALONSO

II. ESTUDIOS Y ENSAYOS, 40

EMILIO CARILLA

EL ROMANTICISMO EN LA AMÉRICA HISPÁNICA

TERCERA EDICIÓN REVISADA Y AMPLIADA

BIBLIOTECA ROMÁNICA HISPÁNICA

EDITORIAL GREDOS
MADRID

© EMILIO CARILLA, 1975.

EDITORIAL GREDOS, S. A.

Sánchez Pacheco, 81, Madrid. España.

Depósito Legal: M. 14047 - 1975.

ISBN 84-249-0623-3. Obra Completa. Rústica.
ISBN 84-249-0624-1. Obra Completa. Tela.
ISBN 84-249-0627-6. Tomo II. Rústica.
ISBN 84-249-0628-4. Tomo II. Tela.

Gráficas Cóndor, S. A., Sánchez Pacheco, 81, Madrid, 1975. — 4311.

X

GÉNEROS Y TEMAS: LA LÍRICA

Un punto previo que conviene discriminar es el que se refiere al concepto de género literario. No cabe duda de que —a pesar de las objeciones de Croce— podemos aceptar la existencia de géneros literarios, siempre que no se llegue al exceso de considerarlos como categorías rígidas. A su vez, la defensa de los géneros no debe apoyarse en razones exclusivamente didácticas (que, en última instancia, es base harto discutible) sino en razones más hondas. No existen géneros cerrados, pero sí existen los géneros como formas definidas que ahorman la expresión, que canalizan el espíritu, y que hacen que, precisamente, el escritor se identifique a menudo mejor con unos que con otros.

Esta es —por otra parte— idea que hoy predomina de manera manifiesta en el campo de la crítica y que defienden destacados críticos, especialmente como respuesta al análisis negativo de Benedetto Croce (ver, sobre todo, estudios de Ortega y Gasset, Fubini, Alfonso Reyes, Paul Van Tieghem, Kayser, Wellek y Warren, Guillermo de Torre, Armand Pier-

hald) [1]. La reacción es digna de notarse, ya que abarca a críticos de muy diversa tendencia.

Lo que podemos agregar (y en esto tiene validez Croce) [2] es que no hay géneros mayores y menores. En otras palabras: hay géneros de brillo tradicional, brillo apoyado en una sucesión de obras fundamentales, pero no hay géneros potencialmente inferiores. El poeta justifica aun aquellos en apariencia pequeños...

Hecha esta elemental consideración, podemos tentar el análisis de los géneros en la época romántica.

Por cierto que, al entrar en materia, se ve de inmediato que así como los grandes escritores personalizan los géneros literarios, las épocas literarias (y más, aquellas de dimensiones apreciables) llegan también a establecer situaciones paralelas: valoración, creación, intensificación, anulación, etc., que configuran, finalmente, los géneros esenciales de la época. El romanticismo, en consonancia con su espíritu, personalizó ciertos géneros tradicionales, les insufló nueva vida, y creó otros que consideró necesarios. Curiosamente (pensemos en los ejemplos europeos) eligió como caballo de batalla el teatro (ataque a la rigidez de las especies dramáticas, a las unidades, al sentido de imitación), pero también por lo que el teatro significa en la vida literaria (obra, escenario, público, prensa). En América, el teatro tiene menor expan-

---

[1] Ver J. Ortega y Gasset, *Ideas sobre la novela* (en *Obras Completas*, III, Madrid, 1947, pág. 388); M. Fubini, *Genesi e storia dei generi letterari* (en A. Momigliano —dirección—, *Tecnica e teoria letteraria*, Milán, 1948, págs. 161-179); A. Reyes, *El deslinde*, México, 1944, páginas 25-26; W. Kayser, *Interpretación y análisis de la obra literaria*, 2.ª edición, Madrid, Editorial Gredos, 1958; R. Wellek y A. Warren, *Teoría literaria*. (Ver trad. de J. M. Gimeno Capella, Madrid, 1953, págs. 304-416.) En fin, trabajos de Roman Jakobson, Emil Steiger, Carlos Bousoño y muchos otros.

[2] Ver Benedetto Croce, *La poesia*, Bari, 1946, pág. 112.

sión, aunque es testimonio también de la lucha y del ansia creadora de los escritores. Sin embargo, poco o nada valioso queda de una producción abundante. En cambio, hay otros cauces en los cuales el romántico americano —sin tanta abundancia— dejó obras más perdurables. Una vez más, pues, fecundidad no supone calidad.

El romanticismo penetró en Hispanoamérica a través de un género definido: la lírica. O, mejor, la poesía. Este fue el punto de arranque y —al mismo tiempo— el medio del triunfo. De manera esquemática, Pedro Henríquez Ureña apunta así la cronología del romanticismo en la América Hispánica: el romanticismo comenzó en la poesía, y después siguió con el drama y la novela[3].

De acuerdo, con el único agregado de que quizás la denominación de «novela» no abraza toda la variedad de obras en prosa que escapan a esa más o menos ceñida denominación, y que particularizan al romanticismo en Hispanoamérica. Por eso, más exacto es hablar de obras de ficción en prosa o, simplemente, de prosa romántica, si se quiere abarcar esa variedad y, en consecuencia, aprehender las expresiones realmente valiosas de la época.

Por otra parte, la amplia denominación de «poesía» (poesía en su sentido corriente de obra en verso) también abarca sectores dilatados y conviene a su contenido concreto en Hispanoamérica.

Queda, por último, el drama (en verso y en prosa, pero más frecuentemente en verso que en prosa) como índice de una producción nutrida, aunque —repito— más perecedera que la que muestran los otros grandes grupos.

---

[3] Cf. Pedro Henríquez Ureña, *Las corrientes literarias en la América Hispánica*, traducción de Joaquín Díez-Canedo, México, 1949, página 122.

TEMAS Y GÉNEROS

El romanticismo tiene en América —como en Europa— gran variedad de temas. Con mayor exactitud, podemos decir que a los temas tratados por el romanticismo europeo (casi todos ellos —a veces con el sello de determinados autores— pasaron el mar) los románticos de este continente agregaron otros temas de carácter típicamente local, mucho más restringido.

Goethe trazó de manera risueña, en una poesía *A Estados Unidos*, un cuadro de temas literarios europeos y llegaba a sospechar que América estaba libre de ellos. Si Goethe alentaba alguna seriedad, por debajo de su letra, la verdad que se equivocó en sus deseos, pues también en América se cantaron los «castillos en ruinas» y se escribieron «fábulas de hidalgos, bandidos y fantasmas» [4].

---

[4]
> Tú, América, lo pasas mejor
> que nuestro viejo continente:
> no tienes castillos en ruinas,
> ni tienes basaitos,
> ni te turban en lo interior,
> al tiempo que vives,
> las inútiles remembranzas,
> las contiendas vanas.
> ¡Goza tu hora con fortuna!
> Y si dan en poetizar tus hijos,
> líbrelos el hado propicio
> de fábulas de hidalgos, bandidos y fantasmas.
>   (Goethe, *A Estados Unidos*, en *Xenias Mansas*.)

Alfonso Reyes —que cita los versos— agrega «que viene a ser todo un programa vanguardista ofrecido a un pueblo sobre el cual no pesa el estorbo de las tradiciones ni la retórica acumulada por siglos de literatura». A. Reyes, *Goethe y América* (en *Verbum*, de Buenos Aires, 1932, XXV, núm. 82, pág. 78). Ver también *Grata compañía*, México, 1948.

Dentro de la variedad, es digno observar cómo algunos
de los temas más apegados a la realidad americana (hombre
y paisaje, sobre todo) dejaron obras más estimables. Claro
que no es esto poder del tema, sino del poeta, pero habrá
que reconocer que, en temas concretos, el verdadero poeta
se sentirá siempre inclinado hacia aquello que siente mejor
y próximo.

Conviene ordenar una materia que se da con engañadora
proliferación y entrecruzamiento de líneas dentro del romanticismo en Hispanoamérica. Lo atinado —me parece— es
partir del hombre y ensanchar su ámbito (hacia afuera y
hacia atrás).

Tenemos, de esta manera, al hombre en sí, en su intimi-
dad, reflejado en una copiosa literatura lírica (sentimentalismo, confesión, meditación, religiosidad). Después, el hombre como ser social (con temas como el indianismo y el
indigenismo, el negro y la esclavitud, el blanco y las categorías sociales; política y sociedad, costumbrismo).

Otro tema que aparece con frecuencia en las obras románticas es el del paisaje: casi siempre vinculado al sentimiento de la naturaleza (es decir, fusión de hombre y paisaje), o bien en descripciones detalladas de la rica y variada
naturaleza americana (selvas, montañas, llanuras, desiertos,
ríos).

La historia tiene también en el romanticismo del continente tanta trascendencia como tiene en el romanticismo
europeo, con la diferencia de que el americano siente como
suyos los temas europeos (Antigüedad clásica, Edad Media
europea, Tiempos Modernos) y, además, los que se refieren
exclusivamente a América (América Precolombina, la época
de la Conquista, la Colonia, Siglo XIX).

Para la época romántica tiene validez aquel juicio —algo
limitador— que escribió Menéndez y Pelayo en su *Antología*

de poetas hispanoamericanos [5]. Menéndez y Pelayo —es sabido— considera que las dos expresiones más originales de la poesía hispanoamericana son las de tema descriptivo [6] y político. Ampliando el juicio a la prosa y agregando el tema indianista, creo que se completa mejor el cuadro. Una última particularidad —muy visible— es la fusión entre estos tres temas, como si en el siglo XIX, en Hispanoamérica, el hombre diera la impresión de ser inseparable del paisaje y de la proyección social.

POESÍA Y LÍRICA

No es atribuible al azar el hecho de que el romanticismo haya comenzado en Hispanoamérica a través de la lírica. Ni es tampoco casual que la lírica recorra con abundancia y de manera pareja toda su trayectoria. Es que, evidentemente, no puede desconocerse lo que significa el sentimiento lírico dentro del romanticismo, lo que significan el individualismo y la exaltación del yo. Pensando en tal predominio —aunque sin exagerar limitaciones— reconocemos la verdad de la conocida caracterización de Brunetière.

Si bien se sospecha una extraordinaria producción lírica en Hispanoamérica durante la época romántica, la realidad supera aún a cualquier cálculo. Tantos versos se escribieron, y con tanta continuidad, que sin duda de esta época provienen algunas caricaturas que empezaron a difundirse por Europa, caricaturas o sátiras literarias que muestran a Hispanoamérica como región pródiga en escritores en verso, y

---

[5] Menéndez y Pelayo, *Antología de poetas hispanoamericanos*, I, Madrid, 1927, pág. IX.

[6] Cf. también con la posterior y, en general, bien construida *Antología de la poesía hispanoamericana* de Leopoldo Panero (dos tomos, Madrid, 1944). Ver tomo I, prólogo, págs. 11-15.

a los hispanoamericanos como poseedores de una fecundidad excepcional, fecundidad que —naturalmente— no guarda relación con la calidad.

Volvamos al hecho concreto de la abundancia de obras líricas americanas. Dentro de ella, el mayor número corresponde a los poemas breves, pero este número no oculta un grupo nutrido de poemas extensos. Aquí podemos recordar el ideal de Echeverría manifestado en una carta y que encuentra aplicación en algunos de sus poemas:

> En poesía, para mí —dice—, las composiciones cortas siempre han sido de muy poca importancia, cualquiera que sea su mérito. Para que la poesía pueda llenar su misión profética, para que pueda obrar sobre las masas y ser un pedoroso elemento social, y no como hasta aquí, entre nosotros y nuestros padres, un pasatiempo fútil, y, cuando más, agradable, es necesario que la poesía sea bella, grande, sublime y se manifieste bajo formas colosales [7].

En el afán de distribuir de manera adecuada un material de profusión notoria, propongo una elemental distinción entre diferentes tipos. A su vez, es difícil una estricta propiedad en los nombres, ya que, evidentemente, lo lírico predomina. Sin embargo, me apoyo en matices para señalar las diferencias. Tenemos, así, el poema descriptivo, el poema narrativo lírico y el poema esencialmente lírico (y, dentro de este último, diferentes especies).

POEMA DESCRIPTIVO

Por lo común, el poema descriptivo de los románticos es un poema extenso o, por lo menos, de cierta extensión.

---

[7] Carta de Echeverría, citada por Juan María Gutiérrez. El poeta la escribió poco antes de la aparición de *Los consuelos* (1834). Ver Echeverría, *Obras Completas*, V, Buenos Aires, 1874, pág. LX.

Fundamentalmente, estos poemas ofrecen una visión de la naturaleza americana, de la rica y cambiante naturaleza americana, y —no cabe duda— inauguran de manera firme un paisaje literario nítidamente local.

Son, además, poemas que cumplen aquel vaticinio de las *Silvas* de Bello. Es cierto que no hubo muchos «Marones», pero el paisaje de América encontró buenos cantores que fijaron —no sólo en el verso— una típica y peculiar naturaleza. (Esto también hay que tenerlo en cuenta, aunque aquí nos interese el tema en relación a sus formas más logradas.)

La naturaleza tiene para el romántico dos dimensiones:

1.º Como fusión, como sentimiento de la naturaleza. Es decir, identificación con un paisaje real, al cual el poeta aplica sentimientos humanos. Naturaleza como proyección sentimental, en un juego circular cerrado, entre sujeto y objeto. Es casi siempre un paisaje en soledad, para que la fusión sea más íntima y comunicativa.

2.º La descripción, más narrativa y colorida que sentimental, sobre todo, vinculada a paisajes exóticos o, simplemente, al deseo de captar el «color local».

En fin, hay un tercer grupo, coincidencia de los dos anteriores, en que el poeta siente necesidad de mirarse a una naturaleza virgen.

Conviene destacar que el escritor americano se encontraba aquí en situación distinta al europeo. Corrientemente, no llevaba a sus obras lugares y especies exóticos, sino lugares y especies que conocía desde su infancia, vale decir, familiares. Claro que tampoco en este tema puede desconocerse el influjo y los modelos europeos: la diferencia está en que el influjo se manifiesta sobre todo en la incitación.

Para el americano es una incitación poderosa y, más aún, un tema apenas llevado a los libros. La naturaleza clasicista era una naturaleza estilizada, convencional, vista en los paradigmas literarios y no en la realidad[8]. Una curiosa confrontación se encuentra en un poeta americano, Manuel María Madiedo:

> ¿Qué fuera aquí la fábula difunta
> de las ninfas de Grecia afeminada,
> al lado del tremendo cocodrilo
> que sonda los misterios de tus aguas?
> No en tus corrientes nada el albo cisne,
> sólo armonioso en pobres alabanzas;
> pero atraviesan tu raudoso curso
> enormes tigres y robustas dantas...
> No nadan rosas en tus aguas turbias,
> sino los brazos de la ceiba anciana,
> que desgarró con hórrido estampido
> el rayo horrendo de feroz borrasca...
> ¡Oh, qué serían sátiros y faunos
> bailando al son de femeniles flautas,
> sobre la arena que al caimán da vida
> en tus ardientes y desiertas playas!...
>
> (M. M. Madiedo, *Al Magdalena*)[9]

Esta naturaleza virgen explica, junto a su deslumbrante riqueza, que abunden en obras americanas tanto las que nos muestran el sentimiento de la naturaleza como la descripción

---

[8] En realidad, esa tradición venía de más lejos: asomaba en la literatura que se produce en América durante el siglo XVI, y llega hasta comienzos del siglo XIX.

Es conocida la extrañeza de Alejandro de Humboldt ante la falta de elementos de la naturaleza americana en poemas épicos de tipo renacentista escritos en el Nuevo Mundo. A lo más, hay alguna presencia —y no mucha— en obras menos ambiciosas, tal como señalé en otro lugar.

La razón es clara: los ideales literarios llevaban a mirar de cerca —aquí— modelos europeos sostenidos por una antiquísima tradición. En cambio, el paisaje americano, con su extraordinaria riqueza y variedad, estaba lejos (en todo sentido) de aquella tradición.

[9] Cf. Menéndez y Pelayo, *Antología de poetas hispanoamericanos*, III, edición de Madrid, 1928, págs. 229 y 230.

colorida de un paisaje propio. Explica también que prácticamente se encuentre el tema en la mayor parte de las obras que se escriben en la época (novelas, cuadros de costumbres, poemas, etc.). Claro que, ahora, hago hincapié en los poemas y sólo en determinados poemas: no puede discutirse la importancia del paisaje en *Tabaré*, de Zorrilla de San Martín; en *Gonzalo de Oyón*, de Arboleda; en el *Martín Fierro*, de Hernández; pero en ellos la naturaleza está —por supuesto, sentida, viva— al servicio de la anécdota o fusionada con el asunto. En cambio, al referirme a «poemas de la naturaleza» estoy pensando en poemas como la *Memoria sobre el cultivo del maíz en Antioquia y Aures*, de Gregorio Gutiérrez González; en *Los colonos* y *El Tequendama*, de José Joaquín Ortiz; *Al Magdalena*, de Manuel María Madiedo; *Río Moro*, de Jorge Isaacs; el *Preludio al Mamoré*, de Ricardo José Bustamante; *Al Illimani* y *A la naturaleza del oriente de Bolivia*, de Manuel José Cortés; *Al Tequendama*, de Agripina Montes de Valle; *En el Niágara*, de Rafael Pombo; el *Poema del Niágara*, de Juan Antonio Pérez Bonalde; *Al Niágara*, de Antonio Vinageras...

Poemas donde la naturaleza predomina y aún tapa al elemento humano. Con otras palabras, son poemas donde el hombre, si aparece, aparece como un elemento más, o fusionado con ese paisaje, o en función de una circunstancia que lo penetra hondamente. El poeta venezolano José Ramón Yepes escribió como epígrafe de su poesía *La media noche* lo siguiente:

> En ninguna parte la naturaleza nos penetra más del sentimiento de su grandeza; en ninguna parte nos habla más y más fuertemente, que bajo el cielo de América [10].

---

[10] Ver Menéndez y Pelayo, *Antología de poetas hispanoamericanos*, II, edición de Madrid, 1927, pág. 561.

Quizás porque la exaltación y lo extremado latían en lo esencial del ser romántico, éste sentía como más grandiosa y espectacular (como más suya, también) la naturaleza tropical. Era lo americano en su expresión más rica y llamativa, y era también lo que no podía ofrecer, como realidad inmediata, la poesía europea. En otra perspectiva, conocimiento y alarde, deseo de marcar rasgos personalizadores a través de un paisaje que no podían ostentar las literaturas y modelos que admiraban. De ahí la frecuencia de este tema y la coincidencia con algunos de los mejores poemas: la mayor parte de los que hemos citado se refieren a ese paisaje.

Evidentemente, la selva resalta. Pero no oculta la cambiante variedad del paisaje americano: la pampa y las llanuras (Echeverría, *La cautiva*, I; Ascasubi, Hernández, Obligado), la naturaleza subtropical (Echeverría, *Avellaneda*, I), las mesetas, las montañas (M. J. Cortés, V. Riva Palacio), las costas, el mar, las islas (Heredia, V. Riva Palacio, J. E. Caro, Mármol, Zorrilla de San Martín), los ríos (casi todos los poetas citados; en especial: J. J. Ortiz, J. Isaacs, M. M. Madiedo, R. J. Bustamante, A. F. Cuenca).

Aclaro que muchos de estos nombres no pertenecen al grupo estricto de autores de poemas descriptivos, pero, dentro del peso que el paisaje tiene en obras románticas, reflejan una incuestionable variedad. En fin, una naturaleza menos llamativa, por lo común, más suavizada, en ocasiones, que la brillante naturaleza de los trópicos.

POEMA NARRATIVO LÍRICO

En Hispanoamérica se escribieron numerosos poemas extensos, construidos sobre una anécdota casi siempre de tema histórico. En esos poemas solían insertarse descripciones de la naturaleza, retratos, comentarios líricos. El resultado —repito— era un poema de cierta extensión, al cual llamamos «poema narrativo lírico», y entran en el grupo obras como *La cautiva*, de Echeverría; el *Gonzalo de Oyón*, de Arboleda; *Tabaré*, de Zorrilla de San Martín, y, en lugar especial, el *Martín Fierro*, de José Hernández. Entran también aquí otros poemas de muy diverso carácter y mérito —*El reloj*, de Batres Montúfar; *El campanario* y *El bandido*, de Sanfuentes—, pero la estructura común y los mejores ejemplos se dan, sin ninguna duda, en las obras citadas en primer término. Dentro de ellas conviene —como he dicho— señalar en lugar especial al *Martín Fierro*. Es que en él no se trata de una evocación histórica, ni de plantear —con otra intención— la lucha entre el blanco y el indio como tema principal, sino de narrar la vida del gaucho con un dramatismo y un sentido social que escapaba a lo conocido.

En cambio, otros poemas —como el *Gonzalo de Oyón* y *Tabaré*— nos dan más acabadamente la idea de lo que eran estas obras, cuyo eje lo daba la época de la Conquista, y, dentro de ella, la lucha entre el indio y el español. Y si *La cautiva* no entronca con elementos evocativos, toca el tema al llevar al poema la lucha entre indios y blancos, dentro de la perspectiva en que Echeverría se coloca y, en general, dentro de la perspectiva en que se enfoca la oposición entre el indio y el blanco en obras literarias del Río de la Plata (como se ve también —aunque aquí de manera parcial— en el *Martín Fierro*).

Esta oposición nos enfrenta con uno de los temas fundamentales del romanticismo hispanoamericano: me refiero al indianismo.

Se llama indianismo a una tendencia literaria que nace, en realidad, en la época romántica y que se caracteriza por la defensa e idealización del indio. Defensa, más bien, de

tipo lírico, y que para encontrar campo amplio se proyecta
hacia el pasado. No es, por lo tanto, el indio contemporáneo
el que llega a las obras, sino el indio que en la época precolombina, o en la época de la Conquista, o en la época de
la Colonia, aparece unido al paisaje americano, y casi siempre
en resguardo de sus tierras o de sus costumbres y vidas. A
su vez, como el autor de la obra es un blanco (prácticamente, no se da el autor indio o mestizo que escribe sobre el
tema) [11], la idealización o. defensa del indio no supone por
lo común la hostilidad hacia el blanco (identificado con el
español) [12]. Hay, por el contrario, intentos de conciliación,
intentos que dan el sello predominante a esa literatura.

Sus orígenes pueden marcarse en la época de las Revoluciones de Independencia, donde se hace un uso abundante
—aunque no siempre se los sintiera muy cerca, como ocurre
en el Río de la Plata— de nombres y símbolos indígenas.
Vale decir, que sus bases son esencialmente políticas, aunque
después toma una dirección literaria, vinculada en gran parte
al antiespañolismo. Claro que la actitud «indianista» se liga

---

[11] A comienzos del siglo escribió el peruano Mariano Melgar (1790-
1815), que entra en este grupo y que supo expresar naturalmente el
alma indígena. No tuvo mayormente continuadores y se lo cita a menudo como precursor del romanticismo. Es un verdadero poeta indígena en lengua española, pero —sin duda— le faltó vida para ser un
verdadero escritor indianista. Sobre Melgar, ver mi estudio en *Tres
escritores hispanoamericanos* (Lizardi, Bartolomé Hidalgo y Melgar),
en el *Boletín de la Academia Argentina de Letras*, de Buenos Aires,
1963, XXVIII, págs. 111-120.
Ignacio Manuel Altamirano (1834-1893) fue indio puro. Pero en todo
caso —y reconociendo la significación de su obra— tiene ésta un
relieve más mexicanista que indianista.
[12] Por lo menos, no en la medida en que ocurre en las novelas
indigenistas de nuestro siglo, en que la oposición nítida se marca
entre el indio, por una parte, y, por otra, sus explotadores o enemigos
(gamonales, yankis, blancos en general), casi siempre sin matices o
grados.

a un sentimiento de simpatía y defensa, siquiera literario. Como no siempre ocurre eso en obras románticas, quizás más exacto sea distinguir primero el tema del indio y después hablar del indianismo.

Pasadas las guerras de Independencia, la persistencia de nombres y símbolos quedó ligada a un ámbito social inmediato, no tanto para reflejarlo como para llevarlo en simpatía hacia la obra literaria. De ahí que la denominación de indianista no convenga al Río de la Plata, donde, a través del pensamiento de sus hombres, de la realidad social y de las obras en que el indio aparece, no puede hablarse de indianismo.

El indio no tuvo en la República Argentina el peso (cultural, de población, fusión de razas, etc.) que tuvo en otras regiones americanas. Lo característico es la rivalidad con el criollo, aunque pudiera distinguirse, a veces, entre norte y sur. Un testimonio antiindigenista es, por ejemplo, este párrafo de Alberdi:

> A la Europa debemos todo lo bueno que poseemos, incluso nuestra raza, mucho mejor y más noble que las indígenas, aunque lo contrario digan los poetas, que siempre se alimentan de la fábula [13].

Alberdi se refiere a la idealización de los poetas, pero al escribir esto piensa no en poetas argentinos de su tiempo, sino en poetas de la época revolucionaria o, simplemente, en poetas de otras latitudes. Porque bien sabemos cómo había aparecido el indio en poemas como *La cautiva*, de Echeverría, y cómo aparecerá en el *Santos Vega*, de Ascasubi, y en el *Martín Fierro*, de Hernández. Presencia, sí, pero no simpatía.

---

[13] Cf. Alberdi, *Acción de la Europa en América*, en *Obras Completas*, III, Buenos Aires, 1886, pág. 82.

En esta mi historia, poema o cuento, como se le quiera llamar —dice Ascasubi—, los indios tienen más de una vez parte
prominente, porque, a mi juicio, no retrataría al habitante legí-
timo de las campañas y praderas argentinas el que olvidara al
primer enemigo y constante zozobra del gaucho [14].

En cambio, en las demás regiones hispanoamericanas sí
puede hablarse de indianismo. Indianismo que era, en mucho,
reflejo directo de una realidad social concreta, tal como se
ve, aún hoy, en México y el Perú. Como caso de excepción
no faltó en el Perú un Felipe Pardo y Aliaga, espíritu aristocrático, que en serio y en broma disparaba sus dardos:

> ... Czar de tres tintas, indio, blanco y negro,
> que rige el continente americano,
> y que se llama Pueblo Soberano.
>   (*El Rey nuestro señor*) [15].

Pero en las regiones del Pacífico —repito— esto es la
excepción.

Aída Cometta Manzoni, que ha estudiado el tema del
indio en la literatura americana, distingue, en su útil estudio,
entre indianismo e indigenismo. Indianismo, como evocación,
idealización, proyección hacia el pasado; indigenismo, como
realidad concreta e inmediata, como realidad social. Demás

---

[14] Hilario Ascasubi, *Santos Vega o Los Mellizos de «La Flor»*. «Al
lector», París, 1872.
[15] Cf. también:

> ... Viendo que ya eres igual,
> según lo mandan las leyes,
> al negro que unce tus bueyes
> y al que te riega el maizal.
>   (Pardo y Aliaga, *A mi hijo, en sus días*.)

está decir que lo característico del romanticismo es —como venimos señalando— el indianismo [16].

Cronológicamente, Cometta Manzoni distingue dos etapas dentro del indianismo romántico: 1.ª) Desde *La cautiva* (1837) hasta 1860, con pocas obras, en virtud de las luchas civiles; 2.ª) Desde 1860 hasta 1890, en que la mayor paz permite una producción nutrida de «leyendas, narraciones y episodios sentimentales y patrióticos» [17].

A su vez, creo que —sobre las mismas bases— podemos nosotros establecer dos grupos (eso sí, bastante desiguales) y sin marcar fechas precisas: 1.º) Predominio ostensible del indianismo típicamente romántico (Mera, Arboleda, Galván, Zorrilla de San Martín, J. J. Pérez, Salomé Ureña de Henríquez) [18]; 2.º) Comienzo del indigenismo, realista o natura-

---

[16] Ver Aída Cometta Manzoni, *El indio en la poesía de América Española*, Buenos Aires, 1939, pág. 20. Difiero únicamente en la acepción de «indianismo» extendida a obras en las que aparece, sí, el tema del indio, pero no en actitud de simpatía (tal como ocurre, precisamente, en *La cautiva*). Aquí, claro está, aparece el tema del indio, pero no el indianismo.

José Carlos Mariátegui distinguía sólo entre literatura indigenista (en la que entra tanto lo que llamamos indianismo como indigenismo) y literatura indígena: «La literatura indigenista no puede darnos una versión rigurosamente verista del indio. Tiene que idealizarlo y estilizarlo. Tampoco puede darnos su propia ánima. Es todavía una literatura de mestizos. Por eso se llama indigenista y no indígena. Una literatura indígena, si debe venir, vendrá a su tiempo. Cuando los propios indígenas estén en grado de producirla.» (J. C. Mariátegui, *Siete ensayos de interpretación de la realidad peruana*, Santiago de Chile, 1955, pág. 252.)

Concha Meléndez prefiere la denominación de *indianista* para «toda la literatura que de un modo u otro simpatiza con el indio», y excluye la voz *indigenista* («vocablo indeseable hasta por razones de eufonía»). Ver C. Meléndez, *Asomante*, Puerto Rico, 1943, pág. 148.

[17] Aída Cometta Manzoni, *El indio en la poesía de América Española*, pág. 155.

[18] Necesariamente, el tema nos lleva a incluir otros géneros, aparte de los poemas narrativos. A menudo, el indianismo de los román-

lista, superpuesto —hacia el final del siglo— al indianismo (González Prada, *Baladas peruanas;* Clorinda Matto de Turner) [19].

En fin, perfilando mejor, diremos que el indianismo es lo caracterítisco del siglo XIX, y que el indigenismo lo es del siglo XX [20].

Por último, digamos que hay grados dentro de lo que cabe bajo la denominación de indianismo (de nuevo, sin reparar ahora en géneros), grados que van desde el simple tema, sin notorio afán reivindicador, como ocurre en la novela *Cumandá,* de Mera, pasan por la evocación de *Tabaré,* de Zorrilla de San Martín, y llegan a la exaltación nítida del indio en el *Enriquillo,* de Galván. (Claro que esto también puede llevar a preguntarnos si *Cumandá* es realmente una típica novela indianista. De todos modos, ya difiere en forma visible de la hostilidad con que se muestra al indio en obras argentinas, y, por otra parte, las *Melodías indígenas,* del mismo autor, son poemas que ayudan a situarlo mejor.)

---

ticos tuvo como vehículo la novela histórica (Mera, Galván) y el poema narrativo (ver, sobre todo, Santo Domingo), por lo común en la forma de «leyendas» históricas.

[19] La campaña de reivindicación del indígena en el Perú fue iniciada particularmente por Manuel González Prada. A González Prada lo siguió Clorinda Matto de Turner con su novela *Aves sin nido* (1889). González Prada no escribió novelas, pero sí arengas, ensayos (*Nuestros indios* —1904—) y poesías (*Baladas peruanas* —ver, sobre todo, *El mitayo*—, elaboradas entre 1871 y 1879, y publicadas, como obra póstuma, en Santiago de Chile, 1937).

[20] Ver (ahora, sí, sobre el vehículo casi exclusivo de la novela), Alcides Arguedas, *Raza de bronce;* César Vallejo, *El tungsteno;* Jorge Icaza, *Huasipungo;* Ciro Alegría, *El mundo es ancho y ajeno;* José María Arguedas, *Yawar fiesta;* Gregorio López y Fuentes, *El indio;* Raúl Botelho Goçalves, *Altiplano...* (Cf. Gerald E. Wade y William H. Archer, *The «indianista» novel since 1889,* en *Hispania,* de Baltimore, 1950, XXXIII, págs. 211-220; Concha Meléndez, *La literatura indianista en el Perú de hoy,* en *Asomante,* Puerto Rico, 1943, págs. 49-62.)

POEMA LÍRICO

Con el nombre de poemas líricos englobamos multitud de poesías —breves, en su mayor parte— que constituyen la ofrenda copiosa de los románticos hispanoamericanos.

El romántico fue un hombre presto a la efusión y a estampar en la letra sus sentimientos. Por eso, quizás lo retraten con mayor nitidez los poemas breves en que dejó sus alegrías y sus penas, sus esperanzas, sus amores. A propósito de sus sentimientos: ¿tienen cabida la alegría y el humor en los temas románticos? La verdad que escasean, sin duda porque los consideró temas poco poéticos o, con mayor razón aún, porque tuvieron en rigor poca importancia en lo esencial de la vida romántica [21]. Recordemos también que, con frecuencia, el escritor romántico no alcanzó larga vida. Hombre de realizaciones extremadas, su vida la ocupan, sobre todo, el ideal, la pasión, la política, la meditación... Los aciertos y extravíos provienen de su exaltación y súbitos reflejos. Las emociones, las crisis frecuentes, quedaron en los versos como el testimonio por excelencia de

---

[21] Se puede citar a poetas satíricos peruanos, a costumbristas de todas partes (¡sombra de Larra!) y a escritores como el colombiano Marroquín *(La perrilla, La serenata;* escribió también unos *Estudios sobre la historia romana,* en verso), como el colombiano Ricardo Carrasquilla *(El chocolate),* como el chileno Sanfuentes *(El campanario),* como el venezolano Juan Vicente Camacho *(La tisis),* como el guatemalteco Batres Montúfar... Por cierto que ni Marroquín, ni Felipe Pardo, ni Segura, son de los románticos más típicos, y que hasta puede cuestionarse hasta dónde llega su romanticismo.

La sonrisa de los románticos (por lo menos, la sonrisa auténticamente romántica: cf., Larra) es una sonrisa que descubre amarguras y muecas debajo del ingenio. Tiene mucho del dardo que sale de un arco con sonidos de música.

aquellos hombres que escribían —que decían escribir— bajo el imperativo de la inspiración.

Los grandes poemas líricos de la humanidad no son extensos (como si el más acendrado lirismo necesitara brevedad). Ahora bien, si entre los románticos hispanoamericanos no aparece ningún gran lírico universal, eso no es obstáculo para que reconozcamos ciertas presencias de valor indudable (José Eusebio Caro, Pérez Bonalde, Maitín, González Prada, y el lugar especial de la Avellaneda). Reconocimiento, a pesar de ser tributo harto desigual para la abundancia lírica del siglo XIX hispanoamericano.

Esa abundancia (otra vez) y la variedad son las que nos obligan a señalar grupos de acuerdo a los temas fundamentales. Creo que se pueden establecer los siguientes: 1) sentimental; 2) familiar; 3) meditativo; 4) religioso; 5) patriótico y político; 6) social, y 7) de la naturaleza.

TEMA SENTIMENTAL

Dentro de este grupo están algunos de los mejores poemas del romanticismo hispanoamericano: la *Vuelta a la patria*, de Pérez Bonalde; el *Canto fúnebre*, de José Antonio Maitín. También, alguno de los más conocidos poemas, como el *Nocturno a Rosario*, de Manuel Acuña.

En realidad, aquí habría que citar a casi todos los poetas románticos, porque —si no todos padecieron del «mal del siglo»— [22] prácticamente todos escribieron poesías sentimen-

---

22 He aquí cómo —sin designarlo— lo describe Justo Sierra en uno de sus *Cuentos románticos*:

[Manuel] «Padecía un mal terrible, cuyo diagnóstico es éste:

Primer período: melancolía que se condensa, que se ennegrece hasta volverse hastío.

Segundo: sufrimiento indeterminado, pero por eso infinito... Crisis; en ella se pierde la vida o el corazón.» (Justo Sierra, *La novela*

tales. Y hubo poetas —como los mexicanos Manuel M. Flores (por algo escribió las *Pasionarias*) y Manuel Acuña— que han pasado a la posteridad encarnados íntegramente, o casi íntegramente, en la lírica sentimental.

Veamos ahora ejemplos: I. Rodríguez Galván, F. Calderón, I. Ramírez (*Al amor*), I. M. Altamirano (*María*), G. Prieto (*Mi dolor, Décimas*), M. M. Flores (*Pasión, Ausencia, Adoración*), M. Acuña, J. de D. Peza, G. Gómez de Avellaneda (*A él, A...*, *Amor y orgullo*), Plácido, J. C. Zenea (*A mi amada; Sicut nubes, Quasi naves, Velut umbras; No me olvides*), D. Veintemilla de Galindo (*Quejas*), A. Lozano, J. R. Yepes (*La niña errante*), Pérez Bonalde (*Te amo*), J. E. Caro (*Ceniza y llama*), Arboleda (*Me ausento, Nunca te hablé*), G. Gutiérrez González (*A Julia, I; A Julia, II*), M. A. Caro, N. P. Llona (*Grito del corazón, Amor*), C. A. Salaverry (*Acuérdate de mí*), R. Palma (*Amor, Ave de paso*), L. B. Cisneros, C. Althaus, G. Matta, G. Blest Gana, Echeverría, C. M. Cuenca (*Delirios del corazón*), R. Gutiérrez (*El sí*).

En general, el romanticismo hispanoamericano fue un romanticismo proyectado hacia fuera. Hubo —repito— sentimiento lírico, pero se quedó, sobre todo, en la efusión erótica y en el dolor. Hubo también una poesía de la noche, un nocturno —lo veremos—, pero se quedó más en lo externo (decoración, paisaje) que en la penetración onírica, en el desnudar del inconsciente, y en el mundo de los mitos y relaciones mágicas (ese mundo y esas relaciones que, dentro de un rico venero —variedad y riqueza— en Alemania y Francia, ha captado Albert Béguin en un recordado libro) [23].

---

de un colegial, en *Cuentos románticos*, ed. de México, 1946, pág. 30. Los cuentos fueron escritos entre 1868 y 1873; la 1.ª ed. es de 1896.)

[23] Albert Béguin, *El alma romántica y el sueño*, trad. de Mario Monteforte Toledo, México, 1954.

Un ejemplo de lo que digo se ve en el soneto de Sánchez Pesquera titulado precisamente *El sueño,* donde se procura menos describirlo que definirlo:

> ¿Me preguntas, Gisela, qué es el sueño?
> Es la sombra del árbol de la vida,
> la lección del morir nunca aprendida,
> y el reinado del grande y del pequeño...

Y lo mismo ocurre en el poema de Julio Zaldumbide *Al sueño*:

> En otros tiempos huías
> de mis llorosos ojos, sueño blando,
> y tus alas sombrías
> lejos de mí batías,
> en vuelo en otros lechos reposando...

TEMA FAMILIAR

En principio, pensamos que lo que se llama comúnmente «lírica familiar» (o doméstico-familiar) no estuvo muy extendida entonces. Digo en principio, y sin tener muy en cuenta paradigmas, sobre todo lo que Víctor Hugo significa aquí como modelo, a través de una de sus «etapas» líricas.

Con todo, un conocimiento detenido de la lírica romántica en Hispanoamérica nos muestra que este sector es más importante (o, por lo menos, más nutrido) de lo que parece a simple vista. En última instancia, es justo decir que, si no es el más espectacularmente romántico, es un tema que no puede olvidarse si no se quiere desfigurar un cuadro total. La única aclaración que conviene hacer es que su mayor abundancia no se marca, por cierto, en el primer romanticismo.

Aunque pueden señalarse precedentes desde muy atrás, esta lírica familiar es —según el crítico francés Felipe Van Tieghem— un aporte romántico [24]. En Hispanoamérica, el ejemplo más recordado es la famosa recreación de Andrés Bello, *La oración por todos*. Entran también aquí Carlos Guido Spano (*At home, A mi madre*), Olegario V. Andrade (*A mi hija Agustina, La vuelta al hogar, El consejo maternal*), Rafael Obligado, Numa Pompilio Llona, Gregorio Gutiérrez González, José Eusebio Caro (*El bautismo, Después de diez años*), Jorge Isaacs (*La casa paterna*), Rafael Pombo (*La casa del cura*), José Fornaris (*El arpa del hogar*, libro, de 1878), Juan de Dios Peza (*Cantos del hogar*).

---

[24] Si bien no coincide exactamente con lo que digo, copio un párrafo sustancioso de Alfonso Reyes sobre los románticos y el tema familiar: «El romanticismo europeo nace armado de rebeldía social, aún en la vida real de los poetas (Byron, Musset, Heine —primera víctima de Hitler—, Larra, Espronceda). El romanticismo americano, como que es más gregario, antes que escribir versos a la amante, los escribe a la esposa, a los padres, con cierto no sé qué de poesía casera («¡Padre, madre, hermanos, ay!», ¡oh, Guido Spano!). Mayor sometimiento a la familia que en el español, el cual ya es más sumiso, a su vez, que los de allende los Pirineos.» (A. Reyes, *Constelación americana*, México, 1950, págs. 43-44.)

Quizás la única observación que se puede hacer es que, indudablemente, la poesía familiar de los románticos quedó —textos, antologías, recitaciones— más fijada que la simple poesía erótica o que la poesía social. Pero, en su conjunto, ni abundó más ni es mejor.

Claro que lo corriente es —por desconocimiento o ligereza— apuntar hacia una caracterización unilateral del romanticismo, con exclusión de lo familiar. Así, leo en un trabajo reciente: «Ninguna etapa tan cruel, para la poesía, como la del paraíso romántico. La pompa del lenguaje insuflaba la vida, y las noches de poetas y poetisas transcurrían de claro en claro, y los días de penumbra en penumbra; porque no parecía lícita la realidad cotidiana, la buena salud era casi un insulto y la normalidad en las relaciones un hecho que debía ocultarse, como si fuera delictuoso y desentonara en la buena sociedad de las letras...» (Fryda Schultz de Mantovani, *Pasión de la Avellaneda*, en *Cuadernos Americanos*, de México, 1956, XV, núm. 6, pág. 238.)

No olvidemos lo que pesa la evocación doméstica en poemas como el *Canto fúnebre*, de Maitín. ¿Y qué es, en fin, sino evocación familiar, emocionada evocación, la *Vuelta a la patria*, de Pérez Bonalde?

LA MEDITACIÓN

El poeta romántico no se detuvo ante lo inmediato y circundante y tomó también como tema de sus poemas las grandes cuestiones metafísicas: la vida, la muerte, la eternidad... En otro sector, Dios. Nada tuvo límites para el vuelo del poeta, y de ahí la frecuencia con que aún hoy nos sorprenden en medio de copiosas exclamaciones y signos interrogativos.

Hubo algunos poetas que fijaron en este tema sus poemas más recordados. Así, considero al colombiano Rafael Núñez (*Que sais-je?*) y al ecuatoriano Numa Pompilio Llona (*Canto de la vida, Los caballeros del Apocalipsis, Odisea del alma*). Pero la lista es más extensa: Manuel Acuña (*Ante un cadáver*), Ignacio Ramírez (*Por los muertos*), Guillermo Prieto (*Meditación*), Gertrudis Gómez de Avellaneda (*El genio de la melancolía*), Juan Ramón Yepes (*La media noche*), Manuel María Madiedo (*Meditación, Soñar*), Jorge Isaacs (*Resurrección*, poema que escribió Isaacs como respuesta al de igual título escrito por Diógenes A. Arrieta), Julio Zaldumbide (*La eternidad de la vida*), Roberto Espinosa (*El centro de las almas no es la tierra, Mensajes de ultratumba*, treinta composiciones breves), Clemente Althaus (*Demócrito y Heráclito*), Carlos Augusto Salaverry (*Misterios de la tumba, Gratitud al cielo*), Ricardo Rossel (*En el cementerio*), Guillermo Matta (*En el cementerio, En las montañas*), Olegario V. Andrade (*Prometeo, Atlántida*), Rafael Pombo (*La hora de las tinieblas*: «...¿La vida es sueño?, ¡qué sueño / tan raro en su obstinación!»).

Este querer sobrepasar los límites cercanos respondía también a lo esencial del alma romántica. Nos sirve aquí —como en otras partes— un párrafo de Echeverría, exacto en su brevedad:

> El arte debe huir siempre de las particularidades. Girar en el círculo de las ideas generales, abrazar con una pincelada un cuadro vasto, un siglo, la humanidad entera si es posible... [25].

Naturalmente, algunos de los autores citados ofrecen interés particular. Así ocurre —repito— con el ecuatoriano (en realidad, ecuatoriano-peruano) Numa Pompilio Llona, por el predominio del tema en su obra total y por la posible influencia de Schopenhauer. Así también, el mexicano Manuel Acuña, a través de su difundido poema *Ante un cadáver*, reflejo de su escepticismo y de la exaltación de la materia.

TEMA RELIGIOSO

Menos significación tienen los poemas religiosos que se escribieron en la época. No porque hayan escaseado, sino porque en relación a la altura del tema y a la riqueza de los precedentes en lengua española (¡oh, siglo XVI!) muy poco es lo que hay que decir aquí.

Algunos poemas que hemos citado entre los de tipo meditativo tocan fronteras de este grupo, pero he procurado separar con el nombre de religiosos aquellos centrados en la devoción o, simplemente, en la exaltación de nombres y símbolos sagrados. Cito ejemplos: Gertrudis Gómez de Ave-

---

[25] Echeverría, carta al Doctor José María Fonseca, en *Obras Completas*, V, pág. 153.

llaneda (*Plegaria, La Cruz, Al nacimiento del Redentor*), Plácido (*A la muerte de Jesucristo*), Nicolás Ureña de Mendoza (*Día de Dolores*), Javier Angulo Guridi (*A Dios*), Guillermo Prieto (*Viernes Santo*, serie de poemas en versos endecasílabos, en que se describe la Pasión y Muerte de Jesucristo), Abigail Lozano (*Dios*), Rafael María Baralt (*Sobre un cuadro a la desesperación de Judas*), Heriberto García de Quevedo (*Predicación del Evangelio, La Ascensión*), José Antonio Calcaño (*La siega*), Jorge Isaacs (*Saulo*), José María Samper (*Plegaria*), Numa Pompilio Llona (*A la muerte de Jesús, La Resurrección*), Eloy Escobar (*A San Vicente de Paúl*), Rodolfo Vergara Antúnez (*El claustro, El misionero*)[26].

A veces, la evocación y el sentimiento religioso se fundían en temas del Antiguo Testamento: Pinzón Rico (*El despertar de Adán*), Manuel Carpio (*La cena de Baltasar*), José Joaquín Pesado (*La cena de Baltasar*), José Rivera Indarte (*El rey Baltasar*). Por cierto que es llamativa la reiteración en la figura de Baltasar.

---

[26] Conviene decir aquí que el satírico Martínez Villergas, al cuestionar los motivos que tuvo Juan María Gutiérrez para rechazar el nombramiento de académico de la Lengua, señalaba una serie de autores hispanoamericanos que habían escrito composiciones religiosas («místicas» las llama). Menciona así autores como Bello (*La oración por todos*), Heredia, la Avellaneda, Maitín (*Jehová*), Valdés (*Salmos*, traducción), Francisco Acuña de Figueroa (*Salmos*, traducción), Bustamante (*Lux Aeterna Lucebit*), Abigail Lozano (*A Dios*), Matta (*Oración*), Echeverría (*Ruego*) y otros, incluido el propio Gutiérrez. Martínez Villergas procuraba mostrar que el tema no era «exclusividad» de la lírica española, en relación a lo que consideraba limitación del juicio de Juan María Gutiérrez. (Cf. Juan Martínez Villergas, *Poesías del Dr. Gutiérrez*, en J. M. Gutiérrez, *Cartas de un porteño*, ed. de Buenos Aires, 1942, págs. 157-159.)

Dejando a un lado el carácter polémico que reviste el artículo de Martínez Villergas, y aceptando, por supuesto, la presencia del tema, es justo, con todo, distinguir entre composiciones donde lo religioso es motivo fundamental y composiciones donde es motivo accesorio (como varias de las que cita.)

En general —repito—, no es éste tema donde sobrevive la lírica romántica, muy pálida frente a agobiantes ejemplos españoles. En todo caso —y marcando grados—, conviene reparar, aunque los ejemplos no abunden, en la vinculación muy de la época, entre tema religioso y proyección social. Tal como ocurre con el poema de Almafuerte, *El misionero*.

TEMAS PATRIÓTICO Y POLÍTICO

¡Oh! ¡Ven conmigo, antigua amiga mía,
Musa, que no quemaste un solo grano
de incienso nunca ante ningún tirano!
(J. J. Ortiz, *Los colonos*.)

El tema patriótico es un tema que, naturalmente, puede aparecer exagerado en su número, pero que —si no por la calidad— se justifica por el particular momento político que viven estas regiones.

La mayor parte de los países hispanoamericanos han nacido a la vida independiente a comienzos del siglo. En el momento emancipador (primeros veinticinco años) se canta a la patria naciente, las victorias militares, los símbolos de la nacionalidad. En la época romántica, el canto se centra en la evocación de las grandes fechas, en el homenaje a los héroes de la Independencia y —sobre todo, porque no falta el motivo— en la comparación con las guerras civiles y tiranuelos que han sucedido con frecuencia a las luchas de emancipación. Como el panorama americano ofrece bastante semejanza, de ahí también la coincidencia temática: evocaciones nostálgicas, versos de proscriptos, paralelos y retratos. Todo dicho en un lenguaje encendido, vigoroso, individualizador, que sólo se altera (y atenúa) ante matices evocadores.

En cuanto a los retratos y paralelos, las líneas son gruesas
y sin variantes: o ángeles o demonios...

La nostalgia de la patria ocupa buen número de poesías [27].
O, como bien describía Ascasubi:

> ... El paraíso de cada hombre está en la tierra natal, y si ella
> le falta, y si ella está lejos, ese paraíso lo encuentra en los re-
> cuerdos de esa tierra querida y tan sólo en aquellas horas de
> profunda reconcentración en que el espíritu viaja, atraviesa los
> mares, recuenta los tiempos, los hombres y las cosas, y por el
> sentimiento de amor más puro vive en una idealidad que no es
> dable describir, pero que se siente, que existe para cada hom-
> bre, y que sólo puede nacer del amor a la tierra patria... [28].

Claro que hay que distinguir entre la recordación sentimental (despedida, añoranza, vuelta) determinada por causas
familiares, y la evocación ligada a la proscripción política,
tema más frecuente en tales añoranzas. En el primer caso
—fronterizo al tema que tratamos— entran Gertrudis Gómez
de Avellaneda (*La vuelta a la patria*), Félix María del Monte
(*Canto de un desterrado, A mi patria, El arpa del proscripto*), Guillermo Matta (*La vuelta a la patria*), Rafael María
Baralt (*Adiós a la patria*), José Rosas y Moreno (*La vuelta
a la aldea*). En el segundo, la ofrenda es —explicablemente—
más nutrida: José Eusebio Caro (*La despedida de la patria*),
Miguel Antonio Caro (*La vuelta a la patria*), Adriano Páez
(*La patria*), Pérez Vélez (*A la vista de las playas colombia-
nas*), Fidel Cano (*A un árbol*), Mariano Manrique (*La vuelta*

---

27 Al respecto, Sarmiento escribió —en 1881— un comentario más o
menos irónico: «En nuestros tiempos de civilización homojénea i universal, americana, europea, de líneas de vapores por caminos i de cables
submarinos por estafetas, el patriotismo como recuerdo es simplemente
una enfermedad que se llama *nostaljia*.» (Sarmiento, *Condición del es-
tranjero en América*, ed. de Buenos Aires, 1928, pág. 125.)

28 Hilario Ascasubi, «Al lector», en *Santos Vega* o *Los Mellizos de
«La Flor»*, París, 1872.

al hogar), Francisco Javier Angulo Guridi (ver *Ensayos poéticos*), José Joaquín Pérez (*La vuelta al hogar*), Pedro José Hernández (*Vuelta a la patria*), y la más famosa de todas, la *Vuelta a la patria*, de Pérez Bonalde, con ramificaciones que hemos puntualizado [29]. Recordemos también que el título completo de una colección lírica de Ricardo Palma era *Armonías. Libro de un desterrado* (París, 1865).

Fuera ya de esta línea precisa, la dificultad está en pretender abarcar una materia realmente numerosa. Sólo cabe, pues, mencionar ejemplos conocidos: José Mármol (*A Rosas, Canto de los proscriptos, Rosas, El 25 de Mayo de 1850*), Esteban Echeverría (*A la juventud argentina*), Guillermo Matta (*Apoteosis de la patria*), Clemente Althaus (*La visión*), Numa Pompilio Llona (*A un emigrado político*), Julio Arboleda (*Al Congreso Granadino, Estoy en la cárcel, Escenas democráticas*), José Eusebio Caro (*La libertad y el socialismo*), Epifanio Mejía (*El canto del antioqueño*), José Joaquín Ortiz (*La bandera colombiana, Boyacá, Apoteosis de Bolívar*), Juan Clemente Zenea (*En días de esclavitud, A los cubanos*), Fernando Calderón (*El sueño del tirano*), Ismael Cerna (*A Guatemala*).

En estos poemas prevalece de manera notoria —y en relación al estado que atraviesan casi sin excepciones los países hispanoamericanos— el duro apóstrofe a los tiranos, casi siempre ligado a una más o menos idealizada evocación de los días de la Independencia. Por eso, si no siempre a través

---

[29] Conviene reparar —otra vez— que en la *Vuelta a la patria*, de Pérez Bonalde, el tema político, causante del destierro, está oculto por la melancólica evocación de la tierra, las gentes, su infancia y los seres queridos. Según el crítico Edoardo Crema, el poema de Pérez Bonalde tiene algunas reminiscencias (muy vagas) de la *Vuelta a la patria*, escrita en 1867 por su compatriota Pedro José Hernández. (Ver E. Crema, *La transfiguración de la patria en Pérez Bonalde*, en la *Revista Nacional de Cultura*, de Caracas, 1946, núm. 54, pág. 22.)

de su valor literario, algunos poemas han servido —y sirven— como retrato de típicos personajes: Rosas es visto en los dicterios de Mármol; Justo Rufino Barrios, en los dicterios de Cerna [30].

En fin, a veces en determinados países el tema de la patria aparece vinculado al tema de la guerra que la envuelve y, posteriormente, a los deseos y profecías de recuperación y grandeza (en particular, después de la derrota). Un ejemplo de alguna significación lo encontramos en el Paraguay, en relación a los hechos de la «Guerra grande», y a través de testimonios como los de Natalicio Talavera (*Reflexiones de un centinela en las vísperas del combate*), Enrique Parodi (*Patria*) y Venancio López (*Al Paraguay*), entre otros [31].

TEMA SOCIAL

Durante el romanticismo hay una intensa prédica social, en consonancia también con el estado en que viven los países hispanoamericanos. Una visión unilateral nos ha acostumbrado a ver en el romántico un egocéntrico, temperamento fuertemente individualista que se cree el centro del mundo y vive para sí. La verdad es que hoy se ha valorado el aspecto social del romanticismo. El escritor se siente a menudo miembro de la comunidad, se siente solidario con sus semejantes y aun propone remedios para los males sociales. Por supuesto, dentro de claras soluciones liberales [32].

---

[30] Como ocurrirá después en los casos de Porfirio Díaz y Díaz Mirón, y de Vicente Gómez y Blanco Fombona.

[31] Cf. José Rodríguez Alcalá, *Antología paraguaya* (Asunción, 1911); Raúl Amaral, *El romanticismo paraguayo* (en *Comentario*, de Buenos Aires, 1966, núm. 47, págs. 66-73); Hugo Rodríguez Alcalá, *La literatura paraguaya* (Buenos Aires, 1968, págs. 12-19.)

[32] «L'ideale della libertà, che era l'ideale politico dell'ottocento, trovó un gran numero di combattenti e martiri tra i romantici...» (Be-

Aunque de nuevo se nos presenten problemas de contacto —aquí, con el tema político—, creo que entran limpiamente en este grupo aquellas obras en las que el poeta fustiga las injusticias de todo tipo que encuentra en la sociedad de su tiempo (desigualdades de clase, religiosas, raciales).

Dos grupos se destacan con nitidez: uno, el indianismo (mucho menos, el indigenismo), que hemos visto ya al hablar de los poemas narrativolíricos; otro, que muestra el tema del negro y que se ve a través de una serie de poemas breves.

Por cierto que el indianismo no se encierra únicamente en poemas extensos, así como tampoco se reduce a un género determinado. Hay también multitud de poemas breves en que el tema aparece. Eso sí, repito, es la versión indianista —defensa e idealización del indio, proyección hacia el pasado— la que aparece casi sin exclusión (Mera, *Melodías indígenas;* Plácido, *Jicoténcal;* José Joaquín Pérez, *Fantasías indígenas*).

Si a veces aparecía la referencia al indio contemporáneo en alguna obra, no era precisamente para exaltarlo:

> ¡Pobres indios, abyectos, decaídos
> del vigor varonil, desheredados
> de este tan bello y tan fecundo suelo,
> vosotros no poseéis de vuestra patria
> sino el dulce aire y el brillante cielo,
> o una heredad cortísima!...
>
> (J. J. Ortiz, *Al Tequendama.*)

De ahí que tengan acento nuevo —ya indigenismo— las *Baladas peruanas*, de Manuel González Prada, en las que el ímpetu borra la evocación (cuando ésta existe) para hacer aflorar un duro puño de rebeldía en defensa del indio de todos los tiempos:

nedetto Croce, *Ragione della desestima verso la «poesia pura»*, en *Quaderni della critica*, Bari, 1947, núm. 9, pág. 3.)

> ¡Ay, pobre del indio,
> sin leyes ni amparo,
> muriendo en las garras
> de inicuos tiranos!
>
> (*La canción de la india.*)

Respondiendo a una realidad social inmediata, el tema del negro llegó asiduamente a versos románticos. Faltan, en cambio, narraciones novelescas como la famosa y sentimental *Cabaña del Tío Tom*, de Beecher Stowe.

Aquí es más visible la correspondencia regional. Por eso encontró en la isla de Cuba —consonancia de una realidad social evidente— numerosos cantores. (Fenómeno que, en adecuadas proporciones, se reproduce en el Brasil.) En Cuba tiene el tema, pues, continuidad manifiesta, que no se encuentra en otras regiones hispanoamericanas: Domingo del Monte, *Romances cubanos;* Manuel Serafín Pichardo, *El último esclavo;* Bonifacio Byrnes, *El sueño del esclavo;* Mercedes Matamoros, *La muerte del esclavo* [33].

Fuera de Cuba, los ejemplos no abundan. Sin embargo, señalamos en el Uruguay algunas resonancias temáticas (Francisco Acuña de Figueroa, *La madre africana;* Adolfo Berro, *El esclavo*), y en la Argentina, Claudio Mamerto Cuenca (*El africano*). Pero en estos testimonios, como en algún otro que pueda agregarse, las diferencias proceden de la distancia que media entre la evocación o la resonancia sentimental lejana y la realidad concreta (que es el caso de la literatura antiesclavista de Cuba).

Hay, por último, un grupo aparte, un apreciable y ya olvidado conjunto, en que el verso se pone al servicio de determinados tipos sociales, mendigos, prostitutas, delincuentes,

---

[33] Cf. Aída Cometta Manzoni, *Trayectoria del negro en la poesía de América*, en *Nosotros*, segunda época, Buenos Aires, 1939, IV, números 44-45, págs. 203-205.

reos, enfermos, etc.). Posiblemente no abunden tanto en Hispanoamérica como en Europa (cf. el modelo de Espronceda),
pero aquí encontró en seguida continuadores (Jacinto Milanés, *El mendigo, La ramera;* Alejandro Magariños Cervantes,
El lazarino). En fin, el canto a los humildes, como ocurre en
El pobre, de José Eusebio Caro. Y queda fuera la mención
de lo que el tema social pesa en obras americanas extensas,
obras en las que tanto el alegato social como la defensa política se marcaban, diluían o disfrazaban en la anécdota de la
obra (el *Gonzalo de Oyón*, de Arboleda; el *Martín Fierro*, de
Hernández; el *Santos Vega*, de Obligado)³⁴.

TEMAS DE LA NATURALEZA

Algo así como el cierre de un círculo, este tema nos permite un fácil —y al mismo tiempo difícil— enlace con los
poemas descriptivos que hemos visto al comienzo de esta
galería temática. En todo caso, la justificación de este grupo
aparte está no sólo en la brevedad del poema, sino en el predominio del sentimiento de la naturaleza sobre la simple descripción.

No es un mero afán geométrico de clasificaciones lo que
me lleva a separar lo que es a veces muy artificioso separar;
defiendo, eso sí, este grupo en el afán de abarcar de la manera más completa posible una materia muy abundante, sin
que —por otra parte— las denominaciones supongan casilleros rígidos, ni mucho menos.

Sobre esta base, pues, enumero los ejemplos: Rafael María de Mendive (*La flor del agua, A un arroyo*), Ignacio M.

---

³⁴ Dejo fuera también el tema de la «filantropía», más «siglo XVIII»,
que se encuentra en la época (Echeverría, *La caridad;* José Eusebio
Caro, *La limosna.*)

Altamirano (*Al Atoyac, Las amapolas, Los naranjos*), Vicente Riva Palacio (la serie de poemas: *El alba, El mediodía, La tarde, La noche*), Eusebio Lillo (*El Imperial, A la violeta*).

A su vez, como la naturaleza tiene para el romántico un sentido integral, es común encontrar en ellos composiciones dedicadas especialmente al mundo animal, aunque en este aspecto podían encontrar interesantes precedentes en la época colonial (recordemos pasajes de la *Rusticatio mexicana*, poema latino de Landívar). Dentro de esta dirección, hubo poetas, como el colombiano Epifanio Mejía, que lograron sus composiciones más perdurables (*La tórtola, La muerte del novillo*)[35]. Cf. también algunas de las *Escenas* de José Joaquín Pesado, las plásticas estrofas de *La garza*, del guatemalteco Juan Diéguez; *El zentzontle*, del mexicano José Rosas Moreno; *Las golondrinas* y *La última golondrina*, del mexicano Luis G. Ortiz.

Este tema se completa con la mención de un subtema especial que tuvo bastante auge durante el prerromanticismo y los comienzos del romanticismo europeo: las ruinas, la meditación poética sobre la fragilidad de las construcciones del hombre, el poder del tiempo. En América hay un poema logrado: es el conocido poema de Heredia *En el teocali de Cholula*. Los demás —no muchos— quedaron lejos del poema de Heredia. El peruano Carlos Augusto Salaverry cantó las ruinas y también los sepulcros. En fin, otros poetas llevaron a sus versos el tema sepulcral y recordaron —costaba olvidarla a los que la habían leído— la famosa elegía de Gray.

Por último, el tema de la luna, que tanto atrajo —¿Lamartine?— a los escritores del siglo XIX. *La luna* se titula la poe-

---

[35] Emiliano Isaza lo recordaba como «bardo de las montañas antioqueñas, inspirado y elegante cantor de las palomas y las tórtolas» (E. Isaza, *Antología colombiana*, I, París, 1912, pág. 231.)

sía más citada de Diego Fallón [36]; *Contemplando la luna a orillas del mar*, un soneto de Numa Pompilio Llona. Claro que es corriente el enlace temático: la luna lleva al nocturno (Rafael Pombo, *La noche;* Abigail Lozano, *A la noche;* José Ramón Yepes, *La media noche, A la claridad de la luna*). Y de aquí es frecuente el contacto con el tema de las ruinas, el sepulcral, etc. (J. J. Ortiz, *Los sepulcros de la aldea;* José Eusebio Caro, *El ciprés;* Javier Angulo Guridi, *En el cementerio;* Nicolás Ureña de Mendoza, *Noche de difuntos;* Juan Clemente Zenea, *Nocturno: noche tempestuosa*). El chileno Guillermo Matta, recordando la poesía famosa de Rodrigo Caro, escribió también versos sobre los restos famosos: *En las ruinas de Itálica*, se llama su poema.

En fin, menos frecuente, pero con algún ejemplo, el tema crepuscular (Julio Zaldumbide, *La tarde;* el comienzo de *La cautiva*, de Echeverría).

---

[36] Así, por ejemplo, lo evocaba Miguel Cané (h.): «Es Diego Fallón, el inimitable cantor de la luna vaga y misteriosa...» (M. Cané, (h.), *En viaje* [1881-1882], ed. de Buenos Aires, 1960, pág. 154. Cané cita, entusiasmado, diversos fragmentos del poema *A la luna*, págs. 191-193.)

GÉNEROS Y TEMAS: EL TEATRO

Poco o nada sobrevive del teatro romántico hispanoamericano. No faltaron, es verdad, autores dramáticos, pero —en proporción— aparecen en mucho menor número que los cultores de otros géneros. También se puede decir que el dramaturgo, cuando existe, no se da exclusivamente como escritor de dramas, sino que cultiva el drama en medio de otros géneros. (En cambio, aparece con mayor frecuencia el poeta lírico, el novelista, que es sólo eso.)

El escaso valor del teatro romántico guarda quizás relación con sus proporcionados cultores. De la abundancia lírica, de las nutridas novelas de la época, quedan unos pocos pero estimables tributos. Del más menguado aporte dramático —repito— queda prácticamente la nada.

Esto se explica —es natural— por la falta de auténticos dramaturgos, por la falta de poetas que continuaran, con cierta altura, una tradición espaciada, pero visible en América, durante la época colonial.

En menor grado, faltó el estímulo del teatro. Un dramaturgo escribe a menudo pensando en la representación, en un escenario, en un público. El libro puede ser el vehículo ocasional de su obra, pero —ayer y hoy— es siempre el espectáculo, la representación, el fin de toda obra dramática.

Paradójicamente, hay teatros en la época romántica. No muchos, pero hay. Lo que ocurre es que ese teatro vive de determinados nombres y obras; en particular, de obras traducidas, que agregan a la obra en sí la aureola del autor extranjero, sea en piezas de autores españoles, sea en piezas traducidas..

Agreguemos las vicisitudes políticas de la época, que repercutían directamente dentro de la vida social en cuyo seno vive y actúa el teatro. Esa inestabilidad no borró el entusiasmo por el teatro, pero lo limitó y, paralelamente, limitó también inquietudes de autores dramáticos en agraz.

EL TEATRO

Repito: aunque las condiciones políticas no eran las más adecuadas para extender el gusto por el teatro, hubo teatros en Hispanoamérica. Edificios en consonancia con las dificultades a que se ven expuestos los países nacientes, primero en las luchas de Independencia y después en las luchas civiles. Edificios modestos, a veces arreglos de viejas moradas que se transformaban para servir a ese fin, y, las más, edificios construidos expresamente para teatros. Estaban también los construidos a fines de la época colonial, entre los cuales se encontraban algunos de los mejores edificios.

Los teatros más importantes, de acuerdo a los respectivos países, eran los siguientes: en México, los teatros *Iturbide* y *Nacional*, construidos por el guatemalteco Francisco Arbeu, y el teatro *Hidalgo* [1]; en San Juan de Puerto Rico, el Teatro

---

[1] Cf. Armando de María y Campos, *Entre cómicos de ayer*, México, 1949.

Municipal [2]; en La Habana, el *Coliseo*, construido a fines del siglo XVIII [3], el *Príncipe* y el *Liceo;* en Caracas, el *Coliseo Público* [4]; el teatro de Bogotá; en Guayaquil, el *Teatro Olmedo;* en Lima, el *Teatro Principal* y el *Variedades* [5]; en Valparaíso, el *Teatro Cómico* y el *Café del Comercio;* en Santiago de Chile, el *Teatro Municipal* y el *Teatro Provisorio* —de Mercier— [6]; en Montevideo, la *Casa de Comedias* [7], y en Buenos Aires, el *Coliseo Provisional* —después *Teatro Argentino*—, el *Teatro de la Victoria*, el *Teatro Alegría*, el *Teatro Colón* —primitivo—.

Además, no puede desconocerse el valor que en algunas regiones (sobre todo, en la Argentina y México) tiene el circo

---

[2] Cf. Emilio J. Pasarelli, *Orígenes y desarrollo de la afición teatral en Puerto Rico*, San Juan de Puerto Rico, 1951, pág. 68.

[3] El *Coliseo* de La Habana fue un verdadero teatro y no desmerecía frente a los mejores de España. (Ver José Juan Arrom, *Historia de la literatura dramática cubana*, New Haven, 1944, págs. 12-15.)

[4] Cf. José Juan Arrom, *Documentos relativos al teatro colonial de Venezuela*, en el *Boletín de estudios de teatro*, de Buenos Aires, 1946, número 15, pág. 211. En Caracas, el llamado *Teatro del Maderero* fue descrito en forma pintoresca por Nicanor Bolet Peraza.

[5] El *Teatro Principal* fue construido, primitivamente, en el siglo XVII. El *Teatro de Variedades*, a mediados del siglo XIX. (Ver Manuel Moncloa y Covarrubias, *Diccionario teatral del Perú*, Lima, 1905, página 120.)

[6] «El teatro era entonces un centro de verdadera actividad social... i todos reclamaban que en Santiago i Valparaíso se erijieran edificios adecuados a la importancia de este elemento de civilización i progreso.» (Lastarria, *Recuerdos literarios*, Santiago de Chile, 1885, pág. 185.)

[7] Sin duda a este teatro se refiere Sarmiento cuando en una de las primeras cartas de sus *Viajes* escribe: «En un mezquino teatro danse mezquinas representaciones en español, italiano, francés, como el *Archivo* de Buenos Aires. En estos días se ha representado una rapsodia orijinal, que quiere pintar una de las escenas horribles de la mazorca. (Sarmiento, *Viajes*, I, ed. de Buenos Aires, 1922, pág. 86.) Aclaro que Sarmiento se refiere a representaciones hechas durante el Sitio de Montevideo.» (Cf. también Lauro Ayestarán, *La Casa de Comedias*, en el *Boletín de estudios de teatro*, de Buenos Aires, 1944, II, núm. 5, págs. 3-8.)

como fundamentación del teatro, ya avanzado el siglo. Particularmente, en lo que se refiere al teatro gauchesco, en la Argentina, que encontraba allí ambiente apropiado al asunto (*Juan Moreira* es el ejemplo por excelencia).

ACTORES

A pesar de las limitaciones de todo tipo que ofrece el teatro de la época, es justo destacar la presencia de actores americanos que llegaron a superponer su nombre al de las obras —heterogéneas— que representaban. No desaparece el actor español, y —aún más— en muchas regiones siguieron constituyendo mayoría abrumadora, pero la presencia del actor criollo (sobre todo, de buenos actores) inicia un período que tiene más significación de lo que comúnmente se le asigna.

Tal el sentido que tiene, en el Río de la Plata y Chile, el prestigio poco común de Juan José de los Santos Casacuberta [8] y Trinidad Guevara [9], sobre todo el primero. En México tuvo importante relieve la actuación del actor Merced Morales, y su muerte tuvo dimensiones de duelo nacional [10].

---

[8] Sarmiento reparaba, en Chile, en la atracción que ejercía Casacuberta sobre los espectadores: «La atención del público está fija en el protagonista. La pieza, las decoraciones, los demás actores se oscurecen, son meros incidentes: las palabras, los movimientos, las diversas i variadas entonaciones del actor forman el fondo...» (Sarmiento, *Obras*, II, Santiago de Chile, 1885, pág. 97.) Sobre Casacuberta, ver la monografía de María Antonia Oyuela, *Juan [Aurelio] Casacuberta* (Buenos Aires, 1937).

[9] Ver Arturo Capdevila, *La Trinidad Guevara y su tiempo* (Buenos Aires, 1951). Sobre Casacuberta y la Trinidad Guevara, ver también Raúl H. Castagnino, *El teatro de Buenos Aires durante la época de Rosas* [1830-1852]. Buenos Aires, 1943.

[10] Cf. Armando de María y Campos, *Entre cómicos de ayer*, páginas 143-145.

Actores distinguidos —sin precisar mayormente nacionalidad— fueron los siguientes: en México, el ya citado Merced Morales, Antonio Castro, Soledad Cordero, Juan Martínez y el español Eduardo González; en Cuba, Hermosilla (director y después actor) y Prieto; en Colombia, los cómicos Villalba, Torres, Gallardo, Dolores Alegre, los esposos Belaval, Emilio Segura, Iglesias, Robreño y los Armentas [11] (imagino que una buena parte son españoles); en Chile, aparte Casacuberta y la Guevara, los Fedriani, Cáceres, Jiménez, Toribia Miranda, las dos Samaniego [12] y los Velarde (famosa fue Toribia Miranda, limeña, de gran belleza física y buenas dotes de actriz [13], que actuó junto a Casacuberta); en el Río de la Plata, Francisco Cáceres, Joaquín Culebras, Antonia y Dominga Montes de Oca, Antonio González, la compañía española de Francisco Torres y Fragoso, Juan Antonio Viera, Rosquellas, Matilde de la Rosa, Álvara García, Matilde Díez, Tula Castro, Hernán Cortés, casi todos españoles (naturalmente, a la cabeza de todos ellos, Casacuberta y la Guevara).

Hubo también empresarios que dejaron algún recuerdo, por diferentes motivos. En México, fue empresario el conocido autor Manuel Eduardo Gorostiza; en el Río de la Plata, el argentino Pedro Lacasa fue, en realidad, más conocido por sus ajetreos políticos (secretario de Lavalle, primero; después, afecto a Rosas) que por su vinculación al teatro, como autor y empresario.

Juan Bautista Alberdi —que tiene unas medianas incursiones dramáticas— señalaba, en uno de sus artículos perio-

---

[11] Cf. Rafael Núñez, *Románticos y decadentes* (en *Los mejores artículos políticos*, Bogotá, 1936, pág. 154); S. Camacho Roldán, *Gregorio Gutiérrez González* (en *Poetas y críticos de América*, págs. 299-300).

[12] Ver J. V. Lastarria, *Recuerdos literarios*, pág. 185.

[13] Ver Eugenio Pereira Salas, *El teatro, la música y el arte en el movimiento intelectual de 1842*, en el *Boletín de la Academia Chilena de la Historia*, Santiago de Chile, 1951, XVIII, núm. 45, pág. 27.

dísticos de *La moda,* que un signo del teatro argentino era
la nacionalidad de los intérpretes:

> Una de las condiciones, por otra parte, de la nacionalidad
> del teatro es la nacionalidad de los actores, que deben hallarse
> penetrados del espíritu del pueblo cuyas ideas y pasiones están
> destinados a expresar sobre las tablas... [14].

Sin aceptar del todo el final —muy vago y «en romántico»—,
no cabe discutir la parte de verdad que tiene. (Claro que
nosotros incluimos la obra dentro del «espíritu del pueblo».)
Significación inaugural tuvieron actores como Casacuberta
y Merced Morales y actrices como la Guevara, la Cordero
y la Miranda... Esos actores fueron naciendo a lo largo del
siglo XIX, sobre todo al lado de actores españoles, que eran
mayoría. Y algunos alcanzaron tal prestigio que hasta llegó
a ellos un mal frecuente, entonces y hoy: el de las obras de
encargo para el actor, o, simplemente, la obra efímera aco-
modada a las virtudes espectaculares de la cabeza de compañía (es lo que parece haber existido en el caso de Casacuberta y los dramones de Ducange). Por otra parte, eran
actores que formaron un extendido público adicto, público
que, con frecuencia, iba a ver al actor más que a la obra
ocasional que representaba.

----

[14] Alberdi, artículo titulado *Teatro,* en *La Moda,* de Buenos Aires,
25 de noviembre de 1837. J. A. de Diego recordaba que, en la segunda
mitad del siglo, retrocediendo en algún aspecto a la situación de la
Colonia, obras argentinas eran representadas por compañías españolas («y hasta italianas»). Ver J. A. de Diego, *Camila Quiroga* (en la
revista *Comentario,* de Buenos Aires, 1967, núm. 56, págs. 53-54.) Y un
destacado crítico cubano de nuestros días no deja de coincidir con
Alberdi cuando —al señalar las vicisitudes del teatro en Cuba durante
la época romántica— atribuye el movimiento irregular a la falta de
actores cubanos en las compañías de ese tiempo. Por cierto que Arrom
no olvida relaciones entre actores y obras. (Ver José Juan Arrom, *En
torno a la historia de la literatura dramática cubana,* págs. 20-21.)

Queda como aspecto positivo una calidad histriónica evidente, por encima de heterogeneidades del repertorio, es decir, de ese repertorio que da sello al teatro de mediados del siglo pasado. Se llega así al hecho casi paradójico de que la producción dramática original de la época se ha olvidado sin remordimientos y, en cambio, se mantiene —y aún se acrecienta— el recuerdo de famosos actores como el argentino Casacuberta (que ya Alberdi citaba en su artículo), sin equivalente entre los actores americanos del siglo XIX [15].

REPERTORIO

¿Qué obras se daban?

Repito: obras de autores españoles y, más aún, obras traducidas del francés. Al lado de ellas —y muy esporádicamente— obras americanas o de ingenios locales.

Se representaron en Hispanoamérica obras de Alejandro Dumas (*Antony, Catalina Howard, La torre de Nesle, Enrique III y su corte*), de Víctor Hugo (*Ruy Blas, Hernani, Angelo, tirano de Padua; El rey se divierte, María Tudor, Marion Delorme*), de Larra (tanto en obras originales como en traducciones o arreglos: *Macías, Don Juan de Austria* —arreglo—, *No más mostrador* —arreglo—, *Un desafío* —tra-

---

[15] Hay un artículo muy juvenil de Bartolomé Mitre, titulado *Reflexiones sobre el teatro* y publicado en *El Defensor de las leyes*, de Montevideo (20 de julio de 1837), con material poco o nada aprovechable, y que se refiere a los actores: «Los cómicos, para serlo —dice—, deben ser unos caballeros, deben conocer a fondo todas las ciencias y principalmente la historia, deben haber frecuentado la buena sociedad, tener modales finos y elegantes, conocer perfectamente la esgrima... Otra de las cualidades más esenciales de un actor es poseer bien su idioma (y aun otros)...» Aclaro que no se trata de un manual del cortesano o del perfecto hombre de sociedad, sino de unas «reflexiones» sobre el cómico... Más valor tiene en otros comentarios (escena, obras).

ducción—, *El arte de conspirar* —arreglo—), de García Gutiérrez (*El trovador*)[16], de Ventura de la Vega (*El hombre de mundo*, *La muerte de César*), de Zorrilla (*El zapatero y el rey*, *Don Juan Tenorio*), de Bretón de los Herreros (*Muérete y verás*, *Marcela o a ¿cuál de los tres?*, *Un tercero en discordia*, *A Madrid me vuelvo*), de Hartzenbusch (*Los amantes de Teruel*), de Scribe (*El viejo de veinticinco años*, trad. de Ventura de la Vega; *Una cadena*, *El enemigo íntimo*, *El arte de conspirar*, trad. de Larra), de Ducange (*Los siete escalones del crimen*, *El jugador*, *La venganza*, *Quince años o los efectos de la perversión*)[17].

También, obras de Shakespeare (*Otelo*, *Romeo y Julieta*, *El mercader de Venecia*, *Hamlet*, *El rey Lear*), de Schiller (*María Estuardo*, *Guillermo Tell*), de Martínez de la Rosa (*Abén Humeya*), de Quintana (*El duque de Viseo*), de Moratín (*El sí de las niñas*), de Ramón de la Cruz... Claro que el Shakespeare que se conoció inicialmente no fue —lo hemos explicado— el verdadero Shakespeare (o, por lo menos, uno conocido a través de traducciones directas). Fue, en cambio, el Shakespeare «arreglado» por el francés Ducis.

---

[16] De su éxito en Colombia (y en otras partes) nos habla el poeta —y político— Rafael Núñez, con notorio entusiasmo: «No ha habido en este siglo obra literaria de más rápida, ardiente y popular resonancia...» (Rafael Núñez, *Románticos y decadentes*, en *Los mejores artículos políticos*, pág. 158.) El 9 de junio de 1838 se realizó en Buenos Aires la primera representación de un drama romántico español, y ese drama fue *El trovador* de García Gutiérrez. *El trovador* fue la obra más representada durante la época de Rosas. (Cf. Raúl H. Castagnino, *El romanticismo en el teatro porteño* (1830-1852), en la revista *Lyra*, de Buenos Aires, 1959, núms. 174-176.)

[17] Ducange pertenece al escalón más bajo de un teatro que no subió mucho: algo así como el «folletín escénico». Tuvo mucho éxito, a pesar de que ya Sarmiento lo llama «el indigesto Ducange». (Ver Norberto Pinilla, *La polémica del Romanticismo en 1842*, Buenos Aires, 1943, pág. 95.) Sobre Ducange y su teatro, ver Arturo Berenguer Carisomo, *La obra en que la muerte sorprendió a Casacuberta*, en el *Boletín de estudios de teatro*, Buenos Aires, 1949, núm. 26, págs. 50-54.

Además, muchas obras se representaban sin nombres de autor y con la simple mención de «traducciones del francés», obras que muchas veces despertaban dudas y equívocos por la coincidencia de títulos y temas [18].

PÚBLICO

El público no escatimaba su concurrencia, dentro de lo que las condiciones de la época permitían, y, en este aspecto, más de lo que se supone. De otra manera, no nos explicaríamos la presencia de un teatro en la época, eso sí, centrado en las ciudades más importantes, como medio de defensa.

El historiador peruano José de la Riva Agüero, en su obra *Carácter de la literatura del Perú Independiente*, explica la ausencia (o escasez) del teatro en el Perú por la falta de producción y público:

> Ni uno ni otro los hay en pueblos que no tienen más pasado que la soñolienta colonia, y que no alcanzan aún el relativo adelanto social que requiere el género dramático [19].

[18] Así, por ejemplo, Sarmiento se refería a un drama titulado *Cromwell* («drama traducido del francés») y que no era —decía— ni el de Víctor Hugo, ni el de Emilio Souvestre, ni el de Félix Piat. (Ver Sarmiento, *Obras*, II, pág. 113.)

[19] Citado, con aprobación, por Unamuno en *Algunas consideraciones sobre la literatura hispanoamericana*, ed. de Buenos Aires, 1947, págs. 78-79. Menéndez y Pelayo, por su parte, explica la escasez y pobreza del teatro en América como consecuencia de la falta «de un estado complejo de relaciones afectivas y de condiciones técnicas, las cuales es imposible producir artificialmente en pueblos nacientes y en sociedades nuevas». Y agrega: «A lo sumo podrá llegarse a ensayos de imitación como los de Pardo y Milanés, y a la farsa o representación superficial y abultada de costumbres populares, como vemos en el peruano Segura...» (*Antología de poetas hispanoamericanos*, I, págs. XI-XII.) A pesar de tan doctas palabras —y apoyándonos en el propio Menéndez y Pelayo—. reconozcamos que es discutible hablar de «pueblos nacientes» y «sociedades nuevas» al referirse a los sí nacientes países hispanoamericanos del siglo XIX.

La afirmación me parece algo injusta. Hubo un público: las representaciones lo prueban, pero, por diversos motivos, no alcanzó a nacer (o mantenerse) una tradición dramática que venía de la Colonia (exactamente, de las dos regiones más importantes de coloniaje: México y Perú), en lo que a calidad se refiere.

Durante el siglo XIX se logra una cierta regularidad en las representaciones que —naturalmente— antes no existía, y eso se logra a través del favor del público, que permite la estabilización de los espectáculos, salas más o menos adecuadas, empresarios, actores..., aunque no logra un «autor» nacional. En fin, hasta se dio en México el hecho poco común —pero como consecuencia indudable de este interés— de la existencia de periódicos o boletines dedicados a comentar el movimiento teatral [20].

Esto es importante, aunque a menudo no se lo reconoce así. De aquella época arranca una continuidad que llega hasta nuestros días y que se logra, especialmente, por un público que sostiene las representaciones, a pesar de las características de inestabilidad que presenta la vida política americana durante el siglo XIX. No olvidemos que el teatro es el ámbito donde vive un arte, o donde viven artes particulares, pero que también —sobre todo, entonces— constituye un centro de reunión social que con el correr del tiempo se torna insustituible. En los periódicos de la época se recogen las crónicas de las representaciones, crónicas en las que, a menudo, tiene tanta importancia la descripción del público, modas, enumeración de personas y personajes de la sala, tanta importancia —repito— como la representación en sí.

---

[20] Cf. Armando de María y Campos, *Entre cómicos de ayer*, páginas 118-124; Pedro Henríquez Ureña, *Historia de la cultura en la América Hispánica*, México, 1947, pág. 93.

Nada mejor, para sintetizar la serie de elementos que constituyen una representación dramática, que recordar aquí párrafos de Alberto Blest Gana, Juan Bautista Alberdi y la Condesa Calderón de la Barca. El novelista chileno describe en *El ideal de un calavera* un humilde teatro santiaguino de la calle del Carmen, teatro que utiliza, en la ficción, para algunas escenas pintorescas, dentro de las cuales entra la representación en sí.

En la gran carrera del progreso humano los teatros populares de Santiago sólo han alcanzado a dar pasos de niño, puesto que son ahora lo que eran en la época de la presente historia para regocijo de las clases democráticas. Preferíase entonces, como en el día sucede, la representación de autos sacramentales, que, copiados del teatro español por los mismos actores o por los empresarios de las compañías, llegaban al cabo de dos ediciones a tan raras metamorfosis en el lenguaje que, a resucitar sus autores, no habrían podido reconocerlos. Agréguese a esto las variaciones que en el plan se hacían para adaptar su personal a los que debían representarlos; la pronunciación esencialmente *popular* de varios de los actores; lo pobre del local y lo pobrísimo de las decoraciones y de los trajes, y se tendrá una idea de la representación que iban a presenciar algunos de los principales personajes que conoce el lector... [21].

---

[21] Alberto Blest Gana, *El ideal de un calavera*, II, ed. de París, 1893, pág. 72. Por su parte, Sarmiento nos ha dejado un análisis más o menos burlesco de los elementos que constituyen el teatro y la representación (1.º, Orquesta; 2.º, Composición dramática; 3.º, Ejecución, y 4.º, Aparato teatral), referido a *El teatro de Santiago a fines de 1842* (en *El Progreso*, de Santiago, 15 de noviembre de 1842). Ver, además, *El teatro durante el año 1841* (en *El Mercurio*, de Valparaíso, 11 de febrero de 1842).
También Alberdi nos describe una representación en el entonces nuevo «Teatro de la Victoria», de Buenos Aires. La visión es total: comienza por el edificio exterior, sigue con la sala («inmensa pajarera»), «las señoras de la cazuela», las decoraciones, el telón (de dibujos y colores recargados) y culmina con las referencias a una obra representada (El *Angelo*, de Víctor Hugo). Es —claro está— la sátira

Claro que no todos los teatros hispanoamericanos tuvieron este magro perfil que en Blest Gana toca los límites de la caricatura, aunque hubo muchos así. Más importante era el teatro «Principal» de México, pero no es mucho más alentador el testimonio de la Condesa Calderón de la Barca:

> ¡Qué teatro! Oscuro, sucio, lleno de malos olores: pésimamente alumbrados los pasillos que conducen a los palcos, de suerte que, al pasar por ellos, teme una pisarle los callos a alguna persona. Los actores, por el estilo. La primera actriz, favorita del público y no mal vestida, goza de gran reputación por su conducta honorable; pero es de palo, totalmente de palo, y no deja de serlo, ni aun en las más trágicas escenas. Segura estoy de que al terminar la representación no se le había desarreglado el más insignificante doblez de su vestido. Tiene, además, la singular manía de arquear la boca, como sonriendo, y al mismo tiempo, frunce el entrecejo con lágrimas en los ojos; se diría que trata de caracterizar un día de abril. Me gustaría oírla cantar: «Dijo una sonrisa a una lágrima».
>
> No hubo aplausos, y la mitad de los palcos estaban vacíos, en tanto que los otros parecía que la concurrencia los ocupaba sólo cediendo a la fuerza de la costumbre, y en razón de ser ésta la única diversión nocturna. El apuntador hablaba tan recio que, como... los acontecimientos por venir proyectan su sombra antes, cada palabra la anunciaba confidencialmente al público antes de que saliera oficialmente de los labios de los actores. Todo el patio fumaba, fumaban las galerías, los palcos fumaban y el apuntador... [22].

---

de Alberdi «Figarillo». (Ver Alberdi, *Figarillo en Montevideo*, en *Obras Completas*, I, Buenos Aires, 1866, págs. 366-371.)

Muchos años después, Lucio V. López, en *La gran aldea*, describirá, a la distancia, una representación de un drama de Camprodón —*Flor de un día*— en el Teatro de la Victoria, por la compañía García Delgado. (Ver Lucio V. López, *La gran aldea*, ed. de Buenos Aires, 1948, cap. VIII.)

[22] Condesa Calderón de la Barca, *La vida en México*, ed. de México, 1920, carta séptima. Cit. por Armando de María y Campos, *Entre cómicos de ayer*, págs. 68-69.

A pesar de lo que da a entender Blest Gana, es indudable que los autores dramáticos románticos tuvieron especial cuidado en la escenografía. Peón y Contreras describe así, minuciosamente, el decorado del primer acto de *La hija del rey*:

> Decoración de calle. A la derecha del espectador, el costado del convento de Jesús María, con una reja alta en primer término, y cerca de ella, más allá, la entrada de la portería, con escalinata. El muro de este costado ha de correr diagonalmente hasta el fondo estrechando la calle, de manera que el público pueda distinguir a la persona que hable desde la reja. Por este mismo lado y en el fondo desemboca una calle. A la izquierda siempre del espectador, desemboca otra calle; en primer término, en una de cuyas esquinas, la más visible, estará el nicho de una imagen alumbrada débilmente por un farolillo. Es de noche [23].

También se inclinó el autor romántico por el urdido de tramoyas complicadas y espectaculares, en relación a determinadas obras y situaciones: terremotos, lluvias, nieve, paisajes exóticos... En fin, el cuidado del movimiento de simples escenas. Así, en una comedia de Felipe Pardo y Aliaga (de filiación entre clásica y romántica) vemos la siguiente acotación:

> En toda esta escena deben las actrices, sentadas cerca del proscenio, acompañar de una acción muy animada todo el diá-

---

[23] Ver *Cuatro siglos de literatura mexicana*, México, 1946, pág. 297. Esta atracción por la escenografía complicada se extendió también —señal de la época— a las representaciones de antiguas obras españolas de asunto fantástico y que requerían, por lo tanto, complejas tramoyas. En Buenos Aires, el director y actor español Francisco Torres puso en escena algunas de esas obras (*Pata de cabra, Los polvos de la Madre Celestina*) con gran aceptación del público. (Ver R. Rosenblat y A. Blanco Amores, *Diez años de actividad teatral en Buenos Aires [1852-1862]*, en *Cursos y conferencias*, de Buenos Aires, 1947, XXXI, pág. 159.)

logo, y de frecuentes carcajadas la parte de él relativa a la crítica de la función de la Marquesa. (*Frutos de la educación*, III, escena III)[24].

Esto, en cuanto a los autores y sus recomendaciones, que eran seguidas con mayor o menor fidelidad. Donde realmente pusieron particular cuidado y destacaron insospechado fervor fue en el vestuario, sobre todo en lo que se refiere a aquellos dramas históricos que tanto se daban. A menudo, el vestuario servía para asuntos históricos bastante alejados en el tiempo, pero no puede discutirse que atraían al público los vestidos y botas de variado color, el movimiento de las plumas, el relucir de las espadas. Obras hubo, pues (porque otra explicación no cabe), que lograron éxito sólo por el ingenio de la tramoya o el color de los trajes.

OBRAS: DRAMAS

Repito lo que he dicho al comienzo de este capítulo. Durante la época romántica en Hispanoamérica se escriben obras dramáticas, pero no son muchas las que se representan y su valor se reduce a muy poco[25].

---

[24] Ver *Biblioteca de Cultura Peruana*, Primera serie, núm. 9, página 193. En otra comedia de costumbres, el colombiano José María Samper señalaba: «La misma decoración del acto primero, sin los anteriores muebles. Supónese que la casa de don Pascacio da sobre la plaza del pueblo, y que los vecinos están en regocijos públicos. Se oirán de cuando en cuando bandolas, gritos y cantos populares, y a veces se verán, a lo lejos, luces y gente al través de las ventanas. Doña Petrona aparece dirigiendo el arreglo de la sala para un baile de disfraz; todos los muebles serán diferentes y quedarán grotescamente mezclados. En las paredes y el centro habrá algunas alcayatas desiguales con velas de sebo.» (José María Samper, introducción al acto segundo de *Un alcalde a la antigua y dos primos a la moderna*, Bogotá, 1936, pág. 115.)

[25] Tomemos, por ejemplo, lo que ocurre en Bolivia, donde —según el crítico Enrique Finot— se escribieron sesenta obras dramáticas a lo

Se puede recordar aquí que el teatro hispanoamericano
no produjo tampoco —ni antes ni después— muchas obras
de mérito. Sin embargo, conviene tener presentes nombres
de la época colonial (González de Eslava, Ruiz de Alarcón,
Sor Juana Inés de la Cruz, Caviedes, Peralta Barnuevo, Fray
Francisco del Castillo, Juan Agustín de Castro, Vela); el
brillo —fragmentario, localizado— del teatro ríoplatense y
mexicano en el siglo xx. De todos modos, el teatro —a través
de las diferentes épocas— dista del valor de la novela, de la
lírica y aun del ensayo (más o menos amplio).

En la época romántica, las obras dramáticas que se escriben corresponden a unos pocos grupos bien definidos:
dramas históricos, dramas de asunto contemporáneo y comedias. Sobre todo, dramas históricos; menos, comedias.

A su vez, la abundancia de dramas históricos se explica
porque ése es el género característico del momento. Algunas
de las batallas fundamentales del romanticismo europeo se
habían dado alrededor de estos dramas. (Baste, para precisarlo, el estreno de *Hernani*, representaciones de Alejandro
Dumas, o, en fin, lo que significan a menudo prólogos de
obras dramáticas: Víctor Hugo, Manzoni). Esta modalidad
—es decir, el drama histórico— pasa a América y determina
la mayor parte de los dramas que se escriben entonces y
que pertenecen a dos ciclos nítidos: el de la historia europea
y el de asunto colonial.

En el primer caso, sus argumentos se desarrollan en la
Edad Media y en los primeros siglos de la época moderna,
salvo unas pocas obras que se desarrollan en la antigüedad.

---

largo de cuarenta años (curiosamente, más obras dramáticas que
novelas). El hecho es sintomático, tratándose de la literatura boliviana. (Ver E. Finot, *Historia de la literatura boliviana*, México, 1943,
pág. 178.) Claro que el nivel artístico y la supervivencia de esa producción dramática no cuenta mayormente.

(Ejemplos: en Colombia, Manuel María Madiedo —*Coriolano* y *Lucrecia*—; en Cuba, la Avellaneda —*Saúl* y *Baltasar*— y Joaquín Lorenzo Luaces —*Aristodemo*—; en el Perú, Clemente Althaus —*Antíoco*—).

Uno de los primeros dramaturgos en el tiempo, si no el primero, fue el dominicano Francisco Javier Foxá. Escribió *Don Pedro de Castilla* (1836), *El templario* (1838) y *Enrique VIII* (1839). Foxá residió gran parte de su vida en La Habana y allí desarrolló su obra literaria. Según el crítico cubano Aurelio Mitjans, la noche del estreno de *Don Pedro de Castilla* fue una noche célebre en los anales del teatro cubano. Foxá fue coronado y la obra tuvo un éxito como no se recordaba otro igual. El crítico lo compara a la noche del triunfo de *El trovador*, en Madrid [26].

En Cuba, fueron también recordadas la obra de José Jacinto Milanés, *El conde Alarcos*, y la de Gertrudis Gómez de Avellaneda, *Munio Alfonso*. En Santo Domingo, Félix María del Valle (*El último Abencerraje*, dramatización del relato de Chateaubriand). En México, escribió dramas históricos Fernando Calderón (*El torneo, Ana Bolena, Herman o La vuelta del cruzado*); y Manuel Nicolás Corpancho (*El poeta cruzado, El templario*), en el Perú. En Chile, Salvador Sanfuentes (*Juana de Nápoles*); en Colombia, José Caicedo Rojas (*Miguel de Cervantes*); en la Argentina, José Mármol (*El cruzado*) y Claudio Mamerto Cuenca (*Muza*, inconcluso).

De esta lista quizá convenga sólo aclarar la situación de Gertrudis Gómez de Avellaneda: sus mejores obras dramá-

---

[26] *Don Pedro de Castilla*, «drama calurosamente aplaudido en el Teatro Príncipe, muy del agrado de Palma y de Suzarte, que contribuyeron a coronarle ostentosamente aquella noche de indescriptible entusiasmo, célebre en Cuba, como la del estreno de *El trovador* en Madrid, como fecha de un acontecimiento teatral ruidoso nunca visto.» (Aurelio Mitjans, *Historia de la literatura cubana*, Madrid, s. a., página 194.)

ticas —que son las que hemos citado— fueron escritas y representadas en España. Pero, sin exagerar minucias, la vinculación de la Avellaneda con su patria fue más consecuente que la de otros americanos que vivieron en España y se olvidaron completamente de América. La Avellaneda volvió —ya famosa— a Cuba, en forma temporaria, y aquí sus obras fueron tan conocidas como en España. En Cuba se representaron, también, sus obras dramáticas.

Las dramas de asunto colonial constituyen el otro grupo visible.

Prácticamente, se inicia con Ignacio Rodríguez Galván, que desempeña en México un papel similar al que Foxá desempeña en Cuba, con respecto al teatro. Rodríguez Galván escribió *Muñoz, Visitador de México* (1838) y *El privado del virrey* (1841). En México, también, José Peón y Contreras (*La hija del rey* —1876—, *Hasta el cielo* —1876—, *El conde de Peñalva* —1877—, *El capitán Pedreñales* —1879—) [27].

Otros dramaturgos americanos y sus correspondientes dramas coloniales: Lucio V. Mansilla, *Atar Gull* (1855) [28]; Luis Benjamín Cisneros, *Alfredo el sevillano* (1856); Miguel García Fernández, *La novia del hereje*, teatralización de la novela de Vicente Fidel López (1861); G. Gutiérrez de Piñeres, *El oidor* (1865); L. María Pérez, *El corsario negro*; Carolina Freyre de Jaimes, *Blanca de Silva* (1879).

Hay un tercer grupo, menos numeroso, que se refiere a la época de la Conquista. Entran allí, *Cora o Los hijos del Sol* (1844), del venezolano Rafael Agostini; *Un amor de Her-*

---

27 Ver Ermilo Abreu Gómez, *Un aspecto del teatro romántico*, en *Contemporáneos*, de México, 1930, núms. 30-31, págs. 246-247.

28 Se trata de una obra juvenil de Mansilla, autor que —por otra parte— no lució en el teatro. El drama se desarrolla en Pernambuco, a fines del siglo XVII, y el protagonista es un negro esclavo a quien la pasión impulsa a una verdadera carnicería. Obra pobre (Ver ed. de Buenos Aires, 1926), como casi todas —o todas— las citadas aquí.

nán Cortés, de Peón y Contreras (1876); *Lucía Miranda*, del argentino Ortega; *Huáscar y Atahualpa* y *Atahualpa y Pizarro*, de José David Berrios, boliviano; *Atahualpa* (1869), de José Pol, boliviano.

Y un cuarto grupo, que se refiere a la época de la Independencia: exaltación dramática de los hechos y hombres revolucionarios, afín al tributo lírico, y que responde a una realidad cercana. Entran aquí: Alberdi, *La Revolución de Mayo* (inconclusa); Reyes Ortiz, *Las lanzas;* Nataniel Aguirre, *Represalia de héroes*. Es decir, dramas patrióticos, cuyo eje lo constituye el tema político [29].

Por último, las obras cuyo asunto se desarrolla en la época contemporánea al escritor, en las que no se alteran las propensiones sentimentales ni los tonos melodramáticos que caracterizan, en general, a todo el drama romántico. Ejemplos: Peón y Contreras, *Gabriela* (1890) y *Soledad* (1892); José T. de Cuéllar, *Deberes y sacrificios;* José Mármol, *El poeta* (1842); Rosa Guerra, *Clemencia* (1856); Félix Reyes Ortiz, *Odio y amor*...

Sin afán de agotar todas las líneas, conviene agregar, dentro de una órbita restringida, el teatro gauchesco. Producto, en sus comienzos como espectáculo, de la conjunción de un escenario especial —el circo criollo—, y de un tema de arraigo popular: el gauchesco. Base fundamental (más importante por lo que anuncia que por lo que vale), el drama *Juan Moreira*. En realidad, y tal como se ve con más amplitud en la novela, es el paso al teatro del perseguido, del bandido «romántico», aquí realzado por su carácter especial de gaucho [30].

---

[29] También entra en esta serie —aunque llegue el asunto a la época en que el autor escribe— el drama de Bartolomé Mitre *Cuatro épocas*, escrito en Montevideo, en 1840 (Ver ed. de Buenos Aires, 1927).

[30] Como bien dice Raúl H. Castagnino, «la transformación del delincuente en el héroe novelizado por Eduardo Gutiérrez es eco de

En vista de la abundancia de dramas históricos, sobre todo en lo que se refiere a asuntos exóticos y alejados en el tiempo, algunos críticos recomendaban cauces más cercanos y conocidos. Así, Alberdi, al señalar el fracaso de *El cruzado*, de Mármol, lo atribuía al tema elegido:

> ... para sociedades como las de América —escribía— es totalmente inadecuado el drama erudito e histórico, y mucho más si la historia que le sugiere alimento es del otro hemisferio y de tiempos que distan mucho del nuestro. La sociedad en que vivimos, esto es, la sociedad americana con sus tradiciones, usos, caracteres, pasiones e intereses peculiares, será en lo futuro el material en que tome sus inspiraciones el autor de *El cruzado* [31].

Claro que no era cuestión de temas, sino de creación o poder de creación. Pero no estaba descaminado Alberdi —en vista de la profusión de temas europeos— al recomendar temas poco transitados y que podían sentirse como propios. En fin, dentro del teatro europeo, obras como *Antony*, de Alejandro Dumas, que tanto gustaron públicos de Hispanoamérica, daba también la pauta de lo que podía ser un asunto contemporáneo llevado a la escena (aunque, curiosamente, uno de los personajes de esta obra defienda al drama histórico como más apto para indicar el choque de pasiones).

Por lo común, el romántico distinguió entre la intriga, el terror, la muerte, que proyecta hacia atrás en el tiempo y desarrolla a través del drama histórico, y el juego de ingenio, con cierto aire costumbrista (de costumbres contemporáneas) que desarrolla en la comedia.

---

bajo romanticismo...» (Ver R. H. Castagnino, *Sociología del teatro argentino*, Buenos Aires, 1963, pág. 117.)

[31] Ver Alberdi, *Obras selectas*, II, ed. de Buenos Aires, 1920, páginas 359-368.

La muerte suele campear en el drama. Mejor dicho: es casi siempre el final obligado, aunque ya antes hay anticipos y prevalecen series o cadenas. Los personajes son superficiales y las situaciones no surgen internamente sino del movimiento de la acción: una acción violenta, tensa en juegos limitados, pero eficaces desde el punto de vista dramático. Las pasiones desbordan y encuentran fácil reflejo —exagerado reflejo, por lo común— en el énfasis de los actores.

Evidentemente, los signos distintivos del drama romántico hispanoamericano son la violencia y el énfasis.

La sonrisa y el enredo prevalecen en la comedia. Claro que no se trata de reproducir «tragedia y comedia», a la manera clásica, sino de escindir con menor rigor, sobre todo en la amplitud que tiene la denominación de «drama», en el que también pueden entrar elementos cómicos o pintorescos que den idea de la variedad y, al mismo tiempo, unidad de la naturaleza humana.

En fin, el drama romántico en Hispanoamérica nada descubre en relación al drama romántico europeo, modelo absorbente. Así comienza (imaginamos fácilmente cómo termina) la obra de Rodríguez Galván, *Muñoz, Visitador de México*:

[*Muñoz*, sentado en el sitial] Agitación y pesar,
y martirios furibundos,
me atormentan iracundos
sin dejarme respirar.
¡Que no pueda yo encontrar
el reposo que deseo!...
Triste estuve en el paseo
y en la actualidad lo estoy...
Por donde quiera que voy
fantasmas y espectros veo...

Con respecto a la forma externa, y en consonancia con conocidos modelos, el drama hispanoamericano recurre al verso con mucha mayor frecuencia que a la prosa (uno u otra). A pesar de lo que había señalado Stendhal en su *Racine et Shakespeare* [32], el verso es, notoriamente, el vehículo preferido.

Con todo, Alberdi escribe obras dramáticas en prosa (*La Revolución de Mayo, El gigante Amapolas*), si bien en Alberdi la producción dramática aparece como algo ocasional, o, mejor, como variante del polemista y escritor político. (También, pensamos, el verso estaba fuera de su órbita: la redacción de *El Edén*, obra escrita en colaboración con Juan María Gutiérrez, no hace sino confirmarlo). El mexicano Peón y Contreras escribió obras en verso y obras en prosa. La mayor parte —y las más conocidas— las escribió en verso, pero tiene algunas en prosa (*Doña Leonor de Sarabia, Gabriela, Por la Patria*). No existe una división clara, pero es evidente que casi siempre la prosa corresponde a un asunto contemporáneo.

En 1846 escribía Sarmiento (aunque no iremos a buscar total exactitud a sus datos):

> Esta comedia o este drama no puede ser en verso, porque el verso nunca puede espresar las pasiones con su verdadero lenguaje, sin estudio, sin aliños visibles, como son los asonantes i consonantes, i contra las reglas conocidas, la comedia o el drama moderno, *es una acción, un suceso en prosa.* Víctor Hugo, el primer poeta de la época, obedeciendo a esta nueva inversión de las reglas, ha escrito sus mejores dramas en pro-

---

32 Stendhal, *Racine et Shakespeare*, selección, ed. de París, 1952, pág. 45. En cambio, Alfredo de Vigny (*Lettre à Lord... sur la soirée du 24 octobre 1829 et sur un système dramatique*) y Víctor Hugo (prefacio a *Cromwell*) defendieron el verso en el teatro, aunque Hugo no borra completamente a la prosa, tal como él se encargó de mostrarlo concretamente en algunas obras dramáticas.

sa, como Dumas, como todos, porque no pueden evitarlo, aunque de vez en cuando aparezcan composiciones en verso... [33].

Y en México —ya en 1860— Antonio Cisneros Cámara sostenía que la obra teatral debía escribirse en prosa y, al mismo tiempo, eliminarse los apartes y monólogos, para alcanzar, así, una mayor cercanía con la realidad de la vida [34].

A veces se distinguía —repito— entre verso y prosa, de acuerdo al asunto de las obras: histórico, en verso; contemporáneo, en prosa. Pero esta diferenciación estuvo lejos de ser corriente.

Queda por último —y es reflejo de la época— la obra dramática en prosa y verso. Vale decir, la obra que desborda ya la polimetría y marca en la prosa un nuevo elemento en la gradación de pasiones, juego escénico y expresión. Bartolomé Mitre escribió de esta manera su drama *Cuatro épocas* (1840), quizá sobre el cercano recuerdo de *Don Álvaro*, del Duque de Rivas.

OBRAS: COMEDIAS

La comedia que se suele denominar romántica es, en realidad, una comedia romántica a medias. En todo caso, comedia de la época romántica.

Como si el teatro por excelencia de la época se encerrase casi exclusivamente en el drama histórico, la comedia típica que se ve con más frecuencia entonces es una comedia pre-

---

[33] Sarmiento, *Viajes*, II, ed. de Buenos Aires, 1922, págs. 39-40. No es del todo exacto que las mejores obras dramáticas de Hugo estén en prosa: *Hernani*, *Ruy Blas* y *Les Burgraves* son obras en verso y, sin duda, lo mejor del mediano teatro de Hugo. Además —repito— se pueden recordar principios del propio Hugo en el prefacio a *Cromwell*.

[34] Cit. por E. Abreu Gómez, en *Un aspecto del teatro romántico*, págs. 224-225.

ferentemente costumbrista, a mitad de camino —y aun ni siquiera eso— entre clasicismo y romanticismo.

Esto se explica en gran parte de acuerdo al origen fácilmente reconocible de esas comedias: en efecto, la base suele ser la comedia moratiniana (sobre todo, *El sí de las niñas*). Por lo tanto, esta situación poco o nada cambia en relación a la comedia española de la época (Bretón de los Herreros, López de Ayala) [35].

Es curioso, pero tres americanos que residen en Europa llegan a alcanzar algún relieve en la comedia: Gorostiza, Pardo y Aliaga y Ventura de la Vega. Los tres aparecen a mitad de camino entre clasicismo y romanticismo, y dos de ellos (Gorostiza y Pardo) volvieron a sus países —México y Perú— para continuar allí su obra y ejercer notoria influencia entre los jóvenes dramaturgos de la época [36].

Agreguemos a Gorostiza y Pardo el nombre del peruano Manuel Ascensio Segura y tendremos el grupo más recordable de la comedia hispanoamericana de esos tiempos.

Manuel Eduardo de Gorostiza (1789-1851), nacido en Veracruz, pasó a temprana edad a España y allí inició su carrera literaria. Volvió a México cuando su patria consiguió la independencia y ocupó en su tierra importantes cargos públicos. Lo importante también es que siguió con su labor dramática, dentro de la línea moratiniana, a la que agrega, sin duda, eficaz gracejo popular. Entre sus obras más recordadas se encuentran *Indulgencia para todos* (1818), *Las cos-*

---

[35] El colombiano José Manuel Marroquín incluía a Bretón de los Herreros entre los escritores dignos de imitarse, y decía: «El estudio de sus comedias es sobre todo recomendable para los que se dediquen a la poesía cómica.» (Ver *Retórica y poética*, ed. de Bogotá, 1935, páginas 151-152.)

[36] Ver Pedro Henríquez Ureña, *El teatro de la América Española en la época colonial*, en el *Boletín de estudios de teatro*, Buenos Aires, 1949, núm. 27, pág. 181.

tumbres de antaño. Don Dieguito [37], *Contigo pan y cebolla* (todas escritas en España) [38]; y en México, *La madrina, La hija del payaso, Estela, o el padre y la hija* [39].

[37] *Don Dieguito* y *Contigo pan y cebolla* se representaron en Buenos Aires en los años 1835 y 1836, respectivamente. Mariano G. Bosch (*Historia del teatro en Buenos Aires*, Buenos Aires, 1910, págs. 245 y 246), de donde saco los datos, atribuye la segunda a «M. E. de Gorostiaga», error que permanece en el *Indice cronológico de datos* de esa obra, preparado hace unos años por Manuel Artacho (Buenos Aires, 1940, pág. 376.)

[38] La edición del *Teatro escogido* de Manuel Eduardo de Gorostiza, «ciudadano mejicano» (2 tomos, Bruselas, 1825) comprende —la fecha lo indica— obras escritas en España. Una reseña de esa colección se publicó en *El Repertorio Americano*, de Londres, 1827, III, págs. 78-93. De igual manera, las obras de Gorostiza que cita Moratín en el *Catálogo de piezas dramáticas publicadas en España desde el principio del siglo XVIII hasta la época presente* [1825] (en *Orígenes del teatro español*, ed. de París, 1883, pág. 493) corresponden a su primera época. A propósito de Moratín, vale la pena recordar un justo elogio de Gorostiza hecho por A. Alcalá Galiano: «En conjunto, hay que colocarlo por debajo de Moratín, pero más cerca de él que el resto de los autores de comedias contemporáneos...» (*Literatura española siglo XIX* [1834], trad. de V. Lloréns, ed. de Madrid, 1969, págs. 116-117.)

[39] Recientemente, el crítico mexicano Armando de María y Campos ha dado noticias de varios manuscritos de Gorostiza, entre ellos unas reflexiones acerca *Del primitivo teatro español* y una biografía del famoso actor Máiquez (Ver *Obra inédita de Manuel Eduardo de Gorostiza*, en *Cuadernos Americanos*, de México, 1956, XV, 5, págs. 149-178). Los manuscritos corresponden a sus años de España y revelan ideales neoclásicos. Interesan, sin embargo, en cuanto muestran una nueva época, inmediatamente anterior al romanticismo.

Lota M. Spell, a su vez, en un estudio posterior, señala diversos errores en el estudio de María y Campos (así como en una edición de Gorostiza hecha por el crítico). Ver L. M. Spell, *Notes on Gorostiza* (en *The Hispanic American Historical Review*, de Durham, 1958, XXXVIII, núm. 2, págs. 256-259).

Diré, por último, que Montalvo se ocupó, al pasar, de Gorostiza como traductor. No es un elogio franco, pero lo destaca en la época: «Gorostiza —dice— no pone la pica en Flandes, pero pasa...» (*El buscapié*, en *Siete tratados*, ed. de Buenos Aires, 1944, pág. 529.) Aclaro que, entre otras versiones más o menos libres, Gorostiza hizo un arreglo de *Emilia Galotti*, de Lessing, según la traducción francesa.

Felipe Pardo y Aliaga y Manuel Ascensio Segura se encuentran cómodos dentro de una tradición peruana (o, mejor, limeña) que se había marcado ya en la época colonial. Me refiero a la propensión a la burla, a la sátira.

Pardo y Aliaga (1806-1868) es el hombre aristocrático por familia, educación y carácter, que se vale de la pluma para burlarse de personajes y situaciones que considera grotescas o en desacuerdo con su pensamiento e ideales. En él, el ingenio y la agudeza no son sino formas de su condición social, no muy afín al nuevo estado de América. Obras: *Don Leocadio, Aniversario de Ayacucho, Frutos de la educación* (1829), *Una huérfana en Chorrillos* (1833).

Espíritu conservador, Pardo y Aliaga aparece más inclinado a lo clásico que a lo romántico. Patricio de la Escosura en un primer estudio lo consideró clasicista; en un segundo, romántico [40]. La verdad que su situación es de las que poco ayudan al verdadero sentido del teatro romántico, aunque no puede omitirse su nombre en la época.

Manuel Ascensio Segura (1805-1871) nos muestra una gracia menos cuidada, menos «aristocrática» que la de Pardo y Aliaga. Segura fue de humilde origen, y su vida tuvo mucho de bohemia. Por eso se lo ha considerado como representante de la «gracia criolla», en cuanto refleja con mayor soltura y libertad la vida popular a través de sus personajes.

Obras: *El sargento Canuto* (1839), *La saya y el manto* (1842), *La moza mala* (1845), *Nadie me la pega* (1855), *Ño Catita* (1856) [41], *Un juguete* (1858), *Las tres viudas o El lance de Amancaes* (1862).

---

[40] Ver Biblioteca de Cultura Peruana, *Costumbristas y satíricos*, I, París, 1938, págs. 99-101.

[41] «Esa admirable comedia, cuya paternidad no desdeñaría el gran Molière», dice Ricardo Palma con más que amable juicio (Ver *La bohemia de mi tiempo*, en *Tradiciones peruanas completas*, pág. 1.304).

Por cierto que no se trata de obras extraordinarias. Simplemente —y dentro de la escasez de obra original en ingenios hispanoamericanos de la época—, comedias de ágil movimiento y gracia comunicativa, sobre todo para el público limeño. Enredos típicos, contrastes, personajes caricaturescos, sátira de costumbres..., dan el tono a toda esta producción.

Menos difundido que los anteriores, el colombiano José María Samper cultivó también el teatro costumbrista y alcanzó cierto éxito en su patria (ver *Un alcalde a la antigua y dos primos a la moderna*, «comedia de costumbres nacionales», en dos actos y en verso) [42]. Un dato curioso y poco conocido —sobre la base del éxito de las comedias de Samper en Colombia— es el que se refiere a que primitivamente Jorge Isaacs elaboró *María* como comedia y que con posterioridad —ante consejos de José María Vergara y Vergara— le dio forma de novela. Claro que no conocemos ni la comedia primitiva, ni su contenido (en caso —repito— de ser exacto el dato), ni el alcance de la denominación como «comedia» [43].

En México, Vicente Riva Palacio (más conocido como novelista) escribió varias comedias en colaboración con Juan M. Mateos (*Borrascas de un sobretodo* —1861—, *Odio hereditario* —1861—, y otras que incluyó en *Las liras hermanas*

---

[42] Cf. José María Samper, *Un alcalde a la antigua*, ed. de Bogotá, 1936.

[43] Según testimonio de J. M. Saavedra Galindo (Ver Biblioteca Aldeana de Colombia, *Otros cuentistas*, Bogotá, 1936, pág. 6). Y un dato paralelo: Zorrilla de San Martín escribió un primitivo *Tabaré* como obra dramática, en 1877. La obra no se publicó ni se representó (Ver Aída Cometta Manzoni, *El indio en la poesía de América Española*, Buenos Aires, 1939, págs. 193-194).

Por último, la noticia de que Montalvo escribió cinco obras dramáticas, no dirigidas a la representación, reunidas en *El libro de las pasiones* (Ver ed. de La Habana, 1935).

—1871—). Comedias en verso que —por lo que imagino— no se distinguieron mayormente. También escribió comedias en México Fernando Calderón (*A ninguna de las tres*).

En Cuba, José Jacinto Milanés —famoso por *El conde Alarcos*— escribió varias comedias (*A buen hambre no hay pan duro, Ojo a la finca, Una intriga paternal*, perdida).

En la Argentina, Claudio Mamerto Cuenca —uno de los pocos escritores que permaneció en Buenos Aires durante la tiranía de Rosas— cultivó el teatro y nos dejó dos obras: una comedia: *Don Tadeo* (comedia costumbrista, en cinco actos y en verso), y un drama histórico inconcluso: *Muza*. La comedia —que es la que puede valorarse— no ofrece mayores méritos. Tiene frecuentes alusiones al nuevo estado de América, a los viejos y a los jóvenes, a España y la Argentina. El final no deja de ser aleccionador:

> Ya sois libres, ahora, pues,
> *¡conquistad el pensamiento!* [44].

Naturalmente que la sátira no sólo está presente, sino que predomina en las comedias citadas. Esto no es obstáculo para que, dentro de tal panorama, distingamos —como grupo aparte— el de las sátiras políticas.

Aunque no eran muchas las posibilidades, la acezante vida política de la época, que tanto se refleja en la producción literaria, llegó también a las obras dramáticas. Nacen así algunas —no muchas— comedias satíricas cuyo eje lo constituye la situación política. De ese tipo es *El gigante Amapolas*, de Juan Bautista Alberdi.

En la comedia, verso y prosa suelen estar —en cuanto al número de obras— más equilibrados que en el drama.

---

[44] Cf. Claudio M. Cuenca, *Obras poéticas*, II, Buenos Aires, 1860, pág. 246.

Peso, sin duda, del ámbito costumbrista, de la sátira a flor de piel, sin olvidar los ejemplos españoles de la época.

CONCLUSIÓN

Las obras dramáticas hispanoamericanas de la época romántica son —repito— obras que raramente se representaron y que han llegado hasta nosotros como testimonio de un momento y de un teatro, y no como defensa indudable del valor literario. Quizás las comedias alcanzaron a representarse con mayor frecuencia, en virtud de su asunto y del carácter directo de las obras.

Esto no puede achacarse a falta de público, puesto que el público existía y concurría a las representaciones de obras europeas (españolas, o no españolas traducidas). Las listas de obras representadas constituyen el mejor documento. Recordemos aquí —aunque escape algo a nuestro ámbito— que el dramaturgo (y famoso novelista brasileño) Alencar se hacía eco, no sin amarga ironía, de esa preferencia [45].

La mayor defensa del teatro hispanoamericano de la época tiene posiblemente carácter de mezquino consuelo: está en el hecho de que las obras europeas (ésas que se preferían en razón del prestigio de sus autores o de su origen) tampoco han sobrevivido mucho más que las que se escribieron aquí, aunque quede un saldo algo más positivo. No deja de ser una defensa relativa, pero sirve —si no para justificar al teatro hispanoamericano— para establecer el balance general del momento.

---

[45] Palabras en el prólogo de su obra *O jesuita*. Citadas por Leo Kirschenbaum, *Teatro*, en Borba de Moraes y Berrien, *Manual bibliográfico de estudos brasileiros*, Río de Janeiro, 1949, pág. 728.

En síntesis, la conclusión a que se llega después de recorrer estas tierras secas del teatro romántico en Hispanoamérica se reduce a comprobaciones no muy alentadoras, aunque indudables: su conocimiento y menos que mediana valoración interesan más a la historia de las costumbres que a la historia de la literatura, más a la evolución de aspectos externos (actores, escenografía, público, edificio) que al eje indudable de la representación, es decir, la obra dramática. Pero es, de todos modos, un sector que no puede evitarse en el panorama de la época.

XII

GÉNEROS Y TEMAS: LA NOVELA Y EL CUENTO

PROSA Y ROMANTICISMO

Evidentemente, el siglo XIX es un siglo de gran avance de la prosa literaria, no tanto —lo hemos visto— porque el verso pierda terreno, como por la expansión y jerarquización de determinados géneros en prosa. Ya se ha puntualizado que —sin triunfar— la prosa disputa al verso exclusividades del drama. Pero no es aquí donde la prosa romántica alcanzará sus triunfos más brillantes, sino en la novela, en el cuento y en ramificaciones de estas formas.

Particularmente, estas bases son válidas para Hispanoamérica, donde —veremos— la novela y el cuento nacen, en realidad, con el romanticismo. Y donde también géneros «nuevos», como la tradición, el cuadro de costumbres y obras que escapan en su singularidad a ceñidos casilleros retóricos, conforman este visible triunfo de la prosa.

Aunque en última instancia sea el espíritu nuevo el que insufla verso y prosa, el romanticismo necesitó crear y afirmar tales formas en consonancia con su declarada rebeldía a normas y géneros clasicistas. Y una manera de demostrar su presencia y razón de ser está precisamente en las proyecciones que adquiere la prosa literaria. Otra vez aquí el mayor peso es el de la cantidad, pero no por ello olvidaremos valores cuando esos valores existan.

LA NOVELA

El romanticismo determinará la verdadera expansión de la novela a través de una abundancia extraordinaria que, naturalmente, también llega hasta América. Dije antes que, en rigor, la novela nace en Hispanoamérica con el romanticismo. Más exacto es decir que nace con los albores del romanticismo, afirmación que permite incluir el nombre inaugural de José Joaquín Fernández de Lizardi y sus novelas.

Durante la época colonial se escriben pocas —o apenas se escriben— novelas en América, lo cual no quiere decir que no se leyeran: en especial, las novelas españolas que traían —a pesar de las prohibiciones— los barcos españoles. Las prohibiciones —blandas— eran burladas en parte, aunque alcanzaron a impedir que se imprimieran en América.

A pesar, pues, de que cuesta citar novelas americanas durante la época colonial, hay relatos novelescos, algo así como anticipos a largo plazo de lo que será la novela hispanoamericana en el siglo XIX: *Los sirgueros de la Virgen*, de Francisco Bramón; *Sucesos de Fernando*, de Antonio de Ochoa; *Los infortunios de Alonso Ramírez*, de Sigüenza y Góngora; *El peregrino con guía*, de Marcos Reynel Hernández; *Fabiano y Aurelia*, de José González de Sancha, en México. *Restauración de la Imperial*, de Juan de Barrenechea y Albis; *El cautiverio feliz* de Francisco Núñez de Pineda y Bascuñán, en Chile [1].

---

[1] Cf. Pedro Henríquez Ureña, *Apuntaciones sobre la novela en América*, en *Humanidades*, de La Plata, 1927, XV, págs. 138-140; Carlos

Claro que, en ocasiones las diferencias entre «relatos novelescos» y «novelas» se nos quiebran de tan sutiles. Lo que sí importa destacar es que, más allá de los títulos citados (y algún otro que se ha descubierto últimamente) la obra raramente se imprimía. Todo lo cual configura un ámbito de limitación y silencio, poco afín a la difusión que necesita la novela, aunque sea la novela colonial...

Después, Fernández de Lizardi —auténtico novelista—, que echa los cimientos de la novela hispanoamericana (con los materiales a su alcance), y una curiosa obra de autor desconocido —*Jicoténcal*—, que en 1826 se publica en Filadelfia, inauguran en América el género frondoso de la novela histórica, aunque no tuviera mayor repercusión e influencia[2].

González Peña, *Historia de la literatura mexicana*, México, 1928, páginas 261-262; Domingo Amunátegui Solar, *Bosquejo histórico de la literatura chilena*, Santiago de Chile, 1918, pág. 55; Agustín Yáñez, prólogo a J. Bramón, *Los sirgueros de la Virgen* y J. Bolaños, *La portentosa vida de la muerte*, México, 1944; y mi estudio *El «Robinson» americano* [sobre *Los infortunios de Alonso Ramírez*, de Sigüenza y Góngora], en *Pedro Henríquez Ureña y otros estudios*, Buenos Aires, 1949, págs. 131-146. El crítico Roberto Esquenazi-Mayo leyó en el Congreso de Hispanistas de Nimega, de 1965, una ponencia titulada *Raíces de la novela hispanoamericana* (publicada, posteriormente, en *Studi di Letteratura Ispano-Americana*, 2, Milán, 1969, págs. 115-120).

[2] Pedro Henríquez Ureña apuntaba, en 1939, que *Jicoténcal* precede en dos años a la primera novela española de este tipo (*Ramiro, Conde de Lucena*, de Rafael Humara, publicada en París, en 1828). Agregaba que no cabe duda de que el autor de *Jicoténcal* es americano; posiblemente, mexicano. Y concluía: «Otra circunstancia curiosa: *Jicoténcal* es la primera obra propiamente romántica que se escribe en nuestro idioma; su publicación antecede a la de los primeros poetas románticos: la *Elvira* de Echeverría (1832) y *El Moro expósito* de Rivas (1833-1834). Pero es antecedente aislado; la obra se conoció poco y no ejerció ninguna influencia en el movimiento romántico». (Pedro Henríquez Ureña, reseña de la obra de J. Lloyd Read, *The mexican historical novel (1826-1910)*, Nueva York, 1939, en la *Revista de Filología Hispánica*, Buenos Aires, 1942, IV, núm. 2, pág. 139).

Y ya estamos en la novela romántica. Después de 1830 las novelas se suceden en Hispanoamérica, y la sucesión no hace sino descubrir un nutrido tributo. A su vez, ese grupo compacto sirve para destacar la importancia de la novela en determinadas regiones de Hispanoamérica y la variedad de temas que la caracteriza.

En el primer caso, quizá sea más exacto hablar de importancia numérica que de calidad, pero es innegable que la novela tiene, sobre todo en México y Chile, apreciables cultores. En México —repito— hasta impresiona por la cantidad, tal como hoy puede medirse en detalladas bibliografías[3]. Cito algunos nombres: Luis G. Inclán, Manuel Payno, José T. de Cuéllar («Facundo»), Altamirano, Vicente Riva Palacio, Eligio Ancona, Pedro Castera, Díaz Covarrubias, Orozco y Berra...

En Chile: José V. Lastarria, Manuel Bilbao, Alberto Blest Gana, Vicente Grez, Daniel Barros Grez, Torres[4]. Menos, en la Argentina: Vicente F. López, Mármol, Bartolomé Mitre, Miguel Cané, Juana Manuela Gorriti; y en Cuba: la Avellaneda, Suárez Romero, Cirilo Villaverde...

De todos éstos se destacan, sobre todo, Altamirano y Alberto Blest Gana (este último, con desbordes sobre una ceñida filiación romántica). Sin embargo, las ofrendas más perdurables del romanticismo hispanoamericano en la no-

---

Sobre *Jicoténcal* hay ya una nutrida bibliografía, centrada, sobre todo, en el natural deseo de descubrir al autor de la obra. El reciente estudio de Luis Leal (*Jicoténcal, primera novela histórica en castellano*, en la *Revista Iberoamericana*, de Iowa, 1960, XXV, núm. 49, págs. 9-31) ofrece, junto con su tesis, un resumen de esa bibliografía.

[3] Cf. J. Lloyd Read, *The mexican historical novel (1826-1910)* (Nueva York, 1939); Juan B. Iguiniz, *Bibliografía de novelistas mexicanos* (México, 1926); J. S. Brushwood, *The romantic novel in México* (Columbia, Missouri, 1954.)

[4] Cf. Raúl Silva Castro, *Panorama de la novela chilena* (México, 1955).

vela no corresponden a ninguno de esos países. No cabe duda de que *María*, del colombiano Jorge Isaacs, y *Enriquillo*, del dominicano Manuel de Jesús Galván, son las novelas que mejor sobreviven a la época.

En el segundo caso, vemos que en Hispanoamérica tiene igualmente validez la bien conocida clasificación de la novela romántica europea: novela histórica, novela sentimental y novela social [5]. A estos grupos —y ya como formas más particulares— podemos agregar los que corresponden a la novela costumbrista y la «novela ensayo».

LA NOVELA HISTÓRICA

En América prendió con fuerza esta típica manifestación de la novela romántica. Estaba dentro del espíritu romántico la pasión por la historia y conjugaron o pretendieron conjugar así novela e historia. El modelo evidente fue —claro está— Walter Scott, quien —después de 1830— mantuvo en España e Hispanoamérica un prestigio que en otras regiones había decaído de manera manifiesta. A Walter Scott se sumaron con el tiempo otros novelistas (Alejandro Dumas, Eugenio Sue, Fernández y González, Víctor Hugo) [6] como posibles modelos. De todos modos, Walter Scott fue en América, como en Europa, la raíz de donde creció este árbol tan frondoso como efímero, y de él derivan, particularmente, los

---

[5] Es interesante acotar que en el hoy valorado *Ensayo sobre la novela* (1832), de José María Heredia, se encuentra ya esta distinción, aunque Heredia se detiene en la novela sentimental y en la histórica. (Ver el texto completo del *Ensayo*, reproducido por José María Chacón y Calvo, en la *Memoria del Cuarto Congreso del Instituto Internacional de Literatura Iberoamericana* (La Habana, 1949, págs. 188-198.)

[6] Cf. Concha Meléndez, *La novela indianista en Hispanoamérica*, ed. de Madrid, 1934, pág. 60.

dramas de asunto medieval que nacieron aquí (citados páginas atrás) y las novelas que evocaban —ya con asunto americano— las épocas de la Conquista y la Colonia. Además, como en casi todas estas novelas aparece el indio (hasta hay alguna novela de asunto precolombino), tienen por lo común sentido indianista.

Cito obras: *Gonzalo Pizarro* (1839), de Manuel Ascensio Segura; *La guerra entre los Incas*, de Manuel Luciano Acosta; *Ingermina o La hija de Calamar* (1844), de Juan José Nieto; *Guatimozín* (1.ª ed., Madrid, 1846; 2.ª ed., Valparaíso, 1847; 3.ª ed., México, 1853; 4.ª ed., México, 1857), de Gertrudis Gómez de Avellaneda; *El Oidor* (1850), de José A. de Plaza; *El Inquisidor Mayor* (1852), de Manuel Bilbao; *La novia del hereje* (1854; antes, en folletín), de Vicente Fidel López; *Huayna Capac* (1856), *Atahualpa* (1856), *Los Pizarros* (1857) y *Jilma* (1858), de Felipe Pérez; *Anaida* (1860), de José Ramón Yepes; *La cruz y la espada* (1866), de Eligio Ancona; *La hija del Adelantado* (1866), de José Milla y Vidaurre; *El visitador* (1867) y *Los nazarenos* (1867), del mismo [7]; *El pecado del siglo* (1869), de José T. de Cuéllar; *Los mártires del Anáhuac* (1870), de Eligio Ancona; *Lucía Miranda* (1870-1882), de Eduarda Mansilla de García; *Cumandá* (1871), de Juan

---

[7] La obra de Milla y Vidaurre («Salomé Jil»), escritor guatemalteco, ha sido valorada (por lo menos, de acuerdo a una importancia cronológica) por el crítico Luis Alberto Sánchez. Cabe, sin embargo, el reparo cuando dice (en confusa mezcla) que ya circulaban en América las leyendas de Bécquer y aún no había florecido la novela histórica y que «hasta Milla la novela histórica no se cultivaba sistemáticamente en nuestro continente...» (Ver L. A. Sánchez, *José Milla y Vidaurre, el sosegado*, en *Atenea*, de Concepción, 1952, CVI, núm. 323, página 216; ver también L. A. Sánchez, *Contenido y proceso de la novela hispanoamericana*, Madrid, 1953, págs. 357-360.)
Por supuesto, hay que tener en cuenta que la primera novela histórica de Milla es *La hija del Adelantado*, y que ésta es de 1866.

León Mera; *Don Álvaro* (1871-1872), de J. Caicedo Rojas; *Los hidalgos de Zamora* (1878) y *Los descubridores*: *Alonso de Ojeda* (1879), de Soledad Acosta de Samper; *Iguaraya* (1879), de José Ramón Yepes; *Enriquillo* (1879-1882), de Manuel de Jesús Galván; *El Alférez Real* (1886), de Eustaquio Palacios; *Huincahual* (1888), de Alberto del Solar, etc. [8]

Por último, un grupo de novelas que están en la frontera de lo histórico. Mejor dicho, esas novelas que por corresponder su asunto a un pasado cercano y aún vivo, no presentan el conflicto que notaba Amado Alonso entre la información y la invención. Novelas como *La loca de la guardia*, de Vicente Fidel López; *Caramurú*, de Alejandro Magariños Cervantes; *Juan de la Rosa* (1885), de Nataniel Aguirre [9].

Volviendo a las típicas novelas históricas, es evidente que en todas ellas predomina la información sobre la creación. Con otras palabras: el dato histórico, los afanes de reconstrucción de época —como cosa más accesible— borran, por lo común, rastros de poesía. Con el agregado de que era frecuente que el escritor pretendiera la reconstrucción del pasado con muy escasos o equivocados materiales (la minucia, el detalle, no fueron virtudes románticas). En el otro extremo —si bien éste es caso mucho más raro—, un escritor como Manuel de Jesús Galván extrema cuidados en el *Enriquillo*, supedita la ficción a la historia y hasta pretende hacer hablar a los personajes históricos con sus propias

---

[8] Cf. listas en Pedro Henríquez Ureña, *Las corrientes literarias en la América Hispánica*, págs. 245; Concha Meléndez, *La novela indianista en Hispanoamérica*; Antonio Curcio Altamar, *Evolución de la novela en Colombia*, Bogotá, 1957; Donald Mc Grady, *La novela histórica en Colombia* (1844-1859), Bogotá, 1962; y obras ya citadas sobre la novela en países hispanoamericanos.

[9] Ver Amado Alonso, *Ensayo sobre la novela histórica*, Buenos Aires, 1942, pág. 145.

palabras (es decir, las que el novelista recoge en crónicas y testimonios) [10].

Comparativamente, puede decirse que —en todo caso— la mayor parte de los novelistas hispanoamericanos que cultivan el género están más cerca de Walter Scott al introducir como personajes principales de sus obras figuras creadas por ellos, de tal manera que lo histórico —bien o mal reconstruido— es sobre todo el fondo sobre el que se recorta la acción. Galván, en cambio, no sólo introduce a personajes históricos de importancia, sino que coloca a éstos en primer plano. La proximidad vaga —en ejemplos europeos— estaría dada aquí por Alfredo de Vigny y su *Cinq-Mars.*

En fin, en Hispanoamérica —igual que en Europa— rara vez se dio la difícil fusión de arqueología y poesía, a pesar de que, como sabemos, el tributo americano fue considerable en número. Muy poco (salvo el *Enriquillo, Cumandá* y acaso *La novia del hereje*) se lee hoy. Y el olvido es merecido.

Si Hispanoamérica no ofrece buenas novelas históricas en esta época, ofrece, en cambio, interesantes ofrendas crí-

---

[10] Así, escribe en un pasaje, en que aparece el nombre de su admirado Las Casas: «Toda esta narración es literalmente histórica. Nada alteramos en los precedentes discursos y réplicas del texto de Las Casas...» (Ver Galván, *Enriquillo*, ed. de Buenos Aires, 1944, página 335.)

Y en otro pasaje: «Después... No hemos de inventar, por el único interés de dar colorido novelesco a nuestra narración, peripecias que, alejándose de la verdad de los hechos, compliquen la sencilla trama de los amores del joven Almirante. La historia dice que su pretensión no halló obstáculos, y hemos de respetar la historia, aunque palidezca nuestro verídico relato, antes que recoger la acción principal y real de nuestros personajes con incidentes fabulosos de grande efecto dramático, que sólo darían por resultado irritar nuestra pobre imaginación, y cansar la paciencia del benévolo lector...» (Id., pág. 95.)

ticas, en especial, a través de un estudio de José María Heredia. La tercera parte del *Ensayo sobre la novela* de Heredia es un lúcido planteo, sin equivalantes casi en la crítica europea, acerca de los problemas esenciales que determina la novela histórica: la pugna entre historia y ficción, entre información y creación.

> Walter Scott —dice Heredia— no sabe inventar figuras, revestirlas de celestial belleza, ni comunicarles una vida sobrehumana; en una palabra, le falta la facultad de crear que han poseído los grandes poetas. Escribió lo que le dictaban sus recuerdos, y después de haber ojeado crónicas antiguas, copió de ellas lo que le pareció curioso y capaz de excitar asombro y maravilla. Para dar alguna consistencia a sus narraciones, inventó fechas, se apoyó ligeramente en la historia y publicó volúmenes y volúmenes...
>
> Sus novelas son de nueva especie, y se ha creído definirlas bien con llamarlas *históricas*, definición falsa, como casi todas las voces nuevas con que se quiere suplir la pobreza de las lenguas. La novela es una ficción, y toda ficción es mentira. ¿Llamaremos mentiras históricas las obras de Walter Scott? Haríaseles una injuria que no merecen, y sí nuestros elogios por más de un motivo... [11].

Menos ambicioso, pero no menos certero que Heredia, su compatriota Domingo del Monte escribió también un comentario *Sobre la novela histórica*, dentro del cual interesa, sobre todo, su concepto del género y de las condiciones que debe reunir un verdadero autor de novelas históricas. Ellas son —según Del Monte— «las tres cualidades de poeta, de filósofo y de anticuario» [12].

---

[11] Cf. *Memoria del Cuarto Congreso Internacional de Catedráticos de Literatura Iberoamericana*, pág. 917.

[12] Cf. Domingo del Monte, *Sobre la novela histórica*, en *Escritos*, II. La Habana, 1929, pág. 217.

En fin, menos exigente que Heredia y Del Monte, el argentino Vicente Fidel López justifica en el prólogo de una obra —no sin cierto ingenio— la posibilidad de la novela histórica [13]. ¡Lástima que no la apoye mejor con la factura de su novela!

LA NOVELA SENTIMENTAL

Precisamente, José María Heredia dedicaba el segundo de sus tres *Ensayos* a la novela sentimental, aunque él se detiene —es explicable— en ciertos ejemplos del siglo XVIII (*Pamela, La Nueva Eloísa*).

Lo que no cabe duda es que había ya en el siglo XIX una visible continuidad [14]. El romanticismo hizo de este tipo de

---

[13] Ver carta prólogo de Vicente Fidel López (fechada en 1854) a *La novia del hereje o La Inquisición de Lima*: «A mi modo de ver —dice V. F. López—, una novela puede ser estrictamente histórica sin tener que cercenar o modificar en un ápice la verdad de los hechos conocidos. Así como de la vida de los hombres no queda más recuerdo que el de los hechos capitales con que se distinguieron, de la vida de los pueblos no quedan otros tampoco que los que dejan las grandes peripecias de su historia. Su vida ordinaria, y por decirlo así, *familiar*, desaparece; porque ella es como el rastro humano que se destruye con la muerte. Pero como la verdad es que al lado de la vida *histórica* ha existido la vida *familiar*, así como todo hombre que ha dejado recuerdos ha tenido un rostro, el novelista hábil puede reconstruir con su imaginación la parte perdida creando libremente la *vida familiar* y sujetándose estrictamente a la vida histórica en las combinaciones que haga de una y otra parte para reproducir la verdad completa...» (V. F. López, *La novia del hereje*, ed. de Buenos Aires, 1917, pág. 19.)

[14] Es curioso: casi al mismo tiempo que Heredia y Del Monte destacan la importancia de la novela, en el Río de la Plata Marcos Sastre las considera «inútiles y perniciosas», peligroso extravío para la juventud de la época. Su oposición se apoya en el hecho de que —según Sastre— sacan «a la luz pública las pasiones más vergonzosas, los extravíos más secretos de un corazón corrompido, la crónica escandalosa de las costumbres, pican sobremanera la curiosidad de los jóvenes, halagan sus pasiones, los aleccionan para la intriga y la

novela expresión adecuada de su sensibilidad. En ella desbordó la propensión subjetiva, el énfasis romántico. Hay mucho de confesión, de deseo de desnudar almas en tales novelas, y —de nuevo aquí— nos encontramos frente a una

---

seducción...», etc. (Ver Marcos Sastre, *Discurso inaugural del Salón Literario*, en Echeverría, *Dogma socialista*, ed. de La Plata, 1940, páginas 229-230.)

En una carta de Florencio Balcarce a su amigo Félix Frías (fechada en París, 29 de octubre de 1837), carta donde se comentan algunos discursos pronunciados en el Salón Literario, Florencio Balcarce recoge la condenación de Marcos Sastre y dice con severidad: «Yo descubro toda un alma de jesuita en esa declaración contra las novelas y no contra los malos libros de cualquier clase que sean...» (Id., pág. 295.)

En realidad, y como consecuencia indudable de las dimensiones que toma el género en el siglo, durante todo el siglo XIX hay un verdadero torneo acerca de la moralidad o inmoralidad de la novela.

Recuerdo, por ejemplo, que Larra defendía la novela en España de pueriles acusaciones: «Es un error, en nuestro entender bastante general, creer que las novelas tienen la culpa de las locas bodas y desatinados enlaces que en el mundo se hacen y se han hecho.» (Ver Larra, *Obras Completas*, ed. de Barcelona, 1886, pág. 275.)

El problema sobre el valor moral de la novela venía, en rigor, de más atrás. Puesto que no otra cosa son las reacciones de humanistas y religiosos (particularmente, de la Inquisición) en la España del siglo XVI. Sobre su repercusión en la literatura colonial americana, nos ilustra Irving A. Leonard, en *Los libros del Conquistador* (Ver trad. de Mario Monteforte Toledo, México, 1953, págs. 261-264).

En Hispanoamérica, y fuera de los nombres ya citados, el terreno se divide en dos sectores bien definidos. Por un lado, defensores como Sarmiento (*Las Escuelas...*, Nueva York, 1866) y Altamirano (*Lo mexicano en la novela*, reprod. en *Aires de México*, ed. de México, 1948, págs. 27-28.) Por otro lado, condenaciones como las de José Eusebio Caro (Ver carta a Julio Arboleda, de 1852, en J. E. Caro, *Obras escogidas*, Bogotá, 1873), y de Eugenio María de Hostos: «La novela es necesariamente malsana. Lo es dos veces: una, para los que la cultivan; otra, para los que la leen...» Aunque concluye que la novela —no la novela que se escribe entonces, sino la novela al servicio de lo bueno y verdadero— puede ser, finalmente, un elemento de moral social. (Ver E. M. de Hostos, *Moral social*, edición de Madrid, s. a., págs. 205 y 213. La primera edición es de Santo Domingo, 1888.)

El tema es atractivo y digno de estudio.

típica manifestación de la época, aunque quede también poco de perdurable.

Novelas sentimentales fueron *Soledad* (1847), de Bartolomé Mitre; *La guerra de treinta años* (1850), de Fernando Orozco y Berra; *Esther* (1851), de Miguel Cané; *El primer amor* (1858), de Alberto Blest Gana; *Julia* (1861), de Luis Benjamín Cisneros; *El ideal de un calavera* (1863), de Alberto Blest Gana; *María* (1867), de Jorge Isaacs; *Clemencia* (1869), de Ignacio Manuel Altamirano; *Angélica* (1871), de Luis G. Ortiz; *El pozo de Yocci*, de Juana Manuela Gorriti; *María* (1878), de Adolfo Valderrama (novela epistolar); *Ayes del corazón y Días amargos*, de Santiago Vaca Guzmán; *Lucía*, de Emilio Constantino Guerrero; *Josefina*, de Darío Salas; *Carmen* (*Memorias de un corazón*) (1882), de Pedro Castera; *Marianita* (1885) y *El ideal de una esposa* (1887), de Vicente Grez; *Amalia* (1.ª edición con el nombre de *Sara*) (1891), de José Rafael Guadalajara...

Por cierto que el grupo se forma con obras de asunto contemporáneo y con manifiesto predominio sentimental. La aclaración es necesaria, puesto que sentimiento encontramos —en mayor o menor dosis— en toda la producción romántica. En las novelas citadas, no es casual tampoco el predominio de títulos con nombres femeninos (*María, Carmen, Amalia*), nombre y protagonista, ya que en ellas encarnaba mejor el novelista goces y desdichas —sobre todo, desdichas— del corazón, aunque los hombres no ceden mucho en el trance (*Efraím, Edgardo*).

De Europa venían obras que ganaron rápida difusión (*Pablo y Virginia, Atala, Graciela*)[15], especialmente en lecto-

---

[15] El proceso se inicia, en realidad, durante el siglo XVIII (*Pamela, Clarissa, Manon Lescaut, Julie...*) y se afirma en el siglo XIX (*Delphine, Corinne*, etc.). Heredia repara con agudeza en la mujer como personaje y como lector. (Ver *Ensayo sobre la novela*, págs. 189-190.)

res femeninos. No explicaré el asunto por los lectores, pero conviene reparar en la sensibilidad de la época y, dentro de ella, en un posible público. A su vez, no deja de ser síntoma del momento literario la aparición de mujeres novelistas (Gertrudis Gómez de Avellaneda, Juana Manuela Gorriti, Soledad Acosta de Samper, Clorinda Matto de Turner).

Volviendo a las novelas aquí agrupadas, es posible que el demonio de las clasificaciones nos señale la duda sobre algunas de las que incluímos. Sin embargo, aparte de no pretender —de nuevo— la ingenuidad de los casilleros cerrados, es evidente que el eje de todas ellas revela un marcado carácter de juego de pasiones y de escenas patéticas (amor, odio, nostalgia, seducción, abandono, enfermedad, sacrificio, muerte, etc.) que se superponen a elementos de la vida política, a episodios militares o a rasgos costumbristas, y que confieren aquel sello distintivo a las novelas. En cambio —para tomar un simple punto de referencia—, en *Amalia*, de José Mármol, la actitud política pasa a ocupar el plano predominante.

Por otra parte, no hay en tales novelas materiales arqueológicos o no hay, simplemente, intentos de reconstrucción histórica, puesto que se trata de llevar al libro episodios contemporáneos al autor o poco anteriores.

Al reparar en el justo olvido de casi todas estas novelas, la explicación se orienta, sin duda, a que nos dieron situaciones, personajes calcados, y excesos que no alcanzaban a compensarse con virtudes valederas. Las pasiones, las crisis, se mostraban, se decían, más que se imponían a través de un convincente análisis. Faltaba hondura psicológica (aunque todavía era prematuro hablar de una verdadera novela psicológica). El mundo novelesco no estaba construido internamente por los personajes y las situaciones. Y en cuanto a los personajes, los sentimos tan desvanecidos como sus cuitas y sus amores.

Pero la prueba evidente de que el auténtico novelista sabía sobreponerse a limitaciones de su tiempo y su retórica está, por ejemplo, en *María*, de Jorge Isaacs, donde excesos, línea monocorde y rasgos desvaídos no anulan una fuerza que surge, precisamente, de los aciertos en la pintura y avance de aquel amor desdichado.

LA NOVELA SOCIAL Y LA NOVELA POLÍTICA

Este grupo es —por supuesto— menos compacto. En realidad, la verdadera novela social americana nace con posterioridad al romanticismo, o, con más exactitud, en nuestro siglo.

Este reconocimiento no impide considerar que el carácter o el problema social da contenido a algunas novelas románticas, por lo común de época ya avanzada.

Se imponen de nuevo aquí ciertas condiciones. Las novelas indianistas escapan a este grupo debido a que, al proyectarse hacia atrás, perdían casi siempre contacto con la verdadera situación del indio contemporáneo. En cambio, sí entra en este cauce la novela indigenista, porque en ella aparece el indio en sus vicisitudes y miserias, y en la explotación del momento. Ejemplo típico es *Aves sin nido*, de Clorinda Matto de Turner, publicada en 1889. *Aves sin nido* tiene, en rigor, más importancia simbólica que artística, y hasta se la ha llegado a considerar una especie de *Cabaña del Tío Tom* hispanoamericana, en relación al indio [16].

---

[16] Gerald E. Wade y William H. Archer, *The «indianista» novel since 1889* (en *Hispania*, de Baltimore, 1950, XXXIII, núm. 3, pág. 211). Claro que *Aves sin nido* es novela —descontados ciertos aportes— en

En forma paralela hay que pensar en las novelas que presentan, con diversidad de matices, el problema de la esclavitud o derivaciones sociales de la esclavitud: *Sab* (1841), de Gertrudis Gómez de Avellaneda; *Francisco* (1889, pero escrita años antes), de Anselmo Suárez Romero; y en una obra como *Cecilia Valdés* (1879), de Cirilo Villaverde [17]. La particularidad está aquí en que —cosa explicable— estas novelas se escriben en regiones donde la esclavitud se mantiene o acaba de abolirse, o donde el negro imprime fuerte presencia en el medio social (Cuba, sobre todo). En otras regiones, cuando el tema aparece, prefiere el poema breve como vehículo para expresar su aliento «humanitario», con recortados acentos retóricos.

Agreguemos una obra como *Los mártires*, del venezolano Fermín Toro (publicada como folletín en *El Liceo Venezolano*, de Caracas, 1842, núms. 2-7). *Los mártires* es defendida como la primera novela venezolana en el tiempo y como novela de resonancias «sociales».

De los restantes y nutridos problemas sociales poco se ocupó la novela romántica (me refiero a esenciales problemas sociales y, a su vez, como ejes de la obra; no a circunstancias ocasionales). Claro que un poema como el *Martín Fierro* lo muestra con claridad, aunque no apelaremos aquí a la sutileza de considerar si el *Martín Fierro* es una novela.

Lo social romántico se da —lo hemos visto— en consonancia con su espíritu: ideales de fraternidad e igualdad, si bien elige por lo común el camino de la utopía. Hay un romanticismo social que en Europa llega a novelas de George Sand. (Es, casi siempre, el triunfo de la humildad noble,

---

que lo romántico tiene todavía bastante peso: basta con recordar el eje principal de la obra.

17 Cf. Rafael Fernández Villa-Urrutia, *Para una lectura de «Cecilia Valdés»*, en *Revista Cubana*, de La Habana, 1957, XXXI, 1, págs. 31-43.

que vence diferencias sociales, contraposición de capas, prejuicios. Algo así como «la virtud recompensada» proyectada hacia una realidad más amplia que aquella en que se movía *Pamela*.)

En Hispanoamérica, novelas como el *Martín Rivas* (1862), de Alberto Blest Gana, novela entre social y costumbrista, pueden entroncar con este tipo de obras [18], me parece, a través del personaje, idealización y situaciones, aunque no se repara mayormente en esta posible derivación. (También se cita a George Sand en esa novela chilena y en *El ideal de un calavera*, pero esto tiene —claro está— relativo valor.)

En fin, otras novelas como *Cecilia Valdés*, de Villaverde, citada párrafos atrás, y lo mismo ocurre —me parece— con *La clase media* (1858), del mexicano Juan Díaz Covarrubias, y con *El poeta soldado* (1880), del colombiano José María Samper.

A Juana Manuela Gorriti se la comparó con George Sand. La condición de mujer escritora era lo que impulsaba más a la comparación, puesto que Juana Manuela Gorriti roza apenas el tema social, aun en aquellas obras donde tiene amplio campo (sobre todo, sus relatos breves). Y cuando el indio aparece (y lo hace con cierta frecuencia) es para determinar trágicas historias de venganza o castigo, proyectadas hacia el pasado [19]. A Gertrudis Gómez de Avellaneda la atrajo

---

[18] Alberto Blest Gana ofrece un perfil que no se identifica con el de los típicos novelistas románticos, aunque no puede negarse la significación que elementos románticos tienen, sobre todo, en las novelas de su primera época (*La aritmética en el amor, Martín Rivas, El ideal de un calavera*). Cf. Raúl Silva Castro, *Alberto Blest Gana*, Santiago de Chile, 1955; Alone, *Don Alberto Blest Gana*, Santiago de Chile, 1940.

[19] Juana Manuela Gorriti conoció, naturalmente, obras de la escritora francesa y la cita en algunas ocasiones (Ver *El pozo de Yocci*). Recordemos, por último, proximidades de nombres entre las *Peregrinations d'une paria*, de Flora Tristán, y la *Peregrinación de un alma triste*, de Juana Manuela Gorriti. Hay otros testimonios sobre

—entre otras escritoras— la inquieta francesa. Sin embargo, no eran tantas las afinidades para que los contemporáneos la llamaran, en algún momento de su vida, «La George Sand de Madrid». En fin, Clorinda Matto de Turner no parece haber reflejado, ni poco ni mucho, lecturas de la autora de *Indiana*, aunque el carácter de su obra novelesca pudiera indicarlo.

Quizás la escasez de novela con contenido social debe verse en relación a lo que —con mucha perspicacia— notaba Sarmiento a mediados del siglo pasado. Sarmiento se refería a la ausencia de «poderosas ciudades» en España e Hispanoamérica, que nosotros podemos extender a ausencia de novelistas de las ciudades, hasta bien avanzada la centuria.

> Esta estrechez del círculo en que el autor vive —escribe Sarmiento—, aquella simplicidad de los elementos que componen la sociedad, estorba la aparición de la novela en España, lo mismo que en América, porque la imajinación no tiene para coordinar, esajerar i embellecer, esa multitud de acontecimientos de las grandes i poderosas ciudades, donde la especie humana aglomerada, oprimida, despedazada, deja oír a cada momento gritos tan terribles de desesperación, de dolor... [20].

Tomemos —por ejemplo— una típica novelista romántica: Juana Manuela Gorriti. En algunas de sus obras hay como un aproximarse rápido a condiciones y tipos nuevos de la sociedad americana. Así, en el relato *Francisco, el mercachifle*, donde hasta estampa, al pasar, párrafos como éste:

> Parecíame, en plena Lima, habitar un país extranjero, tantas eran las individualidades terminadas en *inni, cini, worth, eith, now*, que poblaban las altas regiones sociales y ejercían en ellas

---

el eco, particularmente femenino, que encontraba George Sand en estas tierras. Así, María Velasco y Arias nos dice que Juana Manso la «leía y admiraba». (Ver M. Velasco y Arias, *Juana Paula Manso*, Buenos Aires, 1937, págs. 190-191.)

[20] Sarmiento, *Viajes*, II, ed. de Buenos Aires, 1922, pág. 41.

poderosa influencia, al frente de valiosas empresas y especulaciones de alta importancia [21].

Pero rápidamente se borra el posible conflicto que parecen anunciar esos párrafos ante el desarrollo sentimental (con tesoros escondidos, triunfos sociales, matrimonio) y las previsibles consecuencias de un final endulzado y apacible. Como punto de referencia, se puede comparar ya con lo que la oposición de grupos sociales significa en obras de Cambacerés, en el sector naturalista.

Evidentemente, apenas si alcanza a la novela romántica el reflejo de la vida ciudadana en sus entonces nacientes ciudades mercantiles. Así como también faltaron obras para indicar en la ficción condiciones y reacciones del criollo frente al inmigrante, y la presencia de éste (con su secuela de caracteres y costumbres) en el escenario americano. Quizás —repito— porque era aún demasiado temprano para captar todos los matices, pero en parte también porque faltaron novelistas.

En atención al peso que tiene la vida política en las obras literarias hispanoamericanas, y aunque en apariencia haya que señalar cierta contradicción entre política y novela, la verdad es que este grupo existe en la época romántica (me refiero a lo que podemos llamar «novela política») y ha dejado algunas obras que todavía se leen.

Posiblemente, el ejemplo por excelencia es *Amalia* (edición completa, 1851), de José Mármol, obra en la cual la pasión política pasa al primer plano. De tal manera, el eje amoroso está subordinado a la intención fundamental del autor, encaminada a mostrar la situación del país bajo la tiranía de Rosas.

---

[21] Juana Manuela Gorriti, *Francisco, el mercachifle*, en *Narraciones*, edición de Buenos Aires, 1946, págs. 275-276.

Podemos incluir aquí la obra juvenil de Eugenio María de Hostos, *La peregrinación de Bayoán* (1.ª edición, Madrid, 1863), «novela-poema político social», donde Hostos procura dar forma novelesca a sus ideales políticos y en relación a la situación de las Antillas frente a España, obra dictada por un afán visible que se superponía a rasgos más superficiales (sobre todo, sentimentalismo).

Una cosa hay indudable, y es que la culminación de la novela política hispanoamericana corresponde al siglo xx, con *El Señor Presidente*, de Miguel Ángel Asturias, a la cabeza. Los románticos prefieren, a escribir novelas políticas, el vivir intensamente aquella actividad, y, como si repugnara a la prédica la obra extensa, dejaron reflejos más pequeños pero no menos significativos: panfletos, ensayos, discursos (en prosa) y poemas de variadas dimensiones (en verso). Además, es difícil encontrar la mención directa, el cuadro detallado (que encontramos en la obra de Mármol). Lo corriente es la alusión más o menos velada y un mayor equilibrio dentro de la clara intención de pintura política.

LA NOVELA COSTUMBRISTA

En contraposición con los tipos precedentes, la novela costumbrista tuvo numerosos cultores. En parte, la novela costumbrista debe considerarse como la hermana mayor del cuadro de costumbres, que tanta difusión alcanza en la época. Aunque en realidad lo que hacía por lo común la novela costumbrista era disponer como fondo una sucesión de escenas populares, de acentuado color local, a las cuales estaba íntimamente ligada la trama de la obra.

A su vez, conviene declarar que ciertos contactos entre la novela social (entre las pocas novelas sociales) y la novela costumbrista se rompen al considerar que la segunda acentúa en particular lo local, lo pintoresco que trata de justificarse precisamente por eso, en su carácter propio, distintivo, fuera de alegatos o choques de capas sociales. Y, en ocasiones, con pobrezas y miserias endulzadas...

La novela costumbrista tuvo especial resonancia en algunos países. Así, en México, en Colombia, donde el costumbrismo penetra también el campo de otras novelas, no específicamente costumbristas. Por ejemplo, es notorio el peso que elementos de esta naturaleza tienen en una novela sentimental como *María*, de Jorge Isaacs. Es evidente que el costumbrismo no se superpone aquí al eje fundamental del relato, pero es indudable también que —aun sin fusionarse— lo sentimos (y evocamos) como un elemento imprescindible del relato: fondo vivo y —¿por qué no?— tema secundario que sirve a menudo de necesaria, aquietadora alternancia a la historia sentimental. También, punto de referencia, ámbito de hombre y circunstancia en que la novela nace.

Citemos novelas costumbristas. En México: Manuel Payno, *El hombre de la situación* (1861); Luis G. Inclán, *Astucia, el jefe de los Hermanos de la Hoja o Los charros contrabandistas de la Rama* (1865); José Tomás de Cuéllar, *La linterna mágica* (veinticuatro novelas: «cuadros ampliados más que verdaderas novelas», según Pedro Henríquez Ureña) (1871-1872; 1889-1892); Ignacio Manuel Altamirano, *El Zarco. Episodios de la vida mexicana en 1861-63* (obras póstumas, 1917).

En Cuba: Cirilo Villaverde, *Cecilia Valdés* (con contactos «sociales», 1879); Anselmo Suárez Romero, *Francisco* (ídem, 1889). En Venezuela: Eduardo Blanco, *Zárate* (bandido «romántico», 1882) [22]. En Colombia: Luis S. de Silvestre, *Trán-*

---

[22] Sobre los bandidos «románticos» hay una serie de obras de muy diverso carácter, aunque no siempre corresponda con exactitud el

sito (1886); J. Caicedo Rojas, *Apuntes de ranchería* (costumbrismo e historia); José Manuel Marroquín, *El moro* (1897); José María Samper, *Los claveles de Julia* (1881). En el Perú: Narciso Aréstegui, *El Padre Horán*. *Escenas de la vida cuzqueña* (sentimental, costumbrista y aún con toques «sociales») (1848). En Chile, las novelas de la primera época de Alberto Blest Gana, sobre todo, *La aritmética en el amor* (1860) y *Martín Rivas* (1862), con las particularidades apuntadas. En el Uruguay: Alejandro Magariños Cervantes, *Caramurú* (1848).

De nuevo —insisto— encontramos aquí cruces y acumulaciones. En general, el costumbrismo suele hallarse como ingrediente en gran parte de las novelas hispanoamericanas de todo tipo, de la misma manera que suele hallarse el paisaje americano. Así como a veces recurrían a épocas y tierras lejanas, en ansia de evasión, otras veces gustaban de lo cercano y cotidiano, que —entonces, sobre todo— despuntaba primicias inéditas. Era ésta también una manera de ganar lectores y aun de dar «sello» americano a las novelas. Por una parte, realidad conocida (para el lector de estas tierras), y, por otra, diferenciación frente a obras más famosas que venían del otro lado del Atlántico.

Naturalmente, resultaba común que la obra costumbrista americana, en su afán de reflejar de la manera más fiel posible una realidad, abundara en localismos. De ahí también las notas y explicaciones en textos que aspiran a ganar lectores lejanos.

----

nombre de bandidos. (Cf. Gertrudis Gómez de Avellaneda, *Espatolino;* José Ramón Betancourt, *La feria de la caridad;* Alejandro Magariños Cervantes, *Caramurú;* Juana Manuela Gorriti, *Gubi Amaya;* Eduardo Gutiérrez, *Juan Moreira;* Ignacio Manuel Altamirano, *El Zarco*.)

LA NOVELA ENSAYO

Agrego —para terminar este cuadro muy general— un tipo de novela que, si no tuvo muchos cultores, dejó, en cambio, algunas obras singulares. Me refiero a lo que puede llamarse «novela ensayo», vale decir, obras que tienen desarrollo novelesco (con la amplitud que gana la novela en el siglo XIX), pero que tienen también preponderante sentido de «ensayo». Con otras palabras, obras de ensayistas o teorizadores que eligieron ocasionalmente —con la libertad y expansión que ofrece el romanticismo— el vehículo de la novela.

Tales son, por ejemplo, los *Capítulos que se le olvidaron a Cervantes* (obra póstuma, 1895), de Montalvo, y *Peregrinación de Luz del Día en América* (1875), de Alberdi. La obra de Montalvo, construida sobre el cañamazo cervantino, tiene más forma de novela que la de Alberdi, pero la apariencia no oculta su condición esencial de novela ensayo.

Es justo reparar en que ya José Manuel Estrada, cercanamente a la obra de Alberdi y superando los nombres genéricos aplicados por el propio autor, consideraba a *Peregrinación de Luz del Día* una «novela». («Todos hemos leído la novela —dice— y todos hemos admirado su colorido»)[23].

Repito que debe verse en estas obras (ficción, humor, sátira, pensamiento político en más o menos acordada unión) una clara señal de la época. El escritor desordena categorías literarias, irrumpe entre convenciones y procura objetivar su yo de la manera más fiel posible. Es la situación que, con

---

[23] Ver J. M. Estrada, *Examen crítico a «Peregrinación de Luz del Día»*, en la *Revista del Río de la Plata*, de Buenos Aires, 1875, XI, página 87.

mayor nitidez, veremos repetida en un grupo importante de obras (*Facundo, Biografía del General Ribas, Una excursión a los indios ranqueles*), como hemos visto antes en el caso del *Martín Fierro*, situaciones ante las cuales la crítica ha permanecido con frecuencia perpleja por la falta de acomodación a nombres, géneros y casilleros tradicionales. Como si no fueran —de manera rotunda— testimonio indudable de una nueva época y, sobre todo, de un sello típicamente americano.

EL CUENTO

Es indudable que al considerar la trayectoria e importancia del cuento en Hispanoamérica se parte de la época modernista. La razón se apoya en testimonios incontrovertibles: el valor del cuento modernista (abundancia y valor) y la continuidad que —desde aquella época— se marca en el cuento de estas regiones.

Sin embargo, y aunque la afirmación anterior no pueda —repito— destruirse, hay un hecho que también debemos aceptar, a través de los materiales a nuestro alcance: la comprobación de que el cuento literario adquiere verdadera fisonomía (si no calidad) en la etapa romántica.

La novela tenía en el siglo XIX una historia de visible extensión y precedentes muy valiosos. Además, el siglo XVIII fue prefigurando riquezas de la novela que se alcanzarán, mejor, en el siglo XIX. Como vemos, la trayectoria es clara. En cambio, el cuento tenía un proceso menos transparente e importante. Existía —ya desde una remota antigüedad— el cuento popular, el cuento folklórico[24], pero no se había

---

[24] Benjamín Vicuña Mackenna ha explicado así la vida y difusión de los cuentos en el Chile colonial: «Junto con las primeras letras aprendían los niños todas las travesuras, artificios, cuentos y demás

cultivado ni crecido el cuento de factura literaria, que va a nacer, precisamente, en el siglo XIX.

Con esto señalamos la importancia del cuento romántico: es, con mucho, momento de nacimiento y posibilidades. Momento de enriquecimiento expresivo y de jerarquización. A estas direcciones ayudan no sólo condiciones estrictamente literarias, sino también condiciones sociales y, si se quiere, factores como el periodismo —periodismo en amplitud y expansión; periodismo como vehículo cultural— que ganan particulares horizontes en el siglo [25].

Estas reflexiones valen, sobre todo, para el cuento europeo. Al circunscribirnos al cuento en Hispanoamérica, las dimensiones bajan, claro está, aunque por ahora sólo me interesa destacar paralelismos y elementos comunes.

---

accesorios de ese verdadero *liber aureolus* de la infancia que cada uno lleva escrito en letras imperecederas en los pliegues de la memoria. Era aquél un aprendizaje completo. Comenzaba por los cuentos unas veces espantables, otras amenos, destinados a conciliar el sueño, y que se escuchaban desde la almohada con profundo terror o indecible deleite...

Los cuentos más usuales eran aquellos que con tan agradable sencillez escribió Perrault y ha ilustrado últimamente con su prodigioso lápiz Gustavo Doré: *Barba Azul*, la *María Cenicienta*, el *Tío León*..., y especialmente *Pedro Urdemalas* y los *Doce Pares de Francia*...» (B. Vicuña Mackenna, *Historia de Santiago*, en *Páginas escogidas*, ed. de Buenos Aires, 1944, pág. 50.)

Cf. con una referencia, más cercana, de Ventura García Calderón, sobre la vitalidad de tales relatos: «¿Cómo era un adolescente peruano, y podríamos decir hispanoamericano, en los comienzos del siglo XX?

... ...

¿Qué sabe del mundo exterior sino los cuentos de la mulata vieja? Esta le refiere en las noches, antes de dormirse con el credo en la boca, historias de aparecidos, de almas en pena o la desventura de Blancaflor, que vino probablemente en un galeón de España para asombrar a un niño del Perú con el ejemplo de la magnífica crueldad feudal...» (Ver V. García Calderón, *Nosotros*, París [1946], págs. 18-19.)

[25] Cf. Mariano Baquero Goyanes, *El cuento español en el siglo XIX*, Madrid, 1949, págs. 153-171.

Con mayor precisión que en el caso de la novela, el cuento hispanoamericano nace con el romanticismo. La diferencia mayor aparece —sin duda— en que, igualmente cultivado, para la mirada ambiciosa de los narradores del continente el cuento no alcanza a despegar todavía de lo que consideran géneros secundarios (extensión y carácter), a distancia de géneros novelescos que gozaron en la época de levantado prestigio (novela histórica, novela sentimental)...

De la misma manera, el cuento romántico dejó en Hispanoamérica —comparativamente— menos frutos valiosos que la novela. En rigor, no asoma, salvo el caso especial de Ricardo Palma —que configura un género especial—, ningún cuentista de genio, o cuentos que resalten en las antologías y se lean y relean hoy con la frecuencia con que todavía se leen algunas novelas románticas.

Quizás también, la escasez de calidad se debe a que no siempre los mejores novelistas fueron también cuentistas. Pero ésta es posibilidad discutible, ya que cuento y novela (y aun novela corta), por encima de cercanías, mantienen leyes y ámbitos que les son muy propios[26].

---

[26] Además, algunos relatos particulares que vemos en obras famosas del romanticismo hispanoamericano son verdaderos cuentos. Tal ocurre con *El rastreador*, en el *Facundo*, de Sarmiento, y con *La flor de nieve* y *El cura de Santa Engracia*, en los *Siete tratados*, de Montalvo. (En una *Antología de cuentistas hispanoamericanos*, publicada en Madrid, 1946, ed. Aguilar, se incluyó *El rastreador*.)

Lo logrado de estos relatos hace que lamentemos que tanto Sarmiento como Montalvo no cultivaran especialmente el cuento. Claro que con respecto a Montalvo hay que agregar que su relato *El pintor del Duque de Alba* (en *El espectador*), relato histórico, es un verdadero cuento y bien hilado. El descubrimiento no atenúa, sin embargo, una lamentable escasez. (Ver Montalvo, *El espectador*, ed. de París, 1927, págs. 80-93.)

Ya en otro sector, es también verdadero cuento la historia de *Feliciana*, que figura en *María*, de Jorge Isaacs (capítulos XL-XLIV).

Con todo, creo que, a pesar del relativo brillo del cuento romántico en Hispanoamérica, el conocimiento que de él se tiene rebaja todavía más ese mérito. Es sabido que el cuento fue y sigue siendo género apropiado para la publicación periodística, y que no siempre el autor reúne en un libro sus cuentos. Por eso faltan colecciones nacionales que —naturalmente— sólo pueden hacerse recorriendo la prensa del siglo XIX. En fin, hasta en lo que se refiere a los libros publicados (antologías, monografías especiales) se notan lagunas visibles. Justo es reconocer, sin embargo, que se avanza, siquiera lentamente, a través de buenas antologías del siglo XIX o generales. Cosa que ocurre, especialmente, en países como México y Chile [27]. Vale decir, esas selecciones que, en gran parte, permitirán en el futuro una cabal antología (y estudio) del cuento hispanoamericano. Obra que, desgraciadamente, hoy nos falta [28].

Y como cuento ha sido publicado en uno de los volúmenes de la Biblioteca Aldeana de Colombia (*Otros cuentistas*, Bogotá, 1936).

[27] Cf., sobre todo, Luis Leal, *Antología del cuento mexicano* (México, 1957); José Mancisidor, *Cuentos mexicanos del siglo XIX*, selección de... (México, s. a.); Mariano Latorre, *Antología de cuentistas chilenos*, selección de... (Santiago de Chile, 1938); Raúl Silva Castro, *Antología de cuentistas chilenos* (Santiago de Chile, 1957); Instituto de Literatura Chilena, *Antología del cuento chileno* (Santiago de Chile, 1963. Obra ejemplar en más de un aspecto); Juan Loveluck, *El cuento chileno (1864-1920)*, selección de... (Buenos Aires, 1964.)

En cambio —y para mostrar la otra cara—, notamos la ausencia de una buena antología del cuento en la Argentina, que hasta ahora, por diversos motivos, no se ha dado. Una prueba de lo que digo es la obra de Renata Donghi de Halperín, *Cuentistas argentinos del siglo XIX*. Selección de... (Buenos Aires, 1950), libro que ni siquiera alcanza a reflejar nuestro escaso brillo. Baste con decir que no figura allí el que, sin duda, fue nuestro mejor cuentista del siglo XIX: Carlos Monsalve.

[28] Para atestiguarlo cito la reciente antología de Seymur Menton, *El cuento hispanoamericano*, «Antología crítico-histórica» (2 tomos, México, 1964), con llamativas ausencias y con comentarios en gran parte redundantes. Del romanticismo ofrece tres relatos: *El matadero*,

Antes de detenernos en puntualizar los principales grupos del cuento romántico, bueno será aclarar que con esta denominación —«cuento»— entendemos, sobre poco más o menos, lo que hoy juzgamos como tal. Es decir, que quedan fuera los «cuentos en verso» que se escribieron durante el siglo XIX (a la manera de los «cuentos» de Grossi, Casti y Byron) y otras formas que abarcó entonces un no muy preciso uso del término (poemas, novelas, relatos de compleja clasificación) [29]. Curiosamente —y en forma inversa— tam-

---

de Echeverría; *Amor secreto*, de Manuel Payno, y *Rosa*, de José Victorino Lastarria.

[29] Por cierto que se pensaba en particularidades del relato y de carácter narrativo para llamar «cuento» a obras (por otra parte tan dispares entre sí) como el *Santos Vega*, de Ascasubi (es el propio autor el que lo llama así); el *Fausto*, de Del Campo (íd.); *La loca de la guardia*, de Vicente Fidel López (también es el autor el que la califica de «cuento histórico»); *Peregrinación de Luz del Día en América*, de Juan Bautista Alberdi (igualmente llamada «cuento» por su autor). Juan María Gutiérrez llama también «cuento» a su novela (corta) *El Capitán de Patricios* (ed. de Buenos Aires, 1864. Ver advertencia, pág. 2).

Por su parte, José Martí se refiere al *Enriquillo* de Galván como «cuento». (Ver carta al autor, fechada en Nueva York, 19 de septiembre de 1884): «No haga usted otra cosa, luego que concluya su tratado, que escribir cuentos como éste...» (Curiosamente, Galván llamaba a su novela «leyenda».) (En España, Espronceda había llamado así a su poema *El estudiante de Salamanca*. Sin duda, pensaba en el desarrollo de la anécdota: «Leyenda» la hubiera llamado Zorrilla.)

Como «cuento» en verso, recordemos *El reloj*, de José Batres Montúfar. Además, encontramos el concepto de *cuento* como narración hecha por un imaginario relator. Así lo declara Altamirano en la nota final a su novela *Clemencia*: «El menor de los defectos de esta pobre novelita es que para cuento parece demasiado larga. Pero no hay que tomar formalmente la ficción de que el doctor relate éste en una noche. Es un artículo literario como otro cualquiera, pues necesitaba yo que el doctor narrara, como testigo de los hechos, y no creí que debía tener en cuenta el tamaño de la narración...» (Y justifica lo «largo del cuento» con ejemplos de Hugo, Dickens, Erkmann-Chatrian, Zschokke y Hoffmann.) (Ver Ignacio Manuel Altamirano, *Clemencia*, ed. de México, 1944, pág. 236.)

bién se aplicó el nombre de «novela» a verdaderos cuentos, tal como ocurre con unos relatos de la Avellaneda [30] y de Juana Manuela Gorriti [31]. En el primer caso es evidente que la denominación de «cuento» se identificaba —de manera amplia— con la forma narrativa. En el segundo caso se identificaba «novela» y obra de ficción, sin otras diferenciaciones.

Reduciéndonos ahora a los verdaderos cuentos, vemos que hay, sobre todo, notoria inclinación por los temas sentimental, costumbrista y humorístico satírico. Menos, por los temas histórico, fantástico, político-social, familiar. Como ocurre con la novela, es frecuente el contacto entre dos temas, y, particularmente, el tema sentimental suele extenderse sobre los otros. Pero es el predominio de uno el que marca estas elementales distinciones de grupo: de tal manera, sólo debe verse en los nombres propuestos un valor primario de encasillamiento (nunca muy preciso), necesario ante la abundancia del material, por incompleto que éste sea.

Por descontado que —de nuevo— la abundancia no supone, de por sí, calidad. Apoyándonos en esta base, algún grupo como el de los relatos fantásticos ofrece quizá los mejores ejemplos del cuento romántico.

Aún Rodó, en un temprano artículo de la *Revista Nacional de Literatura y Ciencias Morales*, de 1897, llama a *El Capitán de Patricios*, de Gutiérrez, novela y cuento a la vez. (Ver *Obras Completas*, Madrid, 1957, pág. 845.)

En síntesis, es evidente que durante el siglo XIX (y junto con su enriquecimiento) hay bastante imprecisión con respecto al contenido y caracteres del *cuento*. Y nada digamos en lo que se refiere a diferenciación con la *novela corta*.

[30] Cf. Gertrudis Gómez de Avellaneda, *La velada del helecho o el donativo del diablo;* íd. *Dolores*. Ambos relatos se publicaron en el *Semanario pintoresco español*, de Madrid (1849 y 1851). (Ver M. Baquero Goyanes, *El cuento español en el siglo XIX*, págs. 214 y 216.)

[31] Cf. W. G. Weyland, prólogo a Juana Manuela Gorriti, *Narraciones*, ed. de Buenos Aires, 1946, pág. XXX.

El cuento sentimental fue, indudablemente, el más culti-vado. Dentro de él es corriente —estaba en la época— el des-borde melodramático y la nota lacrimosa, en una cuerda que toca con preferencia la pasión erótica y las telas sensibles (paralelo a la novela: goces y penas, y más penas que goces).

Cito aquí: Lastarria, *El diario de una loca;* Soledad Acos-ta de Samper, *Luz y sombra;* Eduardo Blanco, *Annella;* Pe-dro Castera, *Sobre el mar;* Florencio M. del Castillo, *Botón de rosa;* Manuel Payno, *Amor secreto;* Rafael Delgado, *Epí-logo;* Heriberto Frías, *Un drama de familia;* Justo Sierra, *Nocturno;* Rosendo Villalobos, *Sor Natalia* (adaptación de un «milagro» medieval); Daniel Riquelme, *El perro del regi-miento;* Luis Benjamín Cisneros, *Amor de niño* [32]; Eduardo Wilde, *Tini;* Martín García Mérou, *Una limosna;* Juana Ma-nuela Gorriti, *Un drama en quince minutos, Idilio y tragedia;* Ángel del Campo («Micrós»), *El niño de los anteojos azules.*

Abundan también los cuentos costumbristas. Este tipo gozó de muchos adeptos en la época, de la misma manera que abundan los cuadros de costumbres. Hay proximidades evidentes, pero la diferencia se marca a través de un eje anecdótico, como principio, medio y fin, que da vertebración al cuento. Pero —repito— no siempre resulta fácil distinguir entre uno y otro. También el cuento costumbrista se apoya en el deseo de buscar el color local y lo pintoresco en el me-dio americano: sobre todo, la campaña (personajes y ambien-tes) más que la ciudad.

Ejemplos: Daniel Riquelme, *Bajo la tienda* (la mayor par-te de los relatos) [33]; Federico Gana, *La señora;* Juan León

---

[32] Destacado por el crítico chileno Pedro Lastra Salazar, en *Notas sobre el cuento hispanoamericano del siglo XIX* (en *Mapocho,* de Santiago de Chile, 1963, núm. 2, pág. 210).

[33] Aunque sea un tanto difícil la filiación de Daniel Riquelme, no creo que pueda separarse completamente del romanticismo. Además,

Mera, *Las desgracias del indio Pedro;* Samuel Velásquez, *Madre;* Jesús del Corral, *¡Que pase el aserrador!;* Francisco Gómez, *En las minas;* Pedro Castera, *Cuentos mineros;* Ignacio Manuel Altamirano, *La navidad en las montañas;* J. M. Barrios de los Ríos, *Los gambusinos;* Manuel José Othón, *El nahual;* E. A. Pimentel, *De la ranchería.*

Claro que también los románticos sabían reír y, aunque no esté aquí lo más esencialmente romántico (lo hemos dicho), escribieron con pluma retozona relatos que, en ocasiones, nos prueban que el ingenio no dejó de ser virtud de algunos escritores del pasado siglo. El vehículo adecuado de esta vena fue la comedia, la sátira en verso y, sobre todo, el cuento.

El ejemplo por excelencia —conviene decirlo una vez más— es Ricardo Palma, pero de él nos ocuparemos en lugar aparte. Otros hay, si bien no tienen su valor ni su fama: José Antonio Campos («Jack the Ripper»), *Los tres cuervos;* Manuel Beingolea, *Levitación, Mi corbata;* Pedro Castera, *Un amor artístico;* J. López Portillo y Rojas, *Ramo de olivo;* Juan de Dios Peza, *Un libro de carne;* Guillermo Prieto, *Aventuras de carnaval;* Vicente Riva Palacio, *Stradivarius, El buen ejemplo;* Carlos Olivera, *Fantasmas;* Lucio V. López, *Don Polidoro* (¿cuento?).

No son tan frecuentes los cuentos de asunto histórico. Posiblemente, porque al seguir los modelos europeos (es decir, los modelos por excelencia dentro del género) reconocían la importancia que se daba a la reconstrucción arqueológica,

---

su perfil sobresaliente es, sin duda, el costumbrista: anécdotas, cuadros, escenas, que muchas veces no alcanzan al cuento, si bien siempre muestran el gracejo del narrador. (Ver, sobre todo, relatos como *El perro del regimiento* —ya citado—, *A otro perro con ese hueso, Los relojitos, Mi corral.*) Cf. Daniel Riquelme, *Cuentos de la guerra y otras páginas,* ed. de Santiago de Chile, 1931.

al aporte más o menos documental. Y esto encontraba campo adecuado en la extensión y fisonomía de la novela, y no en el nervioso andar y la corriente brevedad del cuento.

Se escribieron —lo hemos visto— multitud de novelas históricas. En cambio, el cuento histórico se redujo a mucha menor cantidad. En todo caso, aquí se encuentran algunas obras que, sin duda, constituyen un lugar intermedio entre el cuento y la novela, como *El alférez Alonso Díaz de Guzmán* (andanzas chilenas de «La monja alférez»), de Lastarria. Obra que, como otros ejemplos de la época, puede entrar (aunque sin todas las precisiones críticas establecidas por Benjamín Crémieux), en el cuadro de la «novela corta». Sobre esto volveré más adelante.

Cito ahora cuentos históricos: Juana Manuela Gorriti, *El postrer mandato;* José Velásquez García («Julio Vives Guerra»), *El parricida;* J. M. Barrios de los Ríos, *El buque negro;* Guillermo Prieto, *El marqués de Valero* (melodramático); Gertrudis Gómez de Avellaneda, *Dolores;* Justo Sierra [34], *En Jerusalén* (bíblico), *El velo del templo* (bíblico), *666: César Nero, María Antonieta.*

Sin duda, el relato fantástico fue algo más afortunado, aunque se mueva comúnmente dentro de lo que era típico en el siglo XIX: sueños y fantasmagorías a lo Hoffmann, anticipaciones y cientificismos muy de la época. Si bien estamos lejos en Hispanoamérica del brillo que ya en ese siglo adquieren tales narraciones en Europa y los Estados Unidos (recordemos aquí a Edgar Allan Poe y Nathaniel Hawthorne), encontramos buenos testimonios del cuento hispano-

---

[34] Como únicamente cito en este estudio (salvo dos ejemplos) al más famoso de los dos «Justo Sierra», es decir, al hijo, no hago (salvo esos ejemplos) la distinción entre Justo Sierra padre y Justo Sierra hijo. Cosa que no ocurre en el caso de los dos «Miguel Cané», citados en diferentes ocasiones.

americano. Claro que este reconocimiento no se hace muy
corriente por inexplicables prejuicios de cierta crítica. ¡Como
si la fantasía rehuyera ecos en estas tierras! Por supuesto
que no es a través de este tema como se logrará lo más espectacularmente americano, pero es hora ya de superar algunas
limitaciones (y ésta es una de ellas).

De acuerdo en que hay también «fantasías» desbocadas
o, simplemente, vacías. La justicia exige, sin embargo, distinguir cuando corresponde. He aquí algunos ejemplos: Juana
Manuela Gorriti, *Coincidencias, Quien escucha, su mal oye;*
Carlos Monsalve, *Historia de un paraguas, El gnomo, La
botella de champagne;* Carlos Olivera, *El hombre de la levita
gris;* Eduardo L. Holmberg, *Horacio Kalibang o Los autó-
matas, La pipa de Hoffmann;* Eduardo Wilde, *Alma calleje-
ra;* Justo Sierra, *La sirena* (historia legendaria); *Marina, Pla-
yera;* Eduardo Blanco, *Claudia;* Guillermo Vigil, *La promesa*
(fantástico-legendario); Gertrudis Gómez de Avellaneda, *La
velada del helecho o El donativo del diablo.*

Los otros temas (político-social, familiar, etc.) alcanzaron
menor relieve. Más bien, corresponde decir que tales temas
(en especial, el político-social) utilizaron otros cauces, de intención directa más a propósito que el cuento, tal como hemos señalado al hablar de la novela y su paralela escasez. El
tema familiar, por su parte, encontró su mejor vehículo en
la lírica, y allí dejó los testimonios más recordables. Dentro
de tan pobre perspectiva —y dentro de los dos temas: el
político-social y el familiar— citemos, sin embargo, los cuentos de Lastarria (*Don Guillermo, Una hija*) entre los primeros; los cuentos de Nataniel Aguirre y de Eugenio María de
Hostos (*Cuentos a mi hijo*) (1878), entre los segundos [35].

---

[35] Cf. Eugenio María de Hostos, *Cuentos a mi hijo* (a madre e
hijo), de 1878, con mucho de autobiográfico. (Ver Hostos, *Obras Completas,* III, La Habana, 1939, págs. 47-88.)

Me he referido antes a una especie intermedia entre el cuento y la novela o novela larga, que no es siempre estrictamente la novela corta (ya que no se trata de establecer grupos aparte a través del simple dato externo de la extensión) [36]. Con cierta amplitud en la caracterización, creo que entran en el tipo varios ejemplos de la época, aparte del anticipado relato de Lastarria (*El alférez Alonso Díaz de Guzmán*): *Mercedes* y *El mendigo*, de Lastarria; *Entre dos tías y un tío* y *Por qué soy cristiano*, de Juan León Mera; *Las confesiones de un pianista* y *La novela de un colegial*, de Justo Sierra; *Historia vulgar*, de Rafael Delgado; *El pastor Corydón*, de Manuel José Othón; *La víspera y el día de la boda*, de Manuel Payno; *Gubi Amaya* y *El tesoro de los Incas*, de Juana Manuela Gorriti; *Boccaccio*, de Bartolome Mitre y Vedia... Quizás *El matadero*, de Echeverría [37].

---

[36] Me refiero a la valiosa caracterización de Benjamín Crémieux en *El renacimiento de la novela corta* (en *La Nación*, de Buenos Aires, 15 de diciembre de 1935), apoyada, sobre todo, en la riqueza de la novela corta europea del siglo xix (Balzac, Mérimée, Pushkin). Crémieux señala como rasgos fundamentales de la novela corta el terror o misterio, y un final trágico, fantástico o patético. Como creación estética, la considera un producto puro de la imaginación. Destaca, por último, su florecimiento en la época romántica, como una consecuencia de este espíritu.

Por supuesto que desde Hispanoamérica no podemos ofrecer una altura semejante, ni tampoco un criterio tan estricto en la caracterización.

Tampoco nos sirve mucho la caracterización de la «nouvelle» que hace el formalista ruso V. Shklovski. (Cf. T. Todorov —recop.—, *Teoría de la literatura de los formalistas rusos*, trad. de A. M. Nethol, Buenos Aires, 1970, págs. 137-146.)

[37] Aunque no pueda aún mostrarlo debidamente, creo que *El matadero* es obra fragmentaria, «arreglada» por Juan María Gutiérrez. De todos modos, me inclino por considerarla como un esbozo de novela corta, y no como un cuento (así, comúnmente, se la clasifica). Pero opino también que estas afirmaciones merecen un desarrollo más pormenorizado.

Concluyo y reitero lo que he dicho anteriormente. Sin destacarlo como un género fundamental del romanticismo hispanoamericano, sin alcanzar el brillo que alcanzó posteriormente (sobre todo, a partir del modernismo), el cuento romántico en estas regiones es más valioso de lo que comúnmente nos muestran antologías e historias literarias. Con mayor exactitud, hay que decir que es menos pobre de lo que se repite a menudo.

Quedan —si no extraordinarios— buenos cuentistas que, en justicia, corresponde no olvidar. Ricardo Palma aparte (en razón de su personalidad y «género») [38], citemos en lugar de privilegio a escritores como los argentinos Carlos Monsalve y Eduardo Wilde, los mexicanos Justo Sierra y Ángel del Campo («Micrós»), el peruano Luis Benjamín Cisneros, el ecuatoriano José Antonio Campos... Si no todos reflejan en sus cuentos rasgos esenciales del romanticismo, todos están ligados —unos más, otros menos— a la corriente. En fin, dentro de las limitaciones de este panorama y de los materiales a mi alcance, me parece que puede verse con alguna claridad en este sector confuso del cuento en el siglo XIX.

---

[38] Las «tradiciones» —lo hemos dicho— son verdaderos cuentos, personalizados sobre todo en Palma (porque en él pienso al hablar de las tradiciones). El propio Palma —sin que olvidemos aquí vaguedades genéricas en el siglo— llama «cuentos» a algunas de ellas. (Ver *Dónde y cómo el diablo perdió el poncho*, «cuento disparatado».)

XIII

GÉNEROS Y RETÓRICAS: GÉNEROS «NUEVOS»

GÉNEROS Y RETÓRICAS

Novelas y cuentos —aunque se expandan considerablemente y ganen una riqueza visible en la época romántica— son géneros literarios que continúan líneas anteriores. Destaco: continuación en el sentido amplio de la palabra, sin que esto suponga olvidar lo que, tanto en la novela como en el cuento, inyecta la época. Es decir, presencia que no sólo deja su huella, sino que también, en virtud de posibilidades expresivas que descubre, extiende considerablemente el ámbito de los dos géneros: razón de ser de buenos escritores que lo cultivan y respuesta adecuada de un público considerable que los lee.

Pero hay otros géneros —géneros que a veces llegan a puntos fronterizos con la novela y el cuento— y que, podemos decir, nacen con el romanticismo. No es el caso de buscar aquí antecedentes aislados (nunca fundamentales), sino de reconocer que, efectivamente, estos géneros nacen o alcanzan verdadera dimensión literaria con el romanticismo. En Hispanoamérica encontramos una serie interesante: algunos, paralelos a las literaturas europeas; otros —de ahí también su importancia— como producto nuevo de estas regiones, es decir, del romanticismo hispanoamericano.

Ligado a rasgos románticos, aunque pueda posteriormente separarse de ellos, aparece en la época el cuadro de costumbres.

El cuadro pintoresco, el menudo episodio lugareño, la escena popular de acendrado localismo en sus tipos y lengua, atrajo al escritor romántico. En verdad, las raíces están en la valoración del color local y su inmediato reflejo en el costumbrismo literario.

Con los cuadros de costumbres se configura un género nuevo que aspira no solamente a la novedad, sino también a ciertas ambiciones artísticas. Con todo —y a pesar de lo que valen palabras de Croce acerca de la falsedad de géneros mayores y menores—, reconozcamos que el cuadro de costumbres tiene su fin en su propia limitación.

Mucho significó —es indudable— el ejemplo de Larra, en quien se personaliza artísticamente el género y que alcanza casi increíble altura. Mesonero Romanos tuvo también bastante difusión, aunque a distancia de Larra. Y más alejados aún, Estébanez Calderón, Modesto Lafuente («Fray Gerundio»), López Pelegrín («Abenámar») y otros.

Ya nos hemos referido a la difusión de Larra. De ahí que no convenga detenerse en repetirlo. Interesa, mejor, una lista de escritores hispanoamericanos que dejaron claro testimonio de la expansión continental del género.

En la Argentina: Alberdi («Figarillo»), Sarmiento, Echeverría, Juan María Gutiérrez; en Chile: Jotabeche, José Antonio Torres, Román Fritis, Alberto Blest Gana, Daniel Barros Grez, Román Vial, Manuel Bilbao, Daniel Riquelme, Benjamín Vicuña Mackenna, Manuel J. Ortiz, Joaquín Díaz Garcés (los dos últimos, alcanzando con amplitud nuestro siglo)[1]; en el Perú: Felipe Pardo y Aliaga, Manuel Ascensio Segura, R. Rojas y Cañas, Abelardo M. Gamarra («El Tunante»), Federico Elguera («Barón de Keef»)[2]; en Colombia: Eugenio Díaz, Manuel Pombo, José Caicedo Rojas, José María Vergara y Vergara, Juan de Dios Restrepo, Rivas Groot, José Manuel Marroquín[3]; en Venezuela: Daniel Mendoza, Baralt, Cagigal, Fermín Toro, Nicanor Bolet Peraza, Francisco de Sales Pérez[4]; en Cuba: José María de Cárdenas y Rodríguez, Milanés, José Victoriano Betancourt; en Costa Rica: Manuel de J. Jiménez; en Guatemala: José Milla y Vidaurre; en México: Prieto, Cuéllar, Altamirano[5].

---

[1] Cf. Raúl Silva Castro, *El artículo de costumbres. Su evolución en la literatura chilena* (en los *Anales de la Universidad de Chile*, Santiago, 1960, CXVIII, núm. 119, págs. 244-249).

[2] En un estudio de Mary Nemtzow (*Acotaciones al costumbrismo peruano*, en la *Revista Iberoamericana*, de México, 1949, XV, págs. 45-61) se procura mostrar que el costumbrismo en el Perú debe poco a caracteres románticos, en confrontación también con lo que ocurre en otras regiones de Hispanoamérica.

[3] Cf. Antonio Curcio Altamar, *Evolución de la novela en Colombia*, Bogotá, 1957, págs. 125-129.

[4] Ver *Antología de costumbristas venezolanos en el siglo XIX*, Caracas, 1940. El mismo año que comenzó la edición caraqueña de las *Obras* de Larra —1839— comenzó a publicarse en la misma ciudad el *Panorama matritense*, de Mesonero Romanos. Desgraciadamente, no pasó del primer tomo. (Ver Pedro Grases, *Temas de bibliografía y cultura venezolanas*, Buenos Aires, 1953, pág. 181.)

[5] No he podido ver el estudio de Jefferson Rea Spell, *The costumbrista movement in Mexico* (en PMLA, de Baltimore, 1935, L, páginas 290-315). Según Malcom D. McLean, Guillermo Prieto fue el primer mexicano que publicó cuadros de este tipo en México. (Ver *Vida y obra de Guillermo Prieto*, México, 1960, pág. 130.) En América aparecieron imitaciones de la obra española *Los españoles pintados por sí mismos* (Madrid, 1843 y 1844), obra muy difundida y famosa por sus

El cuadro de costumbres más frecuente en Hispanoamérica se distingue por estos caracteres: color local, popularismo, fragmentarismo (en este último aspecto, hasta puede extenderse a él la sátira que en España hacía Santos López Pelegrín a lo que consideraba rasgo fundamental de las obras románticas).

A menudo aparece, pues, en esta forma, y centra toda su ambición en la pintura colorida, pintoresca. Pero en otras ocasiones acentúa la sátira social e inclusive toca el tema político. Es lo que —por ejemplo— ya se daba en Larra, y que en América encontró ámbito más que propicio para repetirse. Por eso, distinguiendo estas dos direcciones inconfundibles, me parece que las señala con claridad el cubano José Victoriano Betancourt.

> Muy humilde es mi pretensión —dice Betancourt—: pintar, aunque con tosco pincel y apagados colores, algunas costum-

---

ilustraciones. En Cuba aparecieron dos: *Las habaneras pintadas por sí mismas* (La Habana, 1847) y *Los cubanos pintados por sí mismos* (I, La Habana, 1852). En México, una: *Los mexicanos pintados por sí mismos* (México, 1854).

Las habaneras es obra de un solo autor y carece de láminas; *Los cubanos* es obra de colaboración e ilustrada, como era común en este tipo de obras. Colaboraron veintitrés escritores, entre ellos José Victoriano Betancourt, José M. de Cárdenas, Manuel Zequeira y Manuel Costales.

Los mexicanos fue también obra de colaboración e ilustrada. Entre los colaboradores figuran: Ignacio Ramírez («El Nigromante»), Hilarión Frías y Soto, José M. Rivera, Juan de Dios Arias, Pantaleón Tovar y Niceto Zamacois. Es —según M. Ucelay Da Cal— la mejor colección americana.

Posteriormente se hizo una colección titulada *Las mujeres españolas, portuguesas y americanas.* (Madrid, La Habana, Buenos Aires, 3 volúmenes, 1872, 1873, 1876.) Hay colaboradores americanos, pero poco importantes.

En fin, se publicaron otros libros de este tipo, menos valiosos que los citados. (Ver Margarita Ucelay Da Cal, *Los españoles pintados por sí mismos*, México, 1951, págs. 192-210.)

bres, bien rústicas, bien urbanas, a veces con el deseo de indicar una reforma, a veces con el de amenizar juntamente una página de la *Cartera*... [6].

De estas dos direcciones, prevaleció de manera notoria la que Betancourt señala en último término, es decir, el cuadro ameno. Tienen por lo común inclinación social (o político-social) los «cuadros» escritos por Echeverría, Sarmiento, Bilbao, Cuéllar, Prieto, Altamirano, Vergara y Vergara... En todo caso, la diferenciación surge por temperamento individual, regiones y, también, modelo. De nuevo, los hombres del Plata asoman con mayor ímpetu (ya que no con mayor acierto). En cuanto al modelo, podemos enfrentar a Alberdi («Figarillo»), que sigue a su admirado Larra, con el mexicano Guillermo Prieto, que continúa, más bien, a Mesonero Romanos, o con el cubano José María de Cárdenas y Rodríguez, que fue conocido como «El Mesonero Romanos cubano».

En un sector vemos, pues, que se reproduce el conocido fenómeno que toca tantas obras americanas del siglo XIX, ahora a través de un género tan particular como es el cuadro de costumbres: la infiltración del tema político-social.

No sé si vale la pena detenerse en discutir si el cuadro de costumbres es un género romántico. Pero tantas veces se ha puntualizado la duda que conviene decir algo al respecto.

Es cierto que algunos costumbristas (recordamos el caso de Jotabeche en las polémicas del romanticismo en Chile) hasta atacaron ideas estéticas del romanticismo [7]. Pero

---

[6] José Victoriano Betancourt, *Velar un mondongo*, en *Artículos de costubres*, La Habana, 1941, pág. 17.

[7] Cf. también: «... ¡Velar un mondongo! Perdonen los románticos tan prosaico título, a pesar de que habrá más de uno que no se desdeñaría de pillar una tripita, y más si la hubiese sazonado Ña Pancha la mondonguera...» (J. V. Betancourt, *Artículos de costumbres*, páginas 17-18.) «... faltaba a aquel terrible cuadro lo que hoy se llama romanticismo, esto es, sangre y asesinato...» (Id., pág. 139.)

—aclaro— esta oposición no está de acuerdo con la verdadera amplitud del movimiento (como ocurre, también, en ciertos casos, con Alberdi y Sarmiento, el romanticismo y el arte o literatura «socialista» o progresista), se esté o no de acuerdo con doctrinas y manifestaciones.

Por otra parte, hay críticos que consideran al cuadro de costumbres como punto de partida del realismo y aún del naturalismo. Reparan en la reproducción casi fotográfica, en escenas crudas, en el vocabulario grosero que, efectivamente, aparecen en más de un cuadro de costumbres (abundan, por ejemplo, explicaciones de este tipo acerca de *El matadero*, de Echeverría, obra más compleja de lo que se sospecha). Las semejanzas son indiscutibles, aunque eso no supone sentar una filiación inmediata. Creo que, paralelamente, estamos en la misma situación en que se encuentran el colorido y plasticidad de poemas románticos (ejemplo, las *Orientales*, de Víctor Hugo) y poesías parnasianas (Gautier es ejemplo cabal y, al mismo tiempo, enlazador).

LA «TRADICIÓN»

La tradición es un género típicamente americano, un producto del romanticismo americano: algo así como una fusión pintoresca de costumbrismo e historia.

Claro que hablar de la tradición supone hablar necesariamente de Ricardo Palma y, en rigor, admitir que las mejores tradiciones nacieron con Palma y se extinguieron con él. Lo que no obsta para reconocer —como veremos— que la descendencia es apreciable.

Algunos críticos han señalado la importancia de Lima como «explicación» de las tradiciones. Conviene, sin embargo, no exagerar, aunque se repare en una continuidad de ingenios limeños que arrancan desde la época colonial y que confieren un sello especial a líneas de la literatura peruana: la propensión satírica, la burla, el juego del chiste. Palma —y muchos otros en el siglo XIX— entroncan con ellos. Pero la tradición aparece como una forma fuertemente individual e inseparable de la arquitectura que le dio Ricardo Palma.

Tampoco cuesta encontrar conexiones con obras no peruanas, sin que tales conexiones alteren la marca inconfundible y la prioridad de Palma. Precisamente, esa prioridad que todos le acuerdan, salvo —quizás— José Toribio Medina, que anteponía al escritor peruano la obra de un oscuro escritor inglés, Richard Longeville Vowell, titulada *Narraciones de Venezuela* [8], o de los que piensan en las leyendas de Washington Irving.

Las tradiciones de Ricardo Palma son breves relatos (casi todos ellos de evocación histórica, y —sobre todo— colonial), escritos con extraordinario gracejo. En las tradiciones brilla el ingenio y zumba la sátira. El autor se coloca por encima del asunto y se siente siempre (en su burla e ironía, y —a veces— en toques de emoción) dueño de tipos y ambiente. En la estructura, el matiz de los versos —espaciados

---

[8] Dato citado por Edith Palma, prólogo a Ricardo Palma, *Tradiciones peruanas completas*, ed. de Madrid, 1953, págs. XXIV-XXV.

Por su parte, Clemente Palma escribió: «La tradición científicamente considerada no es una invención de Ricardo Palma, ni éste ha pretendido jamás decir que antes que él no se hubieran escrito tradiciones. Éstas son antiguas como la sociedad y la cultura humanas...» (Clemente Palma, *Sobre la tradición, los tradicionalistas y las cosas de Don Ricardo Palma*, en *La Nación*, de Buenos Aires, 5 de marzo de 1933.)

Claro que en este rasgo de modestia se omite algo importante y que no atañe únicamente al nombre: el espíritu de la tradición y su gracejo —obra de Ricardo Palma— y lo que precisamente las *Tradiciones* de Palma significan como punto de partida de un género, nacido y difundido a través de Palma.

pero certeros— refuerzan la nota cómica o los donaires de la prosa. Además, se destacan en ellas la buena pintura de tipos y costumbres de Lima.

Por su desarrollo y arquitectura son verdaderos cuentos, pero —claro está— unos cuentos personalizados por el autor, cuentos que ganan, así, sitio especial y nombre propio [9]. El campo histórico que abarca es amplísimo, puesto que va desde la época precolombina hasta los días del autor. Ricardo Palma publicó sus *Tradiciones* en once series, sin seguir un orden cronológico. En su conjunto, la mayor abundancia —y también las más recordadas— corresponden a la época colonial. La crítica reciente, apoyándose sobre todo en el fondo histórico de las *Tradiciones*, ha buscado una nueva ordenación: la cronológica [10]. Es una estructura diferente, aunque las dos se justifican: la del autor, como esencial, porque nos permite seguir la trayectoria del escritor, el avance de su estilo, aunque Palma es de los que tardan poco en encontrar su camino [11]. La ordenación cronológica, subsidia-

---

[9] Ya he indicado que, en algunas ocasiones, Palma subtituló con el nombre de «cuento» sus tradiciones.

[10] El primero que tentó este orden fue Mathilde Pomés en una selección —y versión francesa— de las *Tradiciones*. Lo siguieron después Ventura García Calderón en las *Tradiciones escogidas* publicadas por la Biblioteca de Cultura Peruana (1.ª serie, núm. 11, París, 1938) y Raúl Porras Barrenechea en las *Tradiciones peruanas* publicadas por la Colección Panamericana de Jackson (Buenos Aires, 1946). Por último, y ya en las *Tradiciones peruanas completas*, Edith Palma (Madrid, 1953).

[11] Efectivamente, la ordenación por series (de acuerdo a la cual se fueron editando las *Tradiciones*) nos muestra que Ricardo Palma tarda poco en encontrar su camino. En la primera serie aparece, en primer término, la titulada *Palla Huarcuna*, de 1860, y con asunto del Perú Incaico. No es todavía el Palma típico; hay otros tanteos —variedad diría— (cf. *El nazareno*, de 1859; *El Cristo de la Agonía*, de 1867; *La casa de Pilatos*, de 1868); pero también en la primera serie aparece, por ejemplo, *Don Dimas de la Tijereta* (de 1864), que ofrece

riamente, porque nos da —de manera clara— algo así como una historia pintoresca, pero viva, del Perú.

Naturalmente, el propio Ricardo Palma sintió necesidad de referirse —sin alterar su estilo inconfundible— al concepto de la tradición:

> Resultado de mis lucubraciones sobre la mejor manera de popularizar los sucesos históricos —dice— fue la convicción íntima de que, más que al hecho mismo, debía el escritor dar importancia a la forma, que éste es el credo del Tío Antón. La forma ha de ser ligera y regocijada como unas castañuelas, y cuando un relato le sepa a poco al lector, se habrá conseguido avivar su curiosidad, obligándolo a buscar en concienzudos libros de historia lo poco o mucho que anhele conocer, como complementario de la dedada de miel que, con una narración rápida y más o menos humorística, le diéramos a saborear. El estilo severo en una tradición cuadraría como *magníficat* en maitines; es decir, que no vendría a pelo... Algo, y aun algos, de mentira, y tal cual dosis de verdad, por infinitesimal u homeopática que ella sea, muchísimo de esmero y pulimento en el lenguaje, y cata la receta para escribir *Tradiciones*... [12].

---

ya todos los elementos inconfundibles de las tradiciones más celebradas de Palma (y hasta cierto regusto en reminiscencias quevedescas). El tema es interesante y digno de estudiarse con amplitud.

Por lo pronto, recientes investigaciones de Juan Miguel Bakula Patiño aportan elementos para el origen de la tradición en Ricardo Palma. Así, algunos han querido ver en obras tempranas de Palma, como *Lida*, «romance histórico» (Lima, 1853, 18 págs.) y *Mauro Cordato*, «romance nacional» (Lima, 1853, 16 págs.) un anticipo de las tradiciones. La verdad que poco o nada hay. Se trata de breves historias folletinescas, caracterizadas por la truculencia. Falta, sobre todo, el gracejo particularizador de la mayor parte de las tradiciones de Palma. (Ver el texto completo de *Lida* y *Mauro Cordato*, en Juan Miguel Bakula Patiño, *Don Ricardo Palma en Colombia*, en la revista *Fénix*, de Lima, 1956-1957, núm. 12, págs. 130-135 y 138-141.)

[12] La carta figura en el tomo quinto de las *Tradiciones peruanas* (Lima, 1883). Ver Angélica Palma, *Ricardo Palma*, Buenos Aires, 1933, páginas 120 y 121.

En sus prólogos en verso encontramos las siguientes caracterizaciones:

> ¡Oh! Dejadme vivir con las fantásticas
> o reales memorias de otra edad,
> y mamotretos compulsar auténticos
> y mezclar la ficción con la verdad.
> Y evocar a los muertos en sus túmulos,
> y sacar sus trapillos a lucir,
> y narrar sus historias, ya ridículas,
> ya serias, ya con brillo o sin barniz... [13].

> De cuanto y cuanto apolillado infolio
>   pude hacer monopolio
> (afición y tarea de verdugo)
>   he sacado ya jugo.
> Virreyes, frailes, damas, caballeros,
>   y ricos y pecheros,
> mostraron, como en un calidoscopio,
>   traje y semblante propio.
> Y ellos y yo charlamos sin lisonjas
>   ni escrúpulos de monjas,
> y quedó toda su alma y su existencia,
>   para mí en transparencia...[14].

Evidentemente, las reflexiones —en serio y en broma— de Ricardo Palma, ligadas al meollo de las tradiciones, nos

---

[13] Ricardo Palma, *Cháchara*. Prólogo en verso a las *Tradiciones peruanas*, tercera serie, Lima, 1875.

[14] Ricardo Palma, prólogo a las *Tradiciones peruanas*, sexta serie, Lima, 1883. En fin, de aquí también podemos comprender embestidas de los que, como Manuel González Prada, atacaban a Ricardo Palma y sus tradiciones. González Prada las calificaba de «falsificaciones de la historia».
«...en la prosa —dijo— reina siempre la mala *tradición*, ese monstruo engendrado por los falsificadores agridulces de la historia y la caricatura microscópica de la novela...» (M. González Prada, *Discurso en el Teatro Olimpo*, 1888.)

dan el reflejo de la verdadera tradición, es decir, la que hizo inconfundible género y gracia.

Por lo mismo, quizás valga para las tradiciones en general (o, mejor, para la nutrida descendencia que dejó Palma) la caracterización que él escribió en el prólogo de las *Tradiciones del Cuzco*, de Clorinda Matto de Turner. Caracterización que hace hincapié en los ingredientes (particularmente, la historia), pero que olvida, sobre todo, algo esencial que aparece y defendía Palma en sus tradiciones (me refiero a la burla, a la sátira).

> En el fondo —dice— la tradición no es sino una de las formas que puede revestir la historia, pero sin los escollos de ésta. Cumple a la historia narrar los hechos secamente, sin recurrir a las galas de la fantasía... El tradicionalista tiene que ser poeta y soñador. El historiador es el hombre del raciocinio y de las prosaicas realidades.
>
> En nuestras convicciones sobre americanismo en literatura entra lo de que precisamente es la tradición el género que mejor lo representa... [15].

Como vemos, falta algo y sobra algo. Es discutible —claro está— la opinión de que la tradición es el género americano por excelencia. Pero esto escapa ya al concepto estricto de tradición, que es lo que perseguimos.

Palma daba —lo hemos visto— recetas y modelo, con algunas partes más fáciles de seguir que otras. Bien pronto brotaron por los cuatro costados de América tradicionalistas a montones, o —como señala Ventura García Calderón— «América toda se puso a pergeñar *tradiciones*».

He aquí una lista. En el Perú: Clorinda Matto de Turner, José Antonio de Lavalle, José Gálvez, Genaro Herrera; en la Argentina: Pastor S. Obligado, Bernardo Frías, Víctor Gál-

---

[15] Cit. por Angélica Palma, *Ricardo Palma*, pág. 121.

vez [Vicente G. Quesada] (por sus *Memorias de un viejo*); en Chile: E. del Solar Marín, Miguel Luis Amunátegui, Vicente Pérez Rosales, Benjamín Vicuña Mackenna; en Bolivia: Nataniel Aguirre, Julio L. Jaimes; en Uruguay: Francisco Escardó, Isidoro Demaría, Ricardo Hernández; en el Ecuador: Manuel J. Calle; en Colombia: Capella Toledo, Camilo Delgado, Manuel J. Forero, E. Otero Costa; en Venezuela: Arístides Rojas, Francisco Tosta García, Juan Vicente Camacho (venezolano que residió en el Perú); en Santo Domingo: César Nicolás Pensón; en Guatemala: Manuel Diéguez, A. Mencos, Antonio Batres Jáuregui; en México: Heriberto Frías, Vicente Riva Palacio, Luis González Obregón, Juan de Dios Peza, Artemio del Valle Arizpe (su relato *El alacrán de Fray Anselmo* está calcado, sin duda, sobre *El alacrán de Fray Gómez*, de Palma) [16]. A varios de éstos hasta se los llegó a conocer como «El Ricardo Palma de...», y aquí el nombre del país [17].

En fin, una curiosa derivación, en medio de muchos nombres que nada dicen, un poco conocido testimonio dentro de la producción juvenil de Rubén Darío: en *El mercado*, de

---

[16] Cf. Edith Palma, prólogo a Ricardo Palma, *Tradiciones peruanas completas*, págs. XXIV-XXV; Max Henríquez Ureña, *El retorno de los galeones*, Madrid, 1930, pág. 64.

[17] No todos aceptan, sin embargo, la paternidad o el modelo de Palma. Así, Julio L. Jaimes («Brocha Gorda»): «Mis primeras tradiciones —dice— se publicaron en 1868. De allí el origen lejano de este libro. Escribía yo en Tacna a la vez que en género igual y sobre asuntos peruanos publicaba D. Ricardo Palma las suyas en Lima. Lo que no impidió a un mi paisano (porque según el refrán, la cuña para ser buena...) que dijese, porque sí, mucho tiempo después, que yo imitaba al escritor limeño, cuyos trabajos me eran en ese entonces absoluta y totalmente desconocidos...» («Brocha Gorda», *La Villa Imperial de Potosí*, Prólogo, Buenos Aires, 1905, pág. X.)
Conviene aclarar que Ricardo Palma y «Brocha Gorda» fueron amigos y que los dos colaboraron en el periódico *La Broma* (Lima, 1877-1878). Además, que *La Villa Imperial de Potosí* se publica en 1905.

Managua (14 de noviembre de 1885), publicó Darío *Las albóndigas del coronel*, «tradición nicaragüense». En las primeras líneas de la tradición —si no bastara la inconfundible arquitectura— se ve el modelo y hasta el nombre de Ricardo Palma [18].

MEMORIAS, DIARIOS Y AUTOBIOGRAFÍAS

No faltaron tampoco en Hispanoamérica libros de memorias, autobiografías y otras manifestaciones literarias fuertemente individuales, aunque quizás no abundaron tanto como en Europa. La explicación puede estar en el hecho de que los románticos hispanoamericanos prefirieron —sin mayores variantes— la obra de ficción, sobre todo la poesía lírica, para expresar apenas sin velos, lo íntimo de su ser. De ahí el carácter claramente autobiográfico que tienen tantas obras del romanticismo hispanoamericano. De ahí, además, que cueste poco rastrear ese carácter en razón de transparentes alusiones o referencias y el conocimiento que muchas veces se tiene de la biografía del autor.

Hecha esta aclaración, se impone considerar, sin embargo, la presencia de obras autobiográficas (de muy diversa ambición, estructura y extensión) que se encuentran en Hispanoamérica. Obras como los *Recuerdos literarios*, de Lastarria; como los *Recuerdos de provincia*, de Sarmiento; como la *Autobiografía*, de Vicente Fidel López; como la *Autobiografía (Mi vida privada)*, de Juan Bautista Alberdi; como la *Autobiografía*, de Carlos Guido Spano; como las *Memorias*,

---

[18] «Cuando y cuando que se me antoja he de escribir lo que se me dé mi real gana; porque a mí nadie me manda, y es muy mía mi cabeza y muy mías mis manos. Y no lo digo porque se me quiera dar de atrevido por meterme a espigar en el fertilísimo campo del maestro Ricardo Palma...» (Rubén Darío, *Cuentos completos*, México, 1950, pág. 9.)

de Juan de Dios Peza; como las *Memorias de nuestros tiempos*, de Guillermo Prieto; como los *Recuerdos literarios*, de Martín García Mérou; como *La bohemia de mi tiempo*, de Ricardo Palma; como *Lo íntimo* (*notas poco ordenadas*), de Juana Manuela Gorriti; como la *Autobiografía* y las *Memorias*, de Gertrudis Gómez de Avellaneda [19]; como el libro titulado precisamente *Mis memorias*, de Lucio V. Mansilla:

> Con contadas excepciones —dice Mansilla—, todos creemos haber visto o sabido algo más o menos interesante que no debe pasar como pasan las sombras fugitivas... [20].

En fin, obras de personalidades menos encumbradas desde el punto de vista estrictamente literario (aunque a veces tienen particular significación histórica, como ocurre con las *Memorias* del General Paz). Aquí pueden entrar los *Recuerdos del pasado*, de Vicente Pérez Rosales; los *Apuntes de un proscripto*, de Pedro Echagüe; las *Memorias de un viejo*, de Vicente G. Quesada («Víctor Gálvez»); *Las beldades de mi tiempo*, de Santiago J. Calzadilla...

Una particularidad frecuente en gran parte de las obras hispanoamericanas citadas es su contextura de memorias «literarias». Es decir, de obra con abundancia de datos útiles o curiosos relativos a las letras nacionales dentro de las que el narrador está inmerso. Por cierto que el tono se explica dentro del ámbito predilecto en que el autor vivió y de sus inclinaciones notorias.

Lo que sin duda es visible en el conjunto de tales obras es que no resalta entre ellas la verdadera y sutil confesión

[19] La *Autobiografía* ha sido publicada por Lorenzo Cruz de Fuentes (*La Avellaneda*, Madrid, 1914, págs. 37-84); las *Memorias*, por Domingo Figarola Caneda (*Gertrudis Gómez de Avellaneda*, Madrid, 1929, páginas 249-294).

[20] Ver Lucio V. Mansilla, *Mis memorias*, París, s. a. [1904], páginas 2-3.

íntima [21]. Algunas son, más bien, visiones individuales de los demás (aunque sirvan para desnudar al narrador), y las que son realmente íntimas y se centran en el yo del que cuenta dejan por lo común resquicios y lagunas. No exageremos, sin embargo, las fallas en este tipo de obras. Es ya importante testimonio el ver los orígenes de una forma literaria rica en la literatura moderna (y que ganó posteriormente mayor riqueza psicológica). Si los mejores ejemplos no nacieron aquí, hay —con todo— buenos tributos americanos.

A veces (en realidad, con frecuencia) la mejor autobiografía está en el epistolario que los románticos —infatigables y precoces escritores— dejaron copiosamente. Así, valen los epistolarios de Heredia, Del Monte y Bello, por una parte; y, por otra, de Sarmiento, Gertrudis Gómez de Avellaneda, Alberdi, Juan María Gutiérrez, José Eusebio Caro, Rafael Pombo, Ricardo Palma [22] y Zorrilla de San Martín.

Es cierto que las cartas no siempre obedecieron a una razón literaria, y es también cierto que no constituyen en sí una manifestación esencialmente romántica, sino de todos los tiempos. Sin embargo, creo que reflejan mucho de su

---

[21] Adolfo Prieto ha estudiado *La literatura biográfica argentina* del siglo XIX. (Ver ed. Rosario, s. a. [1963].) Reconoce allí —como ya desde un principio señalábamos nosotros— que los elementos íntimos raramente aparecen en tales testimonios. Aparte, la presenta como una actitud del hombre que necesita justificarse ante la opinión pública, y como reflejo de la clase dirigente del país. De tal manera —concluye— el conocimiento de esa particular literatura es más útil para conocer la historia de una clase social que la historia del país.

Ahora conozco también el acertado juicio de José Luis Busaniche: «Nuestra bibliografía literaria e histórica no abunda en este género de documentos. Los grandes hombres del país —políticos, guerreros, escritores— no fueron muy propensos al tono confidencial. Libaron con excesivo recato sus testimonios íntimos, su visión directa del medio y la sociedad en que vivieron...» (J. L. Busaniche, nota preliminar a Víctor Gálvez [Vicente G. Quesada], *Memorias de un viejo*, 1.ª ed., Buenos Aires, 1888. Ver ed. de Buenos Aires, 1942, pág. IX.)

[22] Ver ahora Ricardo Palma, *Epistolario* (dos tomos, Lima, 1949).

época en ese desnudar pasiones y en «el lenguaje del corazón» que da nervio a tantas cartas del siglo XIX. Con el agregado, explicable, de lo que pesa en esos epistolarios el momento político y la actuación pública de los autores.

En fin, no es exagerado destacar que determinadas formas del relato autobiográfico (y, sobre todo, formas bastante cultivadas en la época romántica) son tipos especiales de «memorias»; algo así como memorias recortadas o fragmentarias o unilaterales. Por ejemplo, los libros de *Viajes* y un grupo de obras que veremos más adelante y que escapan a ceñidos casilleros retóricos.

VIAJES

Efectivamente, es característico del romanticismo la proliferación de obras de viajes. Pero —se adivina— la relación, con pretensiones literarias, de viajes reales.

Por lo tanto, el *Viaje* romántico se aparta de aquellos relatos que —siglos antes— habían servido más como género «histórico» (viajes y descubrimientos); así como también se apartan de un grupo de narraciones clásico-mitológicas que tuvieron difusión en el siglo XVIII (como los *Viajes de Anacarsis*). Estos últimos, ya como sospechosas resurrecciones, y fuera de declaradas obras de ficción novelesca sobre el tema de los viajes.

Con más exactitud, podríamos decir que las obras de «viajes» escritas en el siglo XVIII (por lo común, obras de autores europeos) se escinden en dos tipos: uno, que corresponde a viajes reales, y donde el tema de América suele ser frecuente; otro, el que tiene que ver con los viajes «clásicos mitológicos» (y que ofrece obras tan difundidas como las *Aventuras de Telémaco*, de Fénelon, y los *Viajes de Anacarsis*, del Abate Barthélemy).

El relato de viajes típico del siglo XIX es una obra que nace al amparo del color local: búsqueda de naturalezas exóticas, de paisajes y ambientes alejados. Es decir, realidad, pero realidad apartada del mundo europeo o de lo que se considera más refinado y civilizado. En Europa se escriben numerosas obras de este tipo y su itinerario se recorta —insisto— sobre nombres precisos: Oriente, América, norte de África y (no olvidar) el sur de Europa (España, Italia, Grecia).

América determina abundantes libros europeos, y ese interés está de acuerdo no sólo con lo que América significa como nuevo, alejado y pintoresco, sino también con la nueva etapa política que se abre para los países del continente.

La posición del hispanoamericano que escribe libros de viajes es, por supuesto, diferente. La verdad que el conocimiento de tales obras nos muestra es que los americanos no buscan tanto una realidad exótica como una realidad cultural. De ahí que el tema sea casi siempre Europa. Relato de un viaje por regiones europeas, por países ricos en historia y en monumentos, en tradiciones, instituciones y artes. Y casi siempre, por supuesto, la visita al hombre famoso, especialmente al gran poeta admirado desde América. (Más tarde, González Prada llegará a burlarse de los viajeros sudamericanos que visitaban a «los hombres célebres» europeos)[23]. Esto es lo más llamativo, sin que tampoco falten, por supuesto, itinerarios por otras regiones americanas.

Sobre todo, la literatura argentina ofrece un grupo de obras macizas[24], encabezadas por una de las mejores obras

---

[23] Cf. Manuel González Prada, *Junto a Renán* [1903], en *Nuevas páginas libres*, ed. de Santiago de Chile, 1937, pág. 115.

[24] «Un distinguido escritor, ocupándose de la obra de un contemporáneo, señalaba el caudal literario que los viajes han proporcionado a las letras argentinas, desde Esteban Echeverría, «disfrazado

de Sarmiento: sus *Viajes por Europa, Africa i América* (1849-1851). Otros títulos son los siguientes: Juan Bautista Alberdi, *Veinte días en Génova* (1845), *Impresiones de viajes;* Lucio V. Mansilla, *De Adén a Suez* (1855), *Recuerdos de Egipto* (1863); Alberto Blest Gana, *Un viaje a los baños de Chillán* (1860); Guillermo Prieto, *Viaje a los Estados Unidos* (con el seudónimo de «Fidel», 3 vols., México, 1877-1878)[25]; Eduarda Mansilla de García, *Recuerdos de viaje* (1882); Miguel Cané (h.), *En viaje* (1883); Lucio V. López, *Recuerdos de viaje;* Ricardo Palma, *Recuerdos de España* (1897); Juan de Dios Peza, *Recuerdos de España;* Martín García Mérou, *Estudios americanos* (1900); Paul Groussac, *Del Plata al Niágara* (1897); Santiago Estrada, *Apuntes de viaje*[26]; Eduardo Wilde, *Por mares y por tierras* (1899), *Prometeo y Cia.* (1899); Carlos Pellegrini, *Vagando...* (1899).

Estos libros de autores americanos (y Groussac entra en la lista) aparecen en evidente desproporción frente a los numerosos libros de viajes que viajeros europeos escriben sobre América. Como en muchos de éstos, suele encontrarse en aquéllos la improvisación, la ligereza de los itinerarios apresurados, pero hay también bases diferentes: para el americano —americano culto— Europa es casi siempre la confirmación (lecturas, estudio, correspondencia) más que

---

bajo el seudónimo quichua de Hualpa y la capa algo raída de Childe Harold, hasta nuestros días, pasando por Sarmiento, Guido, Varela, Mansilla, Gutiérrez y otros» [Paul Groussac, artículo sobre *En viaje,* de M. Cané (h.)]. En esta enumeración falta el nombre de Alberdi...» (Martín García Mérou, *Alberdi,* ed. de Buenos Aires, 1916, pág. 80.)

[25] En México abundan los relatos de viajes a los Estados Unidos. Aparte de Prieto, entran aquí Zavala, Justo Sierra (p.) y Justo Sierra (h.), Lombardo, Bianchi y otros...

[26] Claro que en varios de ellos no podemos olvidar que estamos cerca de la crónica modernista. Es decir, menos el gusto de «color local» y el acopio de costumbres o referencias de tipo cultural, y algo más la filigrana, el boceto plástico, la semblanza elegante.

el descubrimiento. Con todo, la perspicacia del viajero (Sarmiento, Alberdi, Palma, Groussac) alcanza también a esto último: abundantes párrafos lo prueban.

Como bien reparará Gabriel Miró, el viajero del siglo XIX prefiere ya la exactitud (aunque no supone esto cerrar las puertas a la imaginación. Y, a veces, ¡qué imaginación!). La exactitud aparece sobre todo en el itinerario, y hay «avidez de prolijidad y de identidad» [27].

ROMANTICISMO Y GÉNEROS LITERARIOS

Hemos visto ya cómo el espíritu romántico, al proyectarse hacia la obra escrita, desordena formas y géneros tradicionales. A veces, la rebelión es más aparente que real, aunque no cabe duda de que —si no tanto como ellos pensaron— la especial contextura del romántico dejó huellas de su paso en todos los aspectos de la obra literaria, incluidos, naturalmente, el concepto y contenido de los géneros tradicionales.

Muy bien vio el crítico portugués Fidelino de Figueiredo el momento que determina aquí el romanticismo:

> Ao movimento balisado ou dirigido succede a rebeldia franca dos espíritos, que sentindo coisas novas criavam os géneros novos que as haviam de expressar. O romance burguês toma o lugar da velha epopêa, surge a eloqüência política, judiciária, académica e universitária, matizes todos muito diversos da parenética e da oratória clássica. Modernisa-se e popularisa-se o ensaio e nasce a conferéncia, que é ou deve ser uma adaptação ou condensação oral do ensaio; surgem o artigo, a chronica periodística, o folhetim, o «suelto», todas as peças do jornalismo; nace o relato do dilettantismo turístico; supprimem-se as

---

[27] Las reflexiones de Gabriel Miró corresponden a su ensayo *El turismo y la perdiz*, recogido en *Glosas de Sigüenza*, ed. de Buenos Aires, 1952, pág. 108.

fronteiras que delimitavam os géneros e confundem-se as suas regras. Cada género, uma vez conquistada a sua posição, não se detem; elle mesmo evolue, adaptando-se ás necessidades da expressão literária, ao gôsto da épocha e ao temperamento do auctor... [28].

Precisamente, es sintomático que entre las obras que sobreviven con lozanía, y que se escribieron en esta época, se encuentre un número apreciable de aquellas que escapan a casilleros típicos de géneros con perfil más o menos limitado (lírica, drama, novela).

La prosa romántica hispanoamericana, sobre todo la prosa de la segunda mitad del siglo (segunda generación romántica, o segunda y tercera quizá, como veremos), ha dejado buenos testimonios.

Un primer caso, muy particular, es el del *Facundo*. Todavía preocupa a algunos críticos, con medidas sacadas de las preceptivas o acuñadas en nombres hechos, la búsqueda de filiaciones genéricas para la obra. Creo que la mejor pista la dejó el propio Sarmiento cuando —mucho después de la primera edición de su libro— lo consideró «una especie de poema, panfleto, historia...» [29]. Es decir, reconocimiento de

---

[28] Fidelino de Figueiredo, *Aristarchos*, ed. de Río de Janeiro, 1941, página 112.

[29] Carta de Sarmiento a su nieto Augusto Belín Sarmiento (1874), en Sarmiento, *Facundo*, ed. de La Plata, 1938, pág. 452. Bien vio también Mitre en la carta que sirve de prólogo a sus *Rimas* (1.ª ed., Buenos Aires, 1854), cuando decía del *Facundo*: «Este libro es menos que un poema, y es más que una novela, pero no es una historia, sin embargo de que el historiador futuro lo ha de consultar algún día, porque en él ha sido historiador y poeta a la manera de Niebuhr...»

Sin extremar parecidos, recordemos aquí las palabras con las que José Martí, fino catador, definía —preguntando— al *Enriquillo*, de Galván: «¿Cómo ha hecho usted para reunir en un solo libro, novela, poema e historia?» (Ver Galván, *Enriquillo*, ed. de Buenos Aires, 1946, página XXXI.)

nueva dimensión para la cual son insuficientes rótulos tradicionales [30].

Recordemos también que Ricardo Palma volvió repetidas veces sobre el intento de caracterizar la «tradición», por supuesto fuera de los carriles comunes. A través de sus palabras no habla sólo la sátira de Palma, sino la imposibilidad de abarcar novedades de su obra con los nombres usuales. Ricardo Palma —sabemos— formó una descendencia muy nutrida y, en conjunto, un género inconfundible.

En cambio, otras obras —por distintos motivos— no tuvieron tal posibilidad. Posiblemente, porque no tocan elementos de ficción como las tradiciones, o porque, aunque

---

[30] Esto explica también que en el afán de caracterizar la obra se recurra a menudo al vuelo de la metáfora o al circunloquio: «... aquella guerra [la lucha contra la Tiranía] era trágica y de proporciones aterradoras, y mereció tener, y tuvo en efecto, su poeta; no el autor de *Avellaneda* y de la *Insurrección del Sur*, sino el de *Facundo;* no Echeverría, sino Sarmiento.» (Menéndez y Pelayo, *Antología de poetas hispanoamericanos*, IV, pág. CLXXIV.)

«Esta obra furiosa, violenta, desordenada, llena de relámpagos, admirable de rigor y de cólera, sacudida por el vendaval de la guerra, nos ha legado una imagen indeleble de Quiroga. No es una historia. Es un romance, un poema, una canción de gesta, una sátira épica contra el federalismo rural, el panfleto de la emigración opositora contra la liga triunfante de los caudillos...» (Emilio Becher, *Una defensa de Quiroga*, en *Diálogo de las sombras y otras páginas*, Buenos Aires, 1938, pág. 204.)

«Historia anovelada» la llamó Unamuno. Aquí, dice, «halló ancho campo el genio de Sarmiento, ejerciendo su imaginación, con más o menos realidad, sobre los hechos históricos comprobables...» (Ver Unamuno, *Historia y novela*, en *Contra esto y aquello*, Madrid, 1912. Reproduc. en *Ensayos*, II, ed. de Madrid, 1945, pág. 1182.)

Para Ricardo Rojas, el *Facundo* es «el poema épico de la montonera», juicio que repite María Inés Cárdenas de Monner Sans (*Algunos aspectos literarios del «Facundo»*, Buenos Aires, 1938, pág. 7).

Para José A. Oría, el *Facundo* es una «epopeya en prosa» (*Sarmiento, costumbrista*, en Universidad Nacional de La Plata; *Sarmiento*, La Plata, 1939, pág. 57.)

haya un solo Palma, dejaron menos resquicio para la imitación.

En fin, valen aquí, aparte del *Facundo*, obras como la *Biografía de José Félix Ribas*, de Juan Vicente González, el ardoroso escritor venezolano que tantos puntos de contacto tiene con Sarmiento. Obras de Montalvo (*Siete tratados*), de Hostos (*Moral social*), de Mansilla (*Una excursión a los indios ranqueles*)... [31].

Sin olvidar que ya he colocado dudosamente a *El matadero* de Echeverría como una novela corta (o como «esbozo de novela corta»), verdad también es que resulta de difícil clasificación: alegato político, escenas costumbristas, fondo de ficción, cuadro simbólico... De todos modos, y sin entrar aquí en los problemas de elaboración, creo que *El matadero* se vincula con este especial sector de los géneros «nuevos» del romanticismo hispanoamericano, y que se justifica, por eso, su reiteración en este lugar.

¿Polémica? ¿Biografía? ¿Historia? ¿Sociología? ¿Ensayo? ¿Tratado? ¿Ficción? Es difícil precisar un carácter absoluto. Por eso es más justificable señalar en la mayor parte de las obras citadas una fusión —más o menos armónica— de todos o algunos de estos aspectos. Necesidad de nuevos caminos. Y la mejor justificación de estas obras está en el hecho de que quedan entre los ejemplos más valederos del romanticismo hispanoamericano.

Obras en prosa. Sin embargo, podemos ahora volver atrás y anudar con algunos de los mejores poemas que produjo

---

[31] En fin, aunque ya hemos incluido —como «novela ensayo»— obras como *Peregrinación de Luz del Día*, de Alberdi, y como los *Capítulos que se le olvidaron a Cervantes*, de Montalvo, inclusión permitida por el amplio contorno que gana entonces la novela, no cabe duda de que son tipos fronterizos y de difícil clasificación. Sobre todo, la obra de Alberdi.

el romanticismo de estas regiones. Es decir, poemas como la *Memoria sobre el cultivo del maíz en Antioquia*, de Gregorio Gutiérrez González; como el *Martín Fierro*, de José Hernández; como *Tabaré*, de Juan Zorrilla de San Martín... Poemas que, sin asfixiantes precisiones, hemos incluido en el vasto campo de la «Poesía», pero con la denominación de poemas narrativo-líricos (*Martín Fierro, Tabaré*) o, simplemente, descriptivos (*Memoria sobre el cultivo del maíz en Antioquia*). También en ellos flaquea el rigor de los casilleros absolutos porque están escritos fuera de modelos y preceptivas absorbentes, con los ojos puestos en las cosas americanas. Naturalmente, esto no supone la pretensión de una originalidad absoluta (sobre todo, en el caso de la *Memoria* y de *Tabaré*), pero sí es evidente que hay en ellos despegues y vuelo propio.

Por eso es también previsible que a un escritor como Zorrilla de San Martín le preocupe la filiación genérica de la obra, tanto en el texto del poema como en el «índice alfabético» que acompañó el poema. En la Introducción lo considera una elegía:

> Seguidme juntos, a escuchar las notas
> de una elegía... [32].

Y en una nota (la más importante de todas), al explicar el nombre de Tabaré y su origen histórico, fuentes, etc., defiende un concepto nuevo de epopeya, dentro de la cual coloca a *Tabaré* («Inoculad el espíritu épico en un organismo literario hermoso, y habréis realizado la epopeya») [33]. Al mismo tiempo, responde a objeciones, reales o ficticias, de estre-

---

[32] Juan Zorrilla de San Martín, *Tabaré*, ed. de Buenos Aires, 1944, página 40.
[33] Zorrilla de San Martín, *Tabaré*, pág. 242.

chos tratadistas. Por último, la final ostentación del párrafo que, por cierto, tiene justificativos en él: «Creo que he andado, al escribir esta obra, por sendas no holladas u holladas poco por plantas humanas»[34].

En conclusión, ansias de aire nuevo y golpes contra el ahogo de viejos nombres y categorías poéticas.

APÉNDICE: FOLLETÍN Y PERIODISMO

En la época romántica nace y se impone una forma particular de obra literaria —de baja obra literaria— que debe algunas características especiales al vehículo que le sirve para llegar al público lector. Fácilmente se adivina que la obra es el folletín y el vehículo es el periodismo.

En realidad, el desarrollo del folletín no es sino una consecuencia natural del desarrollo que durante el siglo XIX adquiere el periodismo, y que permite que no sólo la revista (y la revista más o menos especializada) sea el medio apropiado para la difusión de las obras literarias. De tal manera, al amparo de una más difundida cultura popular que la prensa hace posible, periodismo y folletín aparecen íntimamente unidos, y el último debe precisamente algunas de sus características fundamentales —como he dicho— al periódico.

Conviene, sin embargo, distinguir entre la obra literaria publicada en forma de folletín y el folletín propiamente dicho. El folletín típico se fue perfilando a lo largo del siglo, hasta adquirir la estructura definida que se le reconoce.

En el primer caso, es sabido, fueron publicadas como folletines obras como el *Facundo*, de Sarmiento, y como el

---

[34] Zorrilla de San Martín, *Tabaré*, pág. 242.

Dogma socialista, de Echeverría [35]. También, *La vida de Jesús*, de Renan [36]. Además, diferentes novelas que fueron publicadas de esta manera (como *Soledad*, de Bartolomé Mitre [37]; como *La novia del hereje*, de Vicente Fidel López [38]; como *Martín Rivas* y *El ideal de un calavera*, de Alberto Blest Gana) [39], pero que no son —claro está— folletines típicos. En cambio, muchos verdaderos folletines fueron publicados en forma de libro, sin que escaparan, por eso, a su contextura y limitado valor. En fin, eran de imaginar tales entrecruzamientos en la época.

Pensando en posibilidades mucho más amplias que las alcanzadas por el folletín característico (y más de acuerdo con la imprecisa exteriorización primitiva) escribió Sarmiento en los *Viajes* estas palabras:

> El folletín es, como usted sabe, la filosofía de la época aplicada a la vida, el tirano de las conciencias, el regulador de las

---

[35] El *Dogma socialista* se publicó como folletín en *El iniciador*, de Montevideo (1839), en un solo número; *Facundo*, como folletín, en *El progreso*, de Santiago de Chile (1845).
Sarmiento envía a los originales a los editores de *El progreso*, y les dice: «Tengan ustedes la bondad de franquearme las columnas del folletín para dar publicidad a los adjuntos manuscritos...» (Ver Sarmiento, *Facundo*, ed. de Alberto Palcos, Buenos Aires, 1962, pág. 1.)

[36] Cf. Nicolás Avellaneda, *Renán*, en *Escritos y discursos*, III, Buenos Aires, 1910, pág. 27.

[37] Publicada como folletín en *La Época*, de La Paz, 15 al 25 de octubre de 1847, y reproducida en la misma forma en *El Comercio*, de Valparaíso (1848). Antes de publicar *Soledad* en *La Época*, Mitre había publicado allí su traducción de la novela *Colomba*, de Próspero Mérimée.

[38] Ver carta-prólogo de Vicente Fidel López (carta dirigida a Miguel Navarro Viola) en la edición de Buenos Aires, 1917, pág. 11.

[39] En una carta a José Antonio Donoso, Alberto Blest Gana se refería a este hecho y a las quejas de lectores femeninos cuando la publicación de su novela *Martín Rivas* se interrumpía en el diario *La voz de Chile*. (Cit. por Raúl Silva Castro, *Alberto Blest Gana*, Santiago de Chile, 1950, pág. 47.)

aspiraciones humanas. Un buen folletín puede decidir de los destinos del mundo dando una nueva dirección a los espíritus... [40].

Pero —repito— el folletín típico es la obra novelesca que mantiene el interés del público con la sucesión de episodios y una adecuada e intencionada suspensión de la intriga. Este es el folletín que dio sello particular a periódicos del siglo XIX y el que —más tarde— permitió su «independencia» (de alguna manera hay que llamarlo) al vivir también en cuadernillos que mantuvieron todos los rasgos, y aun acrecentaron el interés popular, pero fuera del periódico corriente [41].

El punto de arranque del folletín en Hispanoamérica está en las traducciones de obras francesas y en la publicación de obras españolas (Eugenio Sue, Alejandro Dumas, Paul Feval, Fernández y González). Aquí, por imitación y en vista del éxito de esa literatura, surgieron autores americanos que se dieron de lleno a escribir folletines y hasta lograron cierta fama en este género tan abundante como efímero.

Al citar ahora algunos ejemplos de la producción folletinesca, dejo a un lado, naturalmente, a autores de obras

---

[40] Sarmiento, *Viajes*, I, ed. de Buenos Aires, 1922, pág. 171. Y en otro pasaje de esta obra: «...la novela, el folletín, verdaderas epopeyas de nuestro siglo...» (*Viajes*, II, pág. 39.)

[41] «Estas novelas —dice Antonio Castro Leal— se vendían en México por *entregas*, a una cuartilla de real, es decir, a tres centavos cada una.

Y la novela que tiene el lector en sus manos [*Los bandidos de Río Frío*, de Manuel Payno] debe de haber sido escrita también *por entregas*; es seguro que Payno, conforme escribía cada capítulo, lo enviaba al editor de Barcelona. De manera que, al principio, como sucede con toda novela de folletín, el autor no ha de haber tenido más que una idea general del asunto y una concepción muy vaga de su plan y desarrollo.» (Antonio Castro Leal, prólogo a Manuel Payno, *Los bandidos de Río Frío*, I, ed. de México, 1945, pág. VII.)

novelescas que, si pudieron publicarlas en forma de folletín, no por eso constituyen verdadera muestra del género. Con respecto a los países, diré que en México, en Chile, en Colombia, en Venezuela, en la Argentina, la producción de folletines es abundante. Notemos, también, que el folletín corre parejo con las regiones de mayor fecundidad novelesca. En realidad —como sabemos—, no siempre es fácil distinguir entonces folletín y novela. Mejor dicho, el folletín era una forma especial de la novela.

Entre los autores se pueden mencionar éstos: en México, Justo Sierra (padre) (*La hija del judío*), Manuel Payno (*El fistol del diablo*, *Los bandidos del Río Frío*), Vicente Riva Palacio (*Calvario y Tabor*, *Monja y casada*, *virgen y mártir* [42], *Martín Garatuza*, *Las dos emparedadas*, *Los piratas del Golfo*); en Colombia, Eladio Vergara y Vergara (*El mudo o secretos de Bogotá*), Bernardino Torres Torrente (*Sombras y misterios o los embozados*), Mercedes Gómez Victoria (*Misterios de la vida*); en Chile, Martín Palma (*Los secretos del pueblo*), José Antonio Torres (*Los misterios de Santiago*) [43], Daniel Barros Grez (*Pipiolos y pelucones*, *El huérfano*); en la Argentina, Eduardo Gutiérrez (*Juan Moreira*, *Juan Cuello*, *La mazorca*, *El puñal del Tirano*, *Hormiga Negra*, *Infamias de una madre*).

En síntesis, el género folletinesco, que llegó a constituir una de las manifestaciones literarias más típicas del siglo XIX, llevaba en sus entrañas su propia limitación. Tuvo infinidad de lectores, pero más bien contribuyó a malear el gusto lite-

---

[42] Títulos como éste se hicieron inconfundibles en los folletines. Fernández y González tiene una obra, titulada *Obispo, casado y rey*, anterior a la de Riva Palacio.

[43] En cuanto a este título, ya indica la clara descendencia de la larga novela de Eugenio Sue. Cf., también, con los títulos —citados— de Eladio Vergara y Mercedes Gómez Victoria.

rario de la gran masa a que estaba dirigido. Pertenece también más a la historia de las costumbres que a la historia de la literatura, y su supervivencia la vemos hoy en las novelitas «rosas» o truculentas y en las «novelas» fotografiadas de ciertas revistas semanales (particularmente, femeninas), así como en las llamadas novelas radiotelefónicas y series de televisión.

EL PERIODISMO

Hemos hecho hincapié en el periodismo como «conformador», o poco menos, de un género literario de muy relativo valor. Pero el periodismo —claro está— significó mucho más como trasmisor de la materia literaria durante el siglo XIX. Tanto, que la indudable importancia que hoy posee el periodismo como difusor de cultura (recalquemos las virtudes del buen periodismo) arranca del siglo pasado.

Quizás, comparativamente, la importancia del periodismo como testimonio literario fue mayor entonces, debido a que hubo épocas y regiones en que, ante la escasez o dificultad del libro, la publicación periódica fue el único medio de reflejar la obra literaria. Aún hoy, al estudiar las letras del siglo XIX, notamos que, a pesar de las numerosas ediciones, falta rastrear muchas revistas y muchos diarios en los que escribieron escritores de esos tiempos. Sobre todo, ésta es dificultad que se observa al estudiar el romanticismo.

Esto explica también que en una obra cercana —dedicada al periodismo americano— leamos el siguiente párrafo:

> El vehículo trasmisor y propagador del romanticismo ha sido el periódico. El romanticismo alcanza su máxima figuración en el genio del poeta de la multitud... [44].

---

[44] Gustavo Adolfo Otero, *El periodismo en América*, Lima, 1946, pág. 101.

Es discutible la total exactitud del párrafo, particularmente por su carácter absoluto y porque olvida al libro (de difusión gradual), a las conferencias, salones y cenáculos. Tiene, sin embargo, su gran parte de verdad.

En síntesis, el periodismo del siglo XIX (que es el que aquí nos interesa) ofrece no sólo valor de testimonio histórico, dentro de lo que puede aprovecharse, sino también —dentro de él— particular significación literaria.

El problema está —concluyo— en separar, en medio de la abundancia y vida efímera que caracteriza por lo común la existencia de esos periódicos, algunos nombres de valor por las colaboraciones vinculadas al romanticismo o porque allí colaboraron escritores románticos. Cito —sin olvidar el carácter un tanto tangencial de este apéndice— una serie de diarios y revistas.

México: *El mosaico mexicano* (1836-1842), *El año nuevo* (1837-1840, de Rodríguez Galván), *El museo mexicano* (1843-1846), *El ateneo mexicano* (1844), *El siglo XIX* (colaboró Altamirano), *El correo de México* (colaboraron Altamirano, Ramírez y Prieto), *La guirnalda* (Veracruz, 1868, con las firmas de Justo y Santiago Sierra, y Díaz Mirón), *El renacimiento* (1869, de Altamirano), *La libertad*, fundado por Justo (h.) y Santiago Sierra, *El artista* (1874-1875)[45].

Guatemala: *La revista* (órgano de la Sociedad de los Amigos del País, fundada por Milla y Vidaurre), *El diario de Centro América* (colaboró Milla y Vidaurre).

Costa Rica: *Paz y progreso*, *La gaceta de Costa Rica* (1859, revista; 1878, diario). Honduras: *La gaceta de Honduras*. Nicaragua: *El telégrafo septentrional*, *El diario nicaragüense* (fundado en 1884).

---

[45] Cf. José Luis Martínez, *Las revistas literarias del romanticismo mexicano* (en *Expresión nacional. Letras mexicanas del siglo XIX*, México, 1955, págs. 213-219).

Puerto Rico: *La azucena* (revista literaria), *Agente de negocios*.

Santo Domingo: *Gaceta del Gobierno* (después, *Gaceta Oficial*), *Revista científica, literaria y de conocimientos útiles* (1883-1884), *El oasis* (órgano de la sociedad «Amantes de las Letras»; colaboró Manuel de Jesús Galván).

Cuba: *Revista bimestre cubana* (1831-1834), *Diario de La Habana*, *El siglo* (después, *La opinión*), *El diario de la marina* (fundado en 1844), *El almendares*, *La revista habanera* (1861-1862, de Juan Clemente Zenea), *Album cubano de lo bueno y lo bello* (1860, de Gertrudis Gómez de Avellaneda).

Venezuela: *El álbum* (colaboraron Juan Vicente González, Baralt, Abigail Lozano), *La guirnalda* (1839-1840), *El liceo venezolano* (1842), *El liberal* (colaboraron José Antonio Maitín y José Ramón Yepes), *El liceo venezolano* (1842, colaboró Maitín), *La revista literaria* (1864-1866, de Juan Vicente González), *El diario* (colaboró Juan Vicente González), *Vargasia* (1868-1870).

Colombia: *El tradicionista granadino* (fundado por José Eusebio Caro), *El mosaico* (1850-1872, en varias etapas: colaboró Jorge Isaacs), *La gaceta de Colombia*, *La revista de Bogotá* (1871-1872), *Repertorio colombiano* (1878-1899, en varias etapas), *El día*.

Ecuador: *El telégrafo* (de Guayaquil, fundado en 1884), *La América latina*, y los periódicos de Montalvo (*El cosmopolita* —1866-1869—, *El regenerador* —1876-1878— y *El espectador* —1886-1888—, en París).

Perú: *El comercio* (de Lima, fundado en 1839 por Manuel Amunátegui; colaboró Manuel Ascensio Segura), *La revista de Lima* (varias etapas; colaboró Ricardo Palma), *La broma* (1877-1878, colaboraron Ricardo Palma y Julio L. Jaimes), *La revista peruana* (1879-1880, colaboró Ricardo Palma), *El na-*

cional, El chispazo (dirigido por Juan de Arona), *El tunante* (dirigido por Abelardo Gamarra, «El Tunante»).

Bolivia: *El iris de paz* (fundado por José Joaquín de Mora): *La época* (fundado por Ballivián; colaboró Bartolomé Mitre).

Chile: *El mercurio* (de Valparaíso, fundado en 1827), *El araucano* (1830-1853, colaboró Andrés Bello), *El semanario de Santiago* (1842-1843), *La revista de Valparaíso* (1842), *El crepúsculo* (de Santiago, 1843-1844), *Museo de Ambos Mundos* (de Santiago), *La estrella de Chile.*

Paraguay: *El Paraguay independiente* (1845-1852), fundado por Carlos Antonio López; *El semanario* (continuación del anterior, 1852-1857); *La Aurora*, primera revista aparecida en el Paraguay, y dirigida por el español Ildefonso Bermejo. (En *La Aurora* colaboró el poeta Natalicio Talavera, el romántico paraguayo más conocido.)

Uruguay: *El iniciador* (1838-1839), de Andrés Lamas y Miguel Cané (p.), *La defensa, El orden, El siglo, El bien público* (fundado en 1878).

República Argentina: *La moda* (de Buenos Aires, 1837-1838), *Los debates* (de Bartolomé Mitre), *El nacional* (de Vélez Sarfield), *La revista de Buenos Aires* (1863-1871, de Vicente G. Quesada y M. Navarro Viola), la *Revista del Río de la Plata* (1871-1878, de Juan María Gutiérrez, Vicente Fidel López y Andrés Lamas), *El Río de la Plata* (1869-1870, fundado por José Hernández), *La revista Argentina* (dos épocas: 1868-1872 y 1880-1882, de José Manuel Estrada y Pedro Goyena), *La Prensa* (fundado en 1869), *La Nación* (fundado en 1870, derivación de *La Nación Argentina*) [46].

---

[46] Esta lista —sobre base muy incompleta, por una parte; y, por otra, con carácter intencionadamente selectivo— sólo pretende dar un panorama de una materia abundante y huidiza. Materia y aun materiales que no suelen presentarse con mucha nitidez. Con otras pala-

Algunos de estos periódicos han sido nombrados en páginas anteriores, precisamente como depósito donde se recoge, aún animado, el aliento de una época y, sobre todo, mucho de la producción literaria del romanticismo.

---

bras: echamos de menos buenos trabajos de conjunto sobre el periodismo en América, aunque haya meritorios estudios sobre el periodismo de algunos países.

XIV

GENERACIONES ROMÁNTICAS. LOS GRANDES ROMÁNTICOS

GENERACIONES ROMÁNTICAS

El romanticismo se extiende en Hispanoamérica a lo largo de la mayor parte del siglo XIX, y hacia el final del siglo aún ofrece señales de vida. La amplitud de la corriente —dentro de una continuidad ininterrumpida— es así considerable en años.

Por otra parte, la existencia de las regiones que abarcamos —junto a los años— nos empuja a la búsqueda de más precisas perspectivas y planos, sistematización fundada que nos permita penetrar mejor en la maraña de tantas regiones, años y obras.

Con el peligro que ofrecen siempre las generalizaciones, creo que una cauta aplicación de la periodización por generaciones (y apoyándonos en líneas someras) [1], dará por resultado el conocimiento, sobre ciertas bases de rigor, de las

---

[1] Por cierto, apoyándonos en ideas básicas de Ortega y Gasset (la coetaneidad, el contacto vital) más que en las minuciosidades de Petersen.

etapas, el avance y las características del romanticismo en Hispanoamérica.

Además, podremos de esta manera —me parece— superar limitaciones corrientes y forzados grupos longitudinales. Donde más se ha hablado de las generaciones románticas en Hispanoamérica ha sido en ciertas sistematizaciones de las literaturas nacionales. En Venezuela, por ejemplo, es común la referencia a dos o tres generaciones románticas. En Planchart[2], en Picón Salas[3], en Luis Beltrán Guerrero[4], en José Ramón Medina y Escalona[5], sobre todo en este último, hay un claro deseo de establecer y distinguir varias generaciones románticas en la literatura venezolana. En Cuba, Salvador Bueno señalaba dos generaciones[6]. Al referirse al romanticismo en Santo Domingo, Pedro Henríquez Ureña remarcaba la existencia de tres generaciones[7]. En el Perú[8], en Chile[9], vemos también intentos de escalonar obras román-

---

[2] Cf. Julio Planchart, *Temas críticos*, Caracas, 1948, pág. 348.

[3] Cf. Mariano Picón Salas, *Reseña de la historia cultural de Venezuela*, prólogo a J. V. González, *Biografía de José Félix Ribas*, ed. de Buenos Aires, 1946, pág. XIX.

[4] Cf. Luis Beltrán Guerrero, *Itinerario de la poesía venezolana*, en la *Revista nacional de cultura*, de Caracas, 1949, X, núm. 75, pág. 10.

[5] Cf. José Ramón Medina y Escalona, *Poesía contemporánea de Venezuela*, en la *Revista nacional de cultura*, de Caracas, 1955, números 112-113, pág. 108: «Dentro de la perspectiva histórica, y de acuerdo con el llamado romanticismo de escuela, es posible aludir todavía a una tercera etapa romántica.»

[6] No se detiene en la primera. Habla de la segunda y menciona allí a Mendive, Luisa Pérez, Luaces y Zenea. (Ver S. Bueno, *La «Revista Habanera»*, en la *Revista de la Biblioteca Nacional*, de La Habana, 1957, VIII, pág. 148.)

[7] Cf. Pedro Henríquez Ureña, *Reseña de la historia cultural de la República Dominicana*, prólogo a M. de J. Galván, *Enriquillo*, ed. de Buenos Aires, 1946, págs. XIII-XIX.

[8] Cf. Jorge Guillermo Leguía, *La «bohemia» de Palma*, en *Hombres e ideas en el Perú*, Santiago de Chile, 1941, págs. 17-19.

[9] Cf. Mariano Latorre, *La literatura de Chile*, Buenos Aires, 1941, pág. 162.

ticas en una serie —por cierto, breve— de generaciones. En
el Uruguay, se distinguen comúnmente dos generaciones [10].
En fin, en la República Argentina, si no abundan estudios
sistemáticos al respecto, conviene reparar en nombres como
los de «Generación de 1837» y «Generación del 80» que caben
—con holgura— dentro del romanticismo [11]. Y a propósito
de nombres aislados (vale decir, de nombres propuestos ya
desde hace tiempo para realzar el valor de una determinada
generación, fuera de sucesiones o series), conviene —digo—
reparar también en las llamadas «Generación de 1842», en
Chile, y «Generación de 1848», en el Perú.

Claro que aquí se trata de procurar reunir generaciones
nacionales coetáneas y ver si hay una coincidencia —amplia
coincidencia— de tipo abarcador y sin sacrificios notables.

La verdad es que tal coincidencia existe, y existe siempre
que no se exageren minucias o rasgos muy particulares. De
más está decir que la amplitud obligará a sacrificar denominaciones muy precisas, como, por ejemplo, aquellas ligadas a determinados años, que hemos mencionado. En fin, es
la coincidencia que ha llevado a Pedro Henríquez Ureña a
hablar de dos generaciones románticas en la América Hispánica.

Aunque en un principio no hablara tanto Pedro Henríquez Ureña de generaciones, interesa recordar que la periodización que él establece para el siglo XIX (o que tiene que
ver con el siglo XIX), en Hispanoamérica, es el primer intento
serio de sistematización. Como es sabido, Henríquez Ureña
propone en su fundamental obra sobre *Las corrientes literarias en la América Hispánica* esta partición:

---

[10] Cf. Alberto Zum Felde, *Proceso intelectual del Uruguay y crítica de su literatura*, I, Montevideo, 1930.
[11] Cf. mi *Literatura argentina (Esquema generacional)*, Tucumán,
1954.

— Independencia intelectual (1800-1830).
— Romanticismo y anarquía (1830-1860).
— Período de organización (1860-1890).
— Literatura pura (1890-1920).

Fácilmente se nota (y el contenido de la obra lo confirma) que, en lo estrictamente literario, el romanticismo abarca los períodos 1830-1860 y 1860-1890. Si nos quedara alguna duda, el propio Henríquez Ureña se encargó de marcar en una carta su ya visible distinción en dos amplias generaciones románticas, bien que de desigual valor (y con especial estimación para la segunda, sobre todo a través de sus prosistas)[12]. Esa carta es —al mismo tiempo— una muy medida valoración de los románticos hispanoamericanos en general, dentro de límites muy escuetos, perfectamente explicables en una carta.

Digamos también —fuera de este pilar fundamental— que, con posterioridad, el crítico cubano José Antonio Portuondo ha defendido el esquema de una historia «generacional» en la literatura hispanoamericana, primero siguiendo muy de cerca a Pedro Henríquez Ureña, y apartándose algo en la cronología después. Esta es la que corresponde a su último esquema:

— Independencia: el patriciado pre-romántico (1790-1822).
— Primera generación romántica (1823-1844).
— Romanticismo y criollismo (1845-1879).
— Modernismo y naturalismo (1880-1909)[13].

---

[12] Ver carta de Pedro Henríquez Ureña a Enrique Anderson Imbert (la carta está escrita en inglés y tiene esta fecha: 27 de marzo de 1943). Ver E. Anderson Imbert, *Un juicio póstumo de Pedro Henríquez Ureña sobre las generaciones literarias*, en *Realidad*, de Buenos Aires, 1948, núm. 12, pág. 356.

[13] Ver J. A. Portuondo, *La historia y las generaciones*, Santiago de Cuba, 1958. Como digo, Portuondo modifica aquí, no los períodos,

Sin olvidar a Enrique Anderson Imbert [14], llegamos, por último, al esquema propuesto por José Juan Arrom, quien, dentro del siglo XIX, caracteriza las siguientes generaciones:

— Generación de 1804 (Libertadores).
— Generación de 1834 (Románticos).
— Generación de 1864 (Segunda generación romántica. Transición al Modernismo).
— Generación de 1894 (Modernistas y posmodernistas) [15].

Sin desconocer, por cierto, el valor de estos enfoques, y, antes bien, apoyándome especialmente en la caracterización de Pedro Henríquez Ureña, defiendo —mejor— la existencia de tres generaciones románticas en la literatura hispano-americana [16]. Generaciones perceptibles más allá de la conti-nuidad de un signo, con caracteres indicadores de su indi-

---

pero sí las fechas que había dado antes en su estudio *«Períodos» y «Generaciones» en la historiografía literaria hispanoamericana* (en *Cuadernos Americanos*, de México, 1948, VII, núm. 3, págs. 231-254).

[14] Para el siglo XIX, y con el título general de *Cien años de Repú-blica*, propone las siguientes generaciones: 1808-1824, 1825-1860, 1860-1880, 1880-1895 y 1895-1910. Dentro de ellas, dos generaciones románticas, que no necesitamos subrayar. (Ver E. Anderson Imbert, *Historia de la literatura hispanoamericana*, 2.ª ed., México, 1957.) Por su parte, el crítico francés Robert Bazin, que estudia la literatura hispano-americana del siglo XIX (dejemos a un lado los apéndices) distingue en su libro tres generaciones: 1800-1830; 1830-1870 y 1870-1900. (Ver R. Bazin, *Historia de la literatura americana en lengua española*, trad. de Josefina A. de Vázquez, Buenos Aires, 1958). Los románticos se sitúan allí en la segunda y el comienzo de la tercera («Los últimos románticos»).

[15] José Juan Arrom, *Esquema generacional de las letras hispano-americanas. Ensayo de un método*, Bogotá, 1963.

[16] En el Brasil, en cambio, veo dos generaciones románticas. ¿Por qué esta diferencia? Dentro de una mayor limitación «nacional», es indudable que en el Brasil se reproduce más nítidamente el cuadro literario francés, con explicable retardo paralelo. Hacia 1880, la prosa enfila hacia el realismo; el verso, hacia el parnasianismo.

vidualidad. Además, con el vigor propio que permite alcanzar casi el final de siglo.

Estas son, en fin, las características, junto a los nombres propios que —me parece— las respaldan.

PRIMERA GENERACIÓN

Es —claro está— la generación de penetración del romanticismo. Generación insurgente, polémica, aunque —como sabemos— el romanticismo no encontró una oposición vigorosa en Hispanoamérica.

Como el romanticismo comienza con la lírica (más exacto sería decir «en el verso»), esta generación ofrece particular abundancia de líricos. Como etapa de iniciación y triunfo, se dan aquí las líneas más transparentes del romanticismo. Predominio de lo sentimental y del color local (paisaje y hombre), el perfil político-social («literatura social»), el periodismo político y panfletario, ligado de manera estrecha a la época anterior. Es también época de relieve costumbrista en la obra literaria.

Incluimos en esta primera generación a los siguientes escritores: José Antonio Maitín (1804-1874), Esteban Echeverría (1805-1851), Fermín Toro (1807-1865), Hilario Ascasubi (1807-1875), Plácido (1809-1844), Juan María Gutiérrez (1809-1878), Rafael María Baralt (1810-1860), Domingo Faustino Sarmiento (1811-1888), Juan Vicente González (1811-1866), José Joaquín Ortiz (1814-1892), Vicente Fidel López (1815-1903), Francisco Javier Foxá (1816-1865), Julio Arboleda (1817-1861), José Victorino Lastarria (1817-1888), José Eusebio Caro (1817-1853), José Mármol (1817-1871), Guillermo Prieto (1818-1897), Ignacio Ramírez (1818-1879), José Heriberto García de Quevedo (1819-1871), Francisco Bilbao (1823-1865), Gregorio Gutiérrez González (1826-1872)...

En fin, la situación especial de Gertrudis Gómez de Avellaneda (1814-1873).

Como el romántico no suele ser un escritor de vocación tardía, y, por el contrario, comienza tempranamente (y aun nos da las mejores obras en la juventud), suele también haber bastante correspondencia con la edad. Vale decir que, con más precisión que en otras épocas, la edad es índice de la generación. Estos románticos son escritores que nacen en los primeros veinte años del siglo, sobre todo entre 1810 y 1820, en plenas Revoluciones de Independencia.

SEGUNDA GENERACIÓN

La segunda generación romántica se caracteriza —en general— por ser una generación organizadora y polemista (aunque esto último, más en relación al aspecto social que al estrictamente literario).

La prosa adquiere importancia señalada: de tal manera, se dan aquí una serie de valiosos prosistas (novela, cuento, «ensayo»; esto último dentro de no muy estricto sentido genérico). Prosa que enfila hacia el contenido social, o el tono discursivo, o la labor historiográfica. También se puede hablar de un vigorizamiento del tema realista, en consonancia con aires que vienen de afuera y que toman contacto con formas nítidamente románticas.

No hay tanto debilitamiento de la lírica, como ansias de variedades y vuelos ambiciosos (meditación, temas metafísicos). Y las tendencias temáticas, es visible, aspiran menos al colorido, al sabor local, y se centran más en el hombre. El hombre y sus problemas. Por lo común, condiciones de la época que repercuten en la obra literaria y aun la determinan.

Pertenecen a esta generación: Carlos Guido Spano (1827-1918), Juan Montalvo (1832-1889), Juan León Mera (1832-1894), Juan Clemente Zenea (1832-1871), Numa Pompilio Llona (1832-1907), Ricardo Palma (1833-1919), Rafael Pombo (1833-1912), Ignacio Manuel Altamirano (1834-1893), Manuel de Jesús Galván (1834-1910), José Hernández (1834-1886), Ricardo Gutiérrez (1836-1896), Lucio V. Mansilla (1837-1913), Jorge Isaacs (1837-1896), Olegario V. Andrade (1839-1882), Eugenio María de Hostos (1839-1903), José Peón y Contreras (1843-1907), José Joaquín Pérez (1845-1900)...

Aquí también se da bastante paralelismo con la edad. Los escritores de esta segunda generación nacen —en su mayor parte— entre 1830 y 1840. Es decir, con los años de iniciación del romanticismo en estas regiones.

TERCERA GENERACIÓN

¿Puede señalarse una tercera generación romántica?

Reconozcamos que es menos defendible que las dos anteriores y que, más bien, se la considera como simple final de la segunda. Sin embargo, creo que sin dar excesiva importancia a estas particiones, quizá se afirme con mayor claridad esta tercera etapa a la luz de la evidente continuidad y el respaldo de las obras que la defienden.

La tercera generación —como momento final de un ciclo extendido— permanece un tanto oculta por los albores y triunfo del modernismo. Es, particularmente, momento de sedimentación y de afinamiento: tanto que, en muchos aspectos, los escritores que incluyo en esta generación aparecen muy imprecisamente en los casilleros clasificatorios, entre romanticismo y modernismo.

Es generación de más equilibrado reparto entre verso y prosa, y —en un caso como en otro— con clara superación del puro énfasis.

Citamos aquí a Juan Antonio Pérez Bonalde (1846-1892), Manuel González Prada (1848-1918), Justo Sierra (1848-1912), Enrique José Varona (1849-1933), Juan Zorrilla de San Martín (1857-1931), Manuel José Othón (1858-1906), Gastón Fernando Deligne (1861-1913), Almafuerte (1854-1917), Luis Gonzaga Urbina (1868-1934) [17].

Escritores que nacen ya al promediar el siglo o, más bien, después de 1850. Es decir, coetáneos de la primera generación modernista.

Son, pues, hombres que producen en plena época modernista, y su filiación está dada más por temas y matices románticos que por un nítido perfil de escuela, por otra parte, muy difícil de encontrar en este momento. Temas y matices que no se resignan a morir y que —naturalmente— configuran la filiación, aunque acepten variantes y novedades menos esenciales.

En todo caso, es la continuidad —chispas, destellos— que asoma en un segundo plano, menos personalizador, mientras el primer plano va siendo ocupado ahora por otra arrolla-

---

[17] Almafuerte llega ya a sobrepasar —cronológicamente— a muchos modernistas. Sin embargo, no creo que se pueda discutir su esencial romanticismo, dentro todavía de una continuidad.

He procurado situar claramente a Almafuerte (sobre todo en relación a peligrosas cercanías con el modernismo) en mi estudio titulado *La poesía de Almafuerte* (en *Meridiano 66*, de Catamarca. 1954, I, núms. 2-4, págs. 55-94. Ver, sobre todo, *Almafuerte y el modernismo*).

En cuanto a la situación de escritores como Luis G. Urbina, es diferente. Mucho se habla del romanticismo de Urbina, en especial a través de títulos de sus obras (*Viejos romanticismos* —1887-1891—, *Primer intermedio romántico*, *Segundo intermedio romántico*, *Tercer intermedio romántico...*; también, por el uso del vocablo: «Yo bien sé que es romántica locura...» —*A Thais*—). Pero no cabe duda de que el suyo es un romanticismo visto un tanto a través de la sensibilidad modernista. Aceptamos, sí, que su primer libro —*Versos* (1890)— es un libro romántico, pero ya de un romanticismo sosegado, como el de muchos modernistas de la época.

dora fuerza literaria. Final y apaciguamiento, con todas las salvedades que debe merecer un movimiento literario de la vida que tuvo el romanticismo.

LOS GRANDES ROMÁNTICOS

La abundancia de nombres y obras en el romanticismo de Hispanoamérica exige elementales tablas de valores. Por lo menos, una perspectiva que supere dos limitaciones frecuentes en el enfoque del romanticismo; por una parte, las historias literarias nacionales (preferentemente, con acumulación de datos históricos y adjetivos encomiásticos); por otra, la negación en masa (dentro de la cual asoma —a lo más— un displicente perdón para alguna obra).

Sin afán de grandes descubrimientos, debemos reparar en los autores románticos no sólo sostenidos por la identificación patriótica, y en las obras románticas que tienen algo más que un simple valor histórico.

La cosecha —repito— no es extraordinaria, pero es meritoria. Para lograr tal fin es menester un acercamiento libre de prejuicios (prejuicio es tanto la negación sistemática como el elogio de tipo escolar), y separar una abundante hojarasca. De acuerdo. Pero no todo es hojarasca.

Un cuadro vivo, pues, de los valores perdurables del romanticismo en Hispanoamérica no puede olvidar estos nombres: Sarmiento, Juan Vicente González, Gregorio Gutiérrez González, Juan Montalvo, José Hernández, Jorge Isaacs, Palma, Galván, Pérez Bonalde, González Prada, Zorrilla de San Martín.

Y eso que prefiero —por razones de circunspección— pecar más por defecto que por exceso.

SARMIENTO

Para nosotros, argentinos, los rasgos más gruesos de las obras literarias de Sarmiento —sobre todo, el *Facundo*— no tanto descubren como reafirman lo que sabemos de la psicología del autor. Ello se debe a que Sarmiento fue, primordialmente, un espíritu militante, y la obra escrita no puede separarse de su acción. En Sarmiento —diremos mejor— el escritor es una forma de acción: la que aspira a mayores proyecciones artísticas [18].

La vida externa de Sarmiento es bastante conocida entre nosotros; se la conoce hasta en detalles pequeños y en zonas imprecisas de la anécdota. Por una parte aparece en sentida cercanía con respecto al tiempo que vivimos; por otra —esto, sobre todo—, la importancia política de Sarmiento —cargos, honores, luchas— acentúa la nitidez del relieve. De tal modo, es difícil que nos acerquemos a sus libros como nos acercamos a muchos otros. Penetramos en las obras de Sarmiento con un conocimiento —a menudo, amplio— del hombre que les dio vida. Quizás eso delimite algo nuestra perspectiva, en la medida en que difícilmente lograremos apartar esa imagen extraliteraria que se nos cuela entre líneas. Y el *Facundo* (digámoslo con este libro) no hace sino robustecer esa impresión previa que tenemos de su autor.

Pensemos por un instante en una hipotética lectura del *Facundo* con un autor en blanco. (Siquiera como ejercicio, no más allá, conviene alguna vez plantear situaciones más

---

[18] Miguel Cané (h.) escribió hace años —con brevedad abarcadora— este escueto párrafo certero: «Para Sarmiento, escribir era obrar.» (*Prosa ligera*, ed. de Buenos Aires, 1919, pág. 178.)

o menos absurdas: ésta es una de ellas.) Y todo nos lleva al nombre absorbente de Sarmiento. ¿Es posible el juego? Reconozcamos que es ya difícil como punto de partida, aunque aquí la dificultad se extiende, en rigor, a la mayor parte de los escritores americanos del pasado siglo, escritores que —como sabemos— presentan una obra escrita íntimamente apegada a su perfil histórico. De nuevo, la obra literaria como militancia, como combate.

La imagen rotunda de Sarmiento (a veces exagerada hasta la caricatura) la recibimos en la República Argentina casi junto con las primeras letras. El contacto con sus libros —ya en época de mayor discernimiento— ratifica en gran parte el retrato escolar. No podemos negar que así sucede, por lo menos en sus líneas gruesas.

Lo que se nos escamotea en ese retrato elemental es la riqueza de matices, de movimiento, de reacciones y contradicciones. Y eso es de esperar: los retratos primarios de los hombres notables (sean escritores, políticos o lo que sean) gastan pocas líneas y colores. Son figuras de una sola pieza, casi siempre vagas a fuerza de ser nítidas...

La obra literaria de Sarmiento —y en primer plano obras como el *Facundo*, como los *Viajes*, como *Recuerdos de provincia*— permitirá, sí, ahondar en la complejidad y riqueza del hombre Sarmiento, fisonomía que —como sabemos— no siempre se pesa en datos externos e indirectos, en anécdotas más o menos verídicas.

Estableciendo una separación fundamental dentro de ese Sarmiento escritor, vemos también que las líneas gruesas de su estilo confirman con amplitud lo que ya sabemos del perfil y «temperamento» de Sarmiento (el hombre de acción, el educador, el estadista, el organizador, el liberal...). Pero son las líneas menudas, no siempre perceptibles a primera vista, las que apoyan, junto al conocimiento de peculiaridades más sutiles, el ahondamiento del escritor, la captación de valiosos matices expresivos [19].

Hay críticos que después de señalar como típico de Sarmiento la energía, la vitalidad, lo impulsivo (caracteres, en verdad, indiscutibles), destacan como limitación o defectos de su obra literaria la falta de orden, de método.

El reparo no puede ser más injusto. Evidentemente, ¿hay relación orgánica entre una cosa y otra? La vitalidad sarmientina no puede atarse a planes mesurados. A su vez, esa vitalidad configura un orden muy particular, con el agregado de que en ocasiones se mencionan como fragmentarias obras que tienen hasta una fuerte unidad exterior: tal es el caso del *Facundo*.

Esta especial perspectiva en que Sarmiento aparece repercute en múltiples facetas. Así, puede también preguntarse —sobre esta base— acerca de su trayectoria literaria, y llegar —quizás— a la paradójica conclusión de que no hay trayectoria literaria en Sarmiento; por lo menos, en la forma corriente aun en grandes escritores.

Sarmiento tuvo —claro está— un breve período de iniciación, pero, de pronto, nos sorprende con un grupo de obras, casi primeras obras, que revelan su rotunda madurez: en 1845, el *Facundo;* en 1849-1851, los *Viajes;* en 1850, los *Recuerdos de provincia.*

Después siguió escribiendo (y escribió en abundancia), pero el mejor Sarmiento está en aquellos libros de Chile. Una obra como la *Vida de Dominguito*, muchos años después, queda como obra trunca, no acabada (por lo menos, dentro del punto final de Sarmiento). Y cuando aspira al rigor del tratado —*Conflicto y armonías de las razas en América*, de 1883— falla sin atenuantes [20].

---

[19]   Cf. mi estudio *Lengua y estilo en el «Facundo»*, Tucumán, 1955.
[20]   Según Carlos María Onetti, en sus ya algo lejanos párrafos de

La explicación está, sin duda, en el hecho de que, en Sarmiento, el escritor latía como objetivación del político, del educador. Esto es bien sabido, pero conviene recordarlo. Después de 1850 —vale decir, después de *Recuerdos de provincia*— el hombre de acción encuentra en la lucha inmediata, en la actuación pública dentro de su patria, comprimido campo para el cultivo de las letras (aunque las letras tuvieran siempre en Sarmiento, precisamente, ese carácter de militancia, de fin social).

Con otras palabras: la vida activa, en función sin tregua, sacrifica ahora en gran parte al escritor. Sigue escribiendo, naturalmente, después de 1850, pero ya no logra aquellos acentos —diremos «inéditos»— de sus años de Chile, a los que hay que volver siempre para encontrar las obras más perdurables de Sarmiento, aquellas que resaltan en la montaña de sus escritos, que revelan los rasgos geniales y la personalidad singular. En fin, aquellas que abren caminos —americanos, argentinos— e inauguran tiempos de madurez y auténtica independencia literaria.

JUAN VICENTE GONZÁLEZ

Para el lector argentino, es explicable que la lectura de la *Biografía de José Félix Ribas*, de Juan Vicente González, recuerde de inmediato el *Facundo*.

---

sus *Cuatro clases sobre Sarmiento escritor* (Tucumán, 1939), los aciertos literarios de su última época se centran en los *Discursos* (ver pág. 68.)

Creo, por el contrario, que una buena selección de su epistolario, particularmente el que corresponde a sus años de embajador en los Estados Unidos (1865-1868), con algunos agregados (como el breve pero valioso *Viaje* del Merrimac), nos revelan, mejor, las virtudes de escritor de Sarmiento en esa dilatada etapa. (Ver mi estudio *El epistolario de Sarmiento*, en *Lengua y estilo en Sarmiento*, La Plata, 1964, págs. 57-68).

Claro que la aproximación no está en los hechos que narra, sino en características sutiles de la obra, y en la impronta temperamental que le da sello.

El ámbito americano sirve de eje a la obra de González, pero no es la Venezuela contemporánea al escritor, sino la de la época de la «Guerra a Muerte» y los comienzos de su vida independiente. La perspectiva que los hechos ofrecen en relación a la evocación hubieran permitido —en otro hombre— un recuento sereno o, por lo menos, un tanto apaciguado por los años. En Juan Vicente González toman, en cambio, un ritmo de vida caliente, de recreación animada que —más allá de datos minuciosos y nombres propios— convence como cosa vista.

Pasión no supone aquí —como no supone en otros románticos— un desahogo permitido por la falta de trabas o del freno de la cultura, aunque reconocemos que la mayoría puede encontrarse entre estos últimos. A lo que quiero llegar es a la comprobación de que pasión y cultura no son en la época —no tienen por qué ser— elementos antitéticos. Y Juan Vicente Gozález, de abundantes lecturas, buen conocedor de las letras clásicas, lo prueba.

Al mismo tiempo —repito— los tiempos que González lleva a su libro aparecen algo alejados (aunque sus consecuencias no lo están tanto). Conoce, además, datos valiosos y abundantes de aquel hombre que sirve de eje a su obra. A pesar de todo esto, la obra de Juan Vicente González es una obra singular que rebasa límites corrientes de la historiografía (siempre que la aceptemos fuera de límites precisos). En lugar de la biografía de un hombre tenemos la «biografía» de una época. Sin duda, quiso asir a esa época a través del General Ribas (actor importantísimo en esos años), pero, a poco de comenzar, el dramatismo de la época crece en multitud de direcciones y, paradójicamente, tapa al personaje.

Es cierto que José Félix Ribas era tío político de Bolívar y que —aparte de su propia significación— esto permite ciertos enlaces. Con todo, el relato desborda fácilmente el itinerario de un hombre. Así también, al final de la obra, el General Ribas y su muerte (broche de la biografía) quieren recordarnos, aparentemente, que era el itinerario de un hombre lo que estábamos leyendo, pero la letra va más allá de esa intención. Sin duda, el ardor, la pasión de Juan Vicente González estaban por encima de un plan primitivo. De ahí esa pintura ardorosa, apasionada de los comienzos y culminación de la «Guerra a Muerte».

Los dos años que toma González cobran en el libro valor de época. Allí desfilan los principales actores de la independencia de Venezuela. Es una sucesión de cuadros, de retratos, encendidos por la chispa de una pluma que usa colores rotundos y efectos de contrastes. No «vemos» tanto un perfil como una serie de estampas impresionantes (Bolívar, Miranda, Monteverde, Briceño, Pascual Martínez, Boves, Arismendi y, naturalmente, Ribas); como una sucesión de escenas rojas y negras: sangre y luto, odio y terror, crímenes e infamias... Por cierto que en tales perspectivas González era fiel a su tiempo. Fiel en el encuadre. Pero las líneas y los colores son suyos, muy suyos. Y los realza el hecho de que no quiere tanto atenuar culpas como ofrecer hechos, por reprobables que parezcan. No es un alegato ni una defensa patriótica (como la que, por ejemplo, hizo después Blanco Fombona), sino una presentación dramática, alucinante... [21].

---

[21] «¡Trazar los cuadros de los primeros meses del año 14! ¡Ah! El alma se estremece al pensarlo, y estamos tentados de mentir para honor de la patria. Pero no, la historia nos exige la verdad, sin reserva, sin alteraciones culpables, sin omisiones que serían una com-

Quizás el carácter de crónica que tienen muchas páginas y su importancia centrada en la historia de Venezuela (aunque trascienda mucho más allá), el atenerse con cierta frecuencia a la transcripción de documentos, han impedido una mayor difusión de la obra fuera de su país. Quizás también, por esa factura, la *Biografía del General Ribas* sea un libro para ser leído lentamente y a sorbos. En este caso, la lentitud no está determinada —naturalmente— por dificultades de la lectura (¡cómo podría haberlas!), sino por el carácter del libro y, sobre todo, por el sentido de crónica, más que biografía, que el libro tiene.

Obra romántica: el documento al servicio del fervor, de la prédica; el gesto, ampliando, subrayando la palabra; antítesis y paralelismos [22]. Juan Vicente González aparece, a través de la *Biografía*, como el autor ideal para revivir aquellos hechos y aquella época de la «Guerra a Muerte». El triunfo de esta obra (como el de toda obra) está en el secreto de habernos convencido de que los sucesos de 1813 y 1814 sólo

---

plicidad...» (J. V. González, *Biografía de José Félix Ribas*, ed. de París, s. a., pág. 123).

Cf. con la defensa de Blanco Fombona (defensa de la «Guerra a Muerte») que figura en el prólogo de la edición citada. Blanco Fombona se apoya, especialmente, en una difusa literatura «clínica», muy en boga a comienzos de este siglo.

[22] «Al llegar aquí, la pluma se detiene espantada, como si oyese lamentos de otro siglo, o la disputasen manos de fantasmas. Es el pórtico sombrío de la *Guerra a Muerte*.

¡Comienza aquí una carrera fúnebre! Sentémonos un momento sobre la piedra de dolor que marca la horrorosa entrada: la puerta del infierno...» (J. V. González, *Biografía de José Félix Ribas*, pág. 50.)

El historiador tiene que trazar aquí dos cuadros paralelos, igualmente grandes y patéticos, pero triste el uno y sombrío, heroico el otro y de desesperados esfuerzos. Al lado de las batallas tiene que contar la postración moral de todo un pueblo; al lado del ardor frenético que mil peligros inspiran, la desconfianza, el desaliento, el dolor que cunde y se dilata... (Id., pág. 142.)

pudieron contarse en la forma en que Juan Vicente González los escribió.

GREGORIO GUTIÉRREZ GONZÁLEZ

Al leer la *Memoria sobre el cultivo del maíz en Antioquia* pensamos en las palabras de Croce sobre la dignidad de las obras por encima de casilleros, retóricas y convenciones de géneros mayores y menores.

Asombra, realmente, que Gutiérrez González haya logrado abundantes chispas de poesía a través de su *Memoria,* donde confluyen en forma inusitada la severidad del tratado con el juego de la poesía. Es cierto que, en el primer caso, las labores agrícolas tenían una larga tradición poética. Es cierto también que en América se despierta en seguida el recuerdo del precedente consabido: las *Silvas americanas* de Andrés Bello. Y, sin embargo, la *Memoria* de Gutiérrez González, en el rigor, no reconoce mayormente precedentes valiosos. Rigor, puesto que no se desarrolla con la libertad de un vuelo amplio (como ocurre en Bello), sino con el cerrado límite de una estricta «memoria». Claro que la semejanza externa surge evidente frente a ciertos poemas didácticos, ciencia en verso, que tanta boga tuvieron en el siglo XVIII. Vetusto recurso escolar... ¡Pero qué lejos está el poema de Gutiérrez González de tales obras!

Ingenuo sería pretender que la *Memoria* es un macizo cuerpo de oro. No: hay desniveles, momentos (frecuentes) en que la poesía no alcanza a levantar la prosa de la narración. Sin embargo, el poema se siente como obra maciza, como colorida visión de la naturaleza y el hombre americanos. Macizo poema. Hay identificación entre metro y asunto: el romance endecasílabo, en estrofas de cuatro versos, marca con movimiento pausado el avance de la obra. Todo es allí transparencia y sencillez, a pesar de la abundancia de americanismos y localismos, que hacen más lenta (no más pesada) la lectura.

La *Memoria* es, sobre todo, la exaltación de la naturaleza americana. Por cierto, naturaleza tropical, con su variedad y riqueza, sobre el eje (naturaleza-hombre) del maíz. De nuevo, América a través de una de sus especies vegetales más inconfundibles.

El paisaje —ese rico paisaje del trópico— sirve a su vez para que el poeta levante a través de versos plásticos (metáforas, hipérboles o el simple orden enumerativo) el andar del poema. Evidentemente, el poeta que bullía en Gutiérrez González no podía desatender (estaba en él) el colorido y plasticidad que con frecuencia adornan la obra. Aquí, hasta pudo servirle el ejemplo de Bello, aunque esta particularidad es más corriente de lo que se piensa en poesías del siglo XIX que tienen como tema la naturaleza americana [23]. Persistencia vaga —a veces sutil— de cierto cultismo, nunca exagerado, nunca acumulado.

Pero también en el mundo humano está presente. Después de todo, ¿qué es el poema sino un canto al trabajo centrado en las tareas agrícolas? Tareas en la región de Antioquia y en ese ámbito que abarca también el villorrio humilde, apegado a esas labores. Ligado a lo humano, destellos de buen humor. Humorismo suave (malicia entre ingenua y cazurra), como el carácter de la composición:

> ... Porque todos nosotros somos sabios
> y no queremos asistir a misa...
>
> (Cap. III) [24].

---

[23] A algunos ejemplos me he referido en otra oportunidad, al hablar del tema de la naturaleza en la poesía romántica.

[24] De nuevo, las referencias se hacen al texto publicado por Emiliano Isaza en su *Antología colombiana*, II, París, 1911.

O cuando llama a la procesión de rogativas para la lluvia, «método sencillo de regar sementeras».

No cabe duda —en fin— de que la *Memoria sobre el cultivo del maíz en Antioquia*, de Gregorio Gutiérrez González, es uno de los frutos (y el símil está aquí bien empleado, a pesar de su vulgaridad), uno de los frutos —repito— más valiosos y permanentes de la poesía romántica hispanoamericana. Permanencia, más allá de localismos y limitaciones. Milagro de la poesía: poesía hecha casi de pura prosa, en un alarde de equilibrio y humildad.

> Hoy es domingo. En el vecino pueblo
> las campanas con júbilo repican;
> del mercado en la plaza ya hormiguean
> los campesinos al salir de misa...
>
> (Cap. III.)

JUAN MONTALVO

Por diferentes motivos, Montalvo es uno de los escritores americanos más famosos en su patria y fuera de ella. Pero quizás no sea el factor más importante de esa fama una lectura asidua de sus obras. Es cierto que sus libros se reeditan con frecuencia, y es cierto también que el carácter de la mayor parte de la producción de Montalvo permite selecciones y antologías bastante orientadoras. Esto último no deja de ser un claro elemento positivo a favor de su prestigio. Sin embargo, tanto o más que el conocimiento directo de su obra pesa en la fama de Montalvo una semblanza física —presencia ardorosa y actitud combativa— que se sobrepone a menudo a sus rasgos de escritor. Digo, a pesar de lo mucho que puede encontrarse en su obra de ese ardor y esa actitud, aunque no todo Montalvo está evidentemente allí.

Montalvo pertenece —sabemos— a una segunda generación romántica, generación que aparece después de promediado el siglo. La situación del Ecuador no cambia mayormente, y en eso difiere de alguna otra región hispanoamericana, como la República Argentina. Los desvelos de Montalvo —apoyados en un liberalismo no muy ortodoxo— lo convierten en un severo censor de los gobernantes de su patria: García Moreno y Veintemilla, en especial. Sobre Gabriel García Moreno abundan los dicterios de Montalvo: baste —como síntesis—, no tanto párrafos de Montalvo, como la frase que se le atribuye al tener conocimiento del asesinato de su enemigo («¡Mi pluma lo mató!») [25]. Sobre Ignacio de Veintemilla, aquel recordado pasaje de los *Capítulos*:

> Asesinato, robo, traición, atentados contra el pudor, son bestias feroces que devoran interiormente a los perversos. Ignacio Jarrín... O yo sé poco, o éste es aquel famoso ladrón que dio en llamarse Ignacio de Veintemilla... [26].

En su lucha contra la tiranía, Montalvo muestra, sin embargo, más la fuerza de su ingenio, la pasión de su idea, que la mente constructiva y el deseo de ayudar con «obras» a su patria. Su labor fue notabilísima, pero no fue concreta como la de Sarmiento, valga el ejemplo. Y no crea que se deba a falta de oportunidades. El ímpetu romántico de Montalvo estaba bien en la buscada altura, y en las ambiciones literarias que prefirió. Por eso también —y reduciéndonos a un estricto punto de referencia: sus escritos— podemos decir que el valor sociológico de la obra de Montalvo encuentra su mayor limitación en su visible individualismo, o bien,

---

[25] Ver Oscar Efrén Reyes, *Vida de Juan Montalvo*, Quito, 1935, pág. 201.

[26] Montalvo, *Capítulos que se le olvidaron a Cervantes*, ed. cit., cap. XLVI.

que la trascendencia político-social que es dable esperar de
su prédica se reduce a poco.

¿Dónde está el valor de Montalvo?

Sin pretender separarlo completamente —cosa imposible— de una realidad inmediata que le sirve de espuela, la
supervivencia de Montalvo está en su carácter de «escritor»
(así, entre comillas), enamorado de la palabra y del juego
sutil del pensamiento.

Montalvo es, sobre todo, un admirador de la lengua y un
artífice de la prosa, lengua y prosa que por cierto no se redu-
cen —a pesar de saltos en el vacío— a un puro pastiche.

Tomemos sus obras más importantes como ejemplos rotundos. Los *Siete tratados* y, no digamos, los *Capítulos que
se le olvidaron a Cervantes*, son el testimonio de ideales artísticos y no de ideales políticos, a pesar de los latigazos que
en las dos obras dirige, especialmente a Veintemilla[27], a
pesar de las reflexiones de carácter político o social que suele
hacer. Bien sabemos que la mayor parte de los *Tratados* y los
Capítulos nacieron en los destierros de Ipiales, en particular
el primero —largo destierro— en tiempos de García Moreno.
Pero en Montalvo —repito— el primer plano es para el artista. Para encontrar una obra más combativa, más abierta-
mente militante, debemos recurrir a las *Catilinarias*, aunque
en ella, quizás explicablemente, la tenaz persistencia en la
polémica, en la invectiva, disminuye —a su vez— al artista.

Montalvo aparece —dentro del siglo XIX americano— como claro ejemplo de «voluntad de estilo». En Montalvo, el
ímpetu corre limado; es fuerte corriente, sí, pero realzada
por el rigor de las orillas.

---

[27] Claro que alusiones y alfilerazos a los «tiranuelos» hay, en
realidad, en toda su obra. Además, las alusiones sutiles que sin duda
vieron los contemporáneos, alusiones hoy desvanecidas.

Reconocer lo que pesan en Montalvo los grandes modelos de la Edad de Oro española no es afirmar que Montalvo quiso inyectar vida a una lengua muerta o simplemente arcaica [28]. Aparte de que no conviene exagerar demasiado el modelo, en Montalvo hay asimilación y vitalización. Por descontado que para partir de tales bases, no debía pujar en él —como pujaba en otros— el obsesivo temor a identificar lengua y «regresión colonial».

Montalvo amó la lengua española y a fuerza de ímpetu le dio un sello americano que no siempre se percibe con justicia. No creo que deba atribuirse a espejismo el hecho de ver en la prosa de Montalvo un producto americano e individual al mismo tiempo. Alardes y elaboración a un lado, el párrafo de Montalvo es casi siempre un difícil juego de fervor, ímpetu y grandilocuencia, contenidos (apenas contenidos) por la maestría verbal.

Si bien ya habían pasado los años inmediatos a las luchas de Independencia, y los ataques a España se habían debilitado considerablemente, el caso de Montalvo es sin duda significativo de una admiración hacia la lengua que —por extensión— abarca también a la antigua metrópoli. En Montalvo existe (¿cómo podía evitarse entonces?) la admiración hacia Francia e Inglaterra. Pero eso no lo lleva al ataque a España. Por el contrario —insisto—, destaca a España frente a otros pueblos (cf. los Estados Unidos y el problema del negro). Por eso también pudo decir Rodó, en su vibrante semblanza de Montalvo, que en éste se realizaba el «desquite del Conquistador» después del desastre de Ayacucho. La hipérbole debe entenderse, naturalmente, en la perspectiva y afinidad de Rodó.

---

[28] No olvido lo que dentro del español de América (y, sobre todo, en determinadas regiones) significa el arcaísmo, pero aquí se trata —naturalmente— de una elaboración literaria consciente, intencionada.

En síntesis, Montalvo actúa en función de «escritor»: su ardor se canaliza en líneas literarias, dentro de una perceptible voluntad de estilo. Aun en sus obras polémicas, cuya raíz real está preferentemente en la situación de su patria, la religión católica, las tiranías, etc., aun allí su combatividad aparece espejada literariamente. Este es, sin duda, el perfil predominante en Montalvo y, también, su perfil perdurable, por encima de estampas «en romántico», homenajes y retaceos.

JOSÉ HERNÁNDEZ

Entre 1870 y 1880 se publicó en Buenos Aires una de las obras más originales de la literatura americana: el *Martín Fierro*, de José Hernández, obra de fuerte carácter local, pero que —naturalmente— trasciende, por su valor, raíces de su origen.

Una prueba o reflejo de la gran obra está en la diversidad de interpretaciones que suele determinar. Y eso ha ocurrido también en el caso de las obras críticas dedicadas al *Martín Fierro*. No es, por cierto, un rasgo feliz el que muchos de esos estudios se detengan en cuestiones periféricas (por ejemplo, el género del poema, que tanto preocupó a los críticos) [29], o que sobrevaloren lo que la obra significa como testimonio social (sin negar —claro está— su existencia). En este último caso también influye la especial perspectiva del crítico, que limita intencionadamente su campo.

---

[29] Recordemos estudios y aun polémicas acerca del género, especialmente las que se dirigían al *Martín Fierro*, «poema épico», que hizo gastar abundante tinta. Claro que se apoyaban en la discutible tendencia de los «paralelos» nacionales y en la no menos discutible identificación entre epopeya y grandeza poética.

La última novedad —aunque está defendida por un escritor de los quilates de Jorge Luis Borges— es la del *Martín Fierro*, «novela».

El punto de arranque elemental debe ser —por supuesto— su carácter literario: esa suma de factores que configuran la obra poética, y dentro de la cual confluyen multitud de aspectos humanos. Pero no olvidar —en rigor— que se trata de una obra estrictamente poética, americana y del siglo XIX.

Tampoco hace falta encerrarse en un estrecho fetichismo de la obra para realzar los méritos del *Martín Fierro* y para explicar —al mismo tiempo— el por qué la obra no tiene la difusión extraargentina que merece.

Su difusión es patente y aun crece en relación al éxito popular que acompañó al libro (o, mejor dicho, los cuadernillos) el pasado siglo. Hoy se la reconoce como obra fundamental de las letras americanas y tiene el campo amplio que no siempre consiguen las grandes obras: el favor de variados lectores y el interés permanente de los estudiosos.

Evidentemente, la obra no es conocida fuera del país como sin duda merece. Pero es ingenuo pensar que se debe a la lengua y al mundo que el *Martín Fierro* refleja. La lengua no ofrece dificultades mayores a otros lectores americanos y a lectores españoles (contamos también con la abundancia de ediciones anotadas). El mundo del *Martín Fierro* no es tampoco tan exótico como para explicar tal limitación. Recordemos, en fin, que los verdaderos espaldarazos del poema se deben a Unamuno y Menéndez y Pelayo [30], y que de aquí nace la difusión hispánica del *Martín Fierro*.

Reconocemos que el estímulo fundamental del *Martín Fierro* es un hecho, una realidad social. Con todo —y aquí

---

[30] La prioridad es de Unamuno. Menéndez y Pelayo (mucho más famoso entonces que Unamuno), al reproducir el juicio de su compatriota en su difundida *Antología de poetas hispanoamericanos* (IV, Madrid, 1895. Ver ed. de Madrid, 1928, pág. CCI) y destacar la importancia del *Martín Fierro*, se encargó de extender el prestigio del poema fuera del Río de la Plata.

viene una aclaración necesaria— a veces se olvida que el *Martín Fierro* es una obra «literaria». Que, como obra literaria, tiene una órbita y ramificaciones que no pueden desdeñarse. En otras palabras, aceptar la esencial base de la obra (es decir, lo que en el poema pesa un estímulo social, de protesta, la defensa del gaucho, en fin) no tiene por qué llevar a olvidar valores que, en no menor grado, configuran la obra.

El *Martín Fierro* no se resuelve en el pensamiento de Hernández en un puro panfleto, en un alegato desnudo. Si toma un desarrollo anecdótico, si se vertebra sobre un asunto con personajes y situaciones, esto mismo nos está diciendo cómo en el pensamiento del autor confluyen fines más declarada e intencionadamente literarios que aquellos que pueden englobarse con la simple denominación de «alegato».

No es —claro está— la única, pero es, sí, una de las más originales obras «americanas», que se sienten tales por una compleja suma de elementos. Aquí, en virtud del asunto, lengua (aún considerándola como lo que es: un producto literario, individual, y no un puro reflejo lingüístico), expresión y escasez de posibles fuentes literarias, salvo el entronque con un género, del cual es culminación.

En medio de fuerte influencia europea en las letras de estas regiones, las raíces del *Martín Fierro* también encierran el carácter original del poema. A lo más, raíces españolas muy vagas o entronques tradicionales (ya americanos). Y —como he pretendido mostrar— una alejada obra europea que da insospechado perfil a la elaboración de *La Vuelta de Martín Fierro*, sin alterar por eso un sentido personal nítido [31]. Es decir, unidad visible que atraviesa la urdimbre de toda la obra.

[31] Cf. mi estudio *Sobre la elaboración del «Martín Fierro»* (*Una fuente inusitada*), Buenos Aires, 1966. Ver, también, *Los prólogos de «Martín Fierro»* (en la *Nueva Revista de Filología Hispánica*, de Mé-

Creo que no podemos dudar del sentido romántico del poema [32]. Eso sí, es ya un romanticismo avanzado que toma sesgos realistas y fuertemente locales, como he dicho. Por eso, me parece adecuado hablar de «romanticismo criollista» al hablar de la obra.

Quizás —y sin extremar sutilezas— podría decirse que el protagonista Martín Fierro lo que pretende es defender su mundo romántico de avances, ideas y personajes que no lo son.

En fin, identificación del personaje con su ámbito; irradiación de una vida y una conciencia sobre el escenario y las cosas que lo rodean; oposición de mundos e ideas con valor de símbolo; entrecruzamiento de líneas entre el protagonista y los otros personajes; reflejo de un nuevo estado —de indudable proyección social— que late artísticamente en la obra... Todo esto logra José Hernández en la concreción de su *Martín Fierro*.

---

xico, 1959, XIII, págs. 339-345). En fin, mi libro *La creación del «Martín Fierro»*, Madrid, 1973.

[32] Cf. con palabras de Karl Vossler: «Hay dentro de ese poema mucho romanticismo, sentimentalidad contenida, humor y capricho literario, y, sobre todo, una nítida conciencia artística...» (K. Vossler, *La vida espiritual en Sudamérica*, en *Núcleo*, de Buenos Aires, 1941, I, núm. 2, pág. 15.)

Ya antes Menéndez y Pelayo y Américo Castro insistieron sobre las peculiaridades románticas del *Martín Fierro*. En otra perspectiva, Aníbal Sánchez Reulet explica así las conexiones entre romanticismo y poesía gauchesca: «El influjo de las doctrinas románticas no sólo contribuyó a enaltecer el valor de la «poesía gauchesca» ante los ojos de muchos escritores y críticos cultos, sino que influyó directamente en la obra misma de los gauchescos.» (A. Sánchez Reulet, *La «Poesía gauchesca» como fenómeno literario*, en la *Revista Iberoamericana*, de *Iowa*, 1961, XXVII, núm. 52, págs. 297-298.)

JORGE ISAACS

Jorge Isaacs reproduce el caso —tan frecuente en la época— del escritor que debe su prestigio a un solo libro, a una sola obra. Y esa obra no es otra que la famosa novela *María.*

María es uno de los libros americanos que más se han leído. Hoy se lee quizás no con el fervor y la frecuencia de pasados tiempos, pero es —de todos modos— una de las obras hispanoamericanas del siglo XIX más leídas [33].

La crítica no ha mantenido el fervor de los lectores. Sin embargo, creo que hoy se ha reaccionado contra juicios negativos, o intencionadamente soberbios o perdonadores. Además, hoy no se ve en la novela sólo su contenido emocional y su lirismo, sino también su factura artística, dentro de lo que es posible separar [34]. Claro que lo que no se logrará es presentarla (vaya a saberse a través de qué vericuetos) con acusados rasgos «realistas», o mostrar virtudes de su prosa únicamente como precedentes modernistas. (Otro prejuicio

[33] «El éxito editorial de *María* —dice el buen crítico colombiano Antonio Curcio Altamar— fue, y sigue siendo, completo, y las lágrimas derramadas por Efraím y María se hicieron contagiosas para toda la adolescencia americana. En 1900 decía un diario de Bogotá que sólo en México la cuenta de las ediciones montaba a más de ciento. Hoy el número total de ediciones no se puede contar.» (Antonio Curcio Altamar, *Evolución de la novela en Colombia,* Bogotá, 1957, páginas 121-122.)

Sobre la extraordinaria difusión de *María* en México hay noticias en el estudio de Rafael Heliodoro Valle titulado *La novela sudamericana en México en el siglo XIX,* en *La Prensa,* de Buenos Aires, 29 de diciembre de 1957.

Acerca de tempranos lectores ríoplatenses, algo nos dice la versión publicada en la *Revista Argentina,* dirigida por José Manuel Estrada (primera época, IX, X, XI, Buenos Aires, 1871).

[34] Es valioso, en este sentido, el estudio de Concha Meléndez, *El arte de Jorge Isaacs en «María»* (en *Asomante,* de San Juan de Puerto Rico, 1945, I, núm. 2, págs. 69-86).

que tarda en desterrarse: como si no hubiera una buena prosa romántica y con calidades propias.)

María es un producto típico (uno de los más típicos) del romanticismo americano. En ella, el sentimiento (amor juvenil que despunta, crece y se troncha: las almas de los protagonistas son puro sentimiento) da la cara fundamental de la novela. Las otras caras están dadas por la presencia del paisaje (que se identifica muchas veces con ese sentimiento) y por la tibia vida doméstica sorprendida en escenas costumbristas de variado tono.

En *María*, la pasión es la flor natural que nace y muere antes de alcanzar madurez: su eje lo forma la bien conocida historia de amor que se rompe cuando más cerca estaba de gozar su concreción. El dolor es, sin embargo, anticipado, anunciado (herencia, crisis, agorerías), como si se quisiera hacer, así, menos doloroso el final lamentable. Con todo, la vida que han ganado María y Efraím en el desarrollo de la novela acentúa el dolor del desenlace.

La naturaleza tiene en *María* un admirable sentido de identificación con la historia de María y Efraím, y —por otra parte— actúa como alternancia, con relieve propio, y fuera ya de sentimiento de la naturaleza. En este último aspecto, la naturaleza en *María* es la cálida y variada naturaleza tropical, que en las páginas de Jorge Isaacs luce con su belleza y colorido

Entronca —a su vez— con escenas costumbristas que sitúan, más ampliamente, el ámbito de la novela.

Lo importante es que —dentro de la fuerte unidad de la obra— se reconoce en *María* un sentido americano que puja más allá de posibles fuentes literarias [35] y de nombres pro-

---

[35] Es hoy un lugar común de la crítica señalar que en *María* (y sin dar excesivo valor a las fuentes literarias) pesa más *Atala* que *Pablo y Virginia*. Sobre todo, por lo que el libro de Chateaubriand

pios. El sentimiento estaba en la época. Mejor dicho: si la pasión está en la esencia de lo humano, reconozcamos que pocas veces se dio con tanto fervor como en el romanticismo y, en consecuencia, en sus reflejos artísticos. Dentro de éstos, pocos como la novela (mundo, personajes, sentido, símbolos, matices, amplitud) pudieron expresarlo tan bien.

En *María* no hay exceso folletinesco, sino sentimentalismo excesivo. Excesivo, pero no empalagoso: un discurrir sutil entre almas transparentes que, por cierto, se muestran en la reiteración de superficies más que en juegos de profundidades. Y, sin embargo —como en un juego de espejos—, aquellas superficies juveniles descubren un rico hontanar.

Ese sentimentalismo de *María* es hoy todavía gustado, todavía emociona, porque Isaacs no se redujo a contarnos lo que era tan corriente en su época: una historia de amor melodramática o truculenta. Nos dio, por el contrario, una versión humana y poética, al mismo tiempo, de ese amor. *María* es auténtica obra de arte. Arte, a pesar de reiteraciones y líneas uniformes, a pesar de tintas acumuladas y agorerías. Es que el corazón humano (porque en el avance fundamental de la novela se oye casi exclusivamente el corazón, sin lugar para otros ecos), el corazón humano —repito— cambia menos que los siglos y las corrientes literarias.

RICARDO PALMA

De Ricardo Palma hemos hablado con cierta amplitud al hablar de las *tradiciones*. Vale decir, al hablar del género

---

significa —con nombre propio— a lo largo de la novela de Isaacs (libro dentro del libro). Hay, además, un más difuso ámbito literario que permite el contacto de *María* con otras obras (sobre todo, novelas) de la época.

con el cual se identifica y que Palma, prácticamente, crea. Por eso, resulta redundante volver aquí sobre el escritor peruano y su obra, y a los párrafos citados me remito.

MANUEL DE JESÚS GALVÁN

Aunque la obra escrita de Manuel de Jesús Galván no se reduce sólo al *Enriquillo*, en realidad abarca este único «libro», trabajado en un largo período de su vida. El *Enriquillo* —es sabido— se publicó completo ya bien avanzado el siglo, en 1882.

Para los conocedores de Galván no cabe duda de que la obra es —con mucho— reflejo de su persona e ideas, que elige aquí el vehículo de la novela, pero de la novela histórica. Galván se siente americano y, al mismo tiempo, con fervor de hispanista: se identifica como novelista y, al mismo tiempo, con la severidad del historiador o cronista.

El hispanismo de Galván tiene a lo largo de la obra múltiples manifestaciones, y no es la menor el carácter de ciertas fuentes. No veo contradicción en el hecho de que posiblemente la vida del rebelde Enriquillo no sea el más acertado medio para la exaltación hispánica que pretendía Galván.

Galván es americano y —como americano— su amor a España se une de manera equilibrada con su amor al continente. Enriquillo y Mencía no sólo llevan nombres españoles, sino que ya representan el producto nuevo que crea la Conquista, aunque ellos sean vistos —sobre todo— como indígenas. A su vez, la importancia que tiene en la obra el testimonio del Padre Las Casas configura la especial perspectiva de la novela.

En su mundo de luces y sombras marcadas (para ser fiel a ideales literarios de su siglo), Galván no reparte el bien y el mal —como harán después, con más o menos razón, los «indigenistas»— de acuerdo al color de la piel. Hay en él, por el contrario, hasta llamativo equilibrio en los bandos, y tanto en los personajes históricos como en aquellos que la necesidad del relato le obliga a crear.

Por eso, en el dilatado ámbito de la novela, Enriquillo separa a través de su gesto, pero también une a través de su sangre y su nombre. Y —no olvidemos— a través de lo que significa en el eje de la novela la palabra de Fray Bartolomé de las Casas: presencia y testimonio.

Pocos como Galván revelaron tanta pulcritud (en ocasiones es puntillismo contraproducente) en seguir la letra documental, en atenerse a lo escrito, por encima del juego libre del novelista [36]. No quiere decir esto que *Enriquillo* no sea obra de ficción; lo que ocurre es que está tan atada que parece ahogarse en el documento. Y, sin embargo, no se ahoga. Sin duda, porque los hechos que narra tuvieron ya, en esencia, valor novelesco (¡cuántos hechos de la Conquista los tuvieron!). Correspondió a Galván ordenar y animar los materiales: darle el soplo de la lengua, retratos, descripciones, combinar incidentes y (con la debida cautela en él) introducir hechos nuevos. El resultado es esta particular novela histórica que —como bien vio Martí— supone una manera nueva y bella de escribir la historia de América («novísima y encantadora manera de escribir nuestra historia americana»). El elogio se comprende también comparativamente, junto a las abundantes novelas históricas que escribieron los románticos hispanoamericanos.

---

[36] Aparte del infaltable Las Casas, Herrera, Acosta, Juan de Castellanos, el ya cercano Quintana...

A propósito. Sin desdeñar el entronque directo con la típica novela histórica del siglo XIX (y con el ya alejado Walter Scott), el *Enriquillo* puede servir —mejor que otras obras— como precedente americano de las llamadas biografías noveladas. Por lo pronto, ofrece una elaboración que no creo le puedan discutir escritores, más recientes, que cultivan este género, hasta hace poco en boga (por lo menos, de cierto éxito editorial).

En otra perspectiva confrontadora, es sintomática la proximidad cronológica que hay entre el *Enriquillo* (1882) y *Tabaré* (1888). (Las dos, obras de elaboración lenta.) Proximidad cronológica y hasta intencionada fusión en los personajes, aunque se marque en etapas: Tabaré, mestizo, fruto nuevo del continente; Enriquillo, indio, pero españolizado en nombre y religión, y ligado a la mestiza Mencía. Es decir, también fruto nuevo.

En fin, creo que el *Enriquillo* no sólo espeja de manera acabada el temperamento del autor (espíritu conservador, de equilibrio y conciliación), sino que es también obra que recibe en sí reflejos más o menos velados de la época en que se escribió.

Novela histórica, pero ya alejada del momento de mayor fervor al modelo de Walter Scott y sus seguidores europeos. A su vez, sin aproximaciones hacia la novela histórica de sentido realista que nace en la segunda mitad del siglo. Es que Galván es romántico, pero de un romanticismo finisecular, sin alardes ni estridencias, acorde también con su temperamento. Su paso se mueve cómodamente en el camino recto y conocido, camino al que la pulcritud de Galván procura limpiar de hojarascas y maleza. En otro sentido, su prédica busca la unión de las dos raíces históricas que se enlazan en el nombre y en la gesta de Enriquillo. Este es el carácter esencial que descubre la voluminosa novela de Manuel de Jesús Galván, obra que hoy merece una saludable renovación de lectores [37].

JUAN ANTONIO PÉREZ BONALDE

Juan Antonio Pérez Bonalde pertenece a ese no muy extenso grupo vivo de la lírica romántica. Me explicaré. Es sabido que el romanticismo en Hispanoamérica se caracterizó por la abundancia lírica: los versos inundan el ancho campo del siglo XIX, aunque la desproporción entre cantidad y calidad fue aquí manifiesta.

Sin embargo, podemos defenderla de los que —sobre todo en nuestro siglo— sólo ven allí un vacío total. La lírica romántica se defiende con un sector poco numeroso —pero visible— dentro del cual cabe la obra de poetas que sobreviven dignamente a su tiempo [38].

Pérez Bonalde es uno de los que mejor nos revela las virtudes de la lírica romántica. Para lograrlo, ni siquiera necesitó recurrir a una obra muy fecunda. Pérez Bonalde es, en realidad, autor de pocos libros, y en ellos —sabemos— el traductor tiene singular importancia.

Quizás también el carácter de su producción se condiciona a un momento avanzado del romanticismo. Es decir, a la época en la cual escribe. Pero es, sobre todo, el recatado equilibrio de su lirismo, su sentido del arte y su sabiduría (una sabiduría que le sirve en confrontador y amplio vuelo) lo que marca los rasgos esenciales de sus poemas.

---

[37] Reparemos —señal de interés— en dos ediciones argentinas de la obra, aparecidas en los últimos años, y en la traducción inglesa, publicada en la colección de libros americanos de la Unesco (con el nombre de *The Cross and the Sword*, traducción de Robert Graves).

[38] Ya lo hemos dicho: en especial, José Eusebio Caro, Maitín, Pérez Bonalde, La Avellaneda, González Prada, Almafuerte...

La poesía de Pérez Bonalde es la poesía del dolor y la nostalgia. Dolor y nostalgia que se limpian de gritos y frases gastadas, como si el poeta hubiera medido cabalmente la distancia que media entre la vida y el arte.

En primer lugar, la *Vuelta a la patria,* indudable joya de la lírica americana. Curiosamente, una poesía de raíz política que se desbasta de las costras de la política y el énfasis (política y énfasis tan acumulados en las letras del siglo xix) para transformarse en un hermoso canto a la tierra, a las gentes, a sus evocaciones familiares... Para los venezolanos, la *Vuelta a la patria* tiene la significación de un poema nacional. Dimensión explicable, no sólo por el origen de Pérez Bonalde, sino también por lo que Venezuela (mejor dicho, Caracas) representa, siquiera como referencia emocionada, dentro del poema.

Estas alusiones, que se fijan tan ahincadamente en la patria del autor, no han limitado su difusión. Eso se debe a que las virtudes del poema y hasta las circunstancias del canto son, por el contrario, elementos propicios para un amplio conocimiento americano.

Otros poemas —como *El poema del Niágara,* como *Flor*— no tienen, ni merecen quizás igual repercusión continental, aunque son —de todos modos— dignas muestras de su poesía. *Flor,* escrita en homenaje a la memoria de su hija, es una sentida y, al mismo tiempo, contenida elegía. *El poema del Niágara* —tan elogiado por Martí— diluye un tanto su belleza en la extensión del poema y —no olvidemos— en la siempre impensada confrontación con el poema de Heredia [39]. Es,

---

[39] Recordemos una vez más la lista, naturalmente incompleta, de ofrendas en lengua española: *Al Niágara,* de José María Heredia; *En el Niágara,* de Rafael Pombo; *El poema del Niágara,* de Pérez Bonalde; *Al Niágara,* de Antonio Vinageras; *Canto al Niágara,* de Calixto Oyuela; *Las Cataratas del Niágara,* de José Santos Chocano...

de todos modos, un buen ejemplo de la mejor lírica romántica.

Pérez Bonalde, traductor, es, por último, obligada referencia para quienes aparece —aún hoy— como poco común traductor de dos altos poetas: Heine y Poe. Pérez Bonalde no sólo contribuyó a difundir sus obras en lengua española, sino que también se aproximó —en la felicidad de sus versiones— al espíritu de esos dos grandes poetas. De nuevo la poesía se aproxima a la poesía.

MANUEL GONZÁLEZ PRADA

Dentro de la literatura hispanoamericana, Manuel González Prada me produce la sensación de una personalidad superior a su obra escrita.

Posiblemente este juicio no coincida con el de conocidos panegiristas de su obra, pero debo ser leal conmigo mismo al expresar tal opinión, que —por otra parte— no pretende disminuir, ni mucho menos, una dimensión visible.

Veo la empinada personalidad de González Prada en su vida, en su prédica batalladora. Su obra escrita refleja mucho de su pasión civil, de sus ideales literarios, pero —me parece— se dispersó un tanto, como si buscara el camino más seguro o como si la muerte lo hubiera sorprendido —a pesar de los setenta años— en vísperas de su mejor tributo literario.

Una prueba de lo que vengo diciendo está en el hecho de que comúnmente hablamos de González Prada, escritor, a través de su obra en bloque (discursos, ensayos, poesías), como si quisiéramos defenderlo, así, de limitaciones rebajadoras o como si no encontráramos una obra que —en su compacta solidez— nos diera un reflejo fiel y total de González Prada.

Sin embargo, una obra como las *Baladas peruanas*, aunque no sea la más difundida, nos acerca al verdadero González Prada. Esta obra fue publicada por su hijo Alfredo como obra póstuma (Santiago de Chile, 1937), pero esta fecha quita sin duda significación precisa a lo que las *Baladas* representaron en el momento en que el autor comenzó a escribirlas y publicarlas (entre 1870 y 1880). No tanto porque hayan perdido actualidad los temas que toca, sino por el hecho de constituir —en su momento— verdadera situación inaugural de un indigenismo vigoroso. En las *Baladas* el indio pasa de elemento decorativo, nostálgico o confrontador, a personaje real, de carne y hueso, visto en sus dolores, despojos y penurias, perspectiva en la que —por cierto— no están ausentes convicciones políticas que González Prada defendió a lo largo de su vida[40].

Sí, creo que esta obra es la que servirá mejor que otras para mostrarnos el perfil literario de González Prada. Con todo —repito— sin acabarnos de dar su cuerpo exacto y casi total de escritor. Ese que nos dan, por ejemplo, otras obras de otros escritores americanos. Mientras tanto, y aunque tenga menos defensa en el tiempo, no se han debilitado los testimonios —más directos— del demócrata y el luchador, que llenan prácticamente su vida y una época de la vida peruana.

En cambio, tiene menos respaldo o, quizás, menos vivencia, hoy, su producción poética más difundida; aquella que nos muestra no sólo ingenio, sentimiento y escepticismo, con bien vestida sutileza, sino también un deseo visible de imponer formas métricas exóticas (intento que no encontró mayormente adeptos). Por cierto que no se trata de un sector

---

[40] Cf., en especial, su poesía *El mitayo*, incluida en las *Baladas peruanas* (Santiago de Chile, 1937). Ver González Prada, *Antología poética*, México, 1940, págs. 235-236.

muerto ni mucho menos, aunque nosotros notamos que si apareció en su tiempo como lo más espectacular del escritor González Prada, dista hoy de corresponder a la esperanza del autor.

En otras palabras: este perfil de González Prada, que pudo tener en su época carácter más estrictamente «literario», y que después conservó sobre todo en relación a incitaciones y precedentes (o no precedentes) al modernismo, tiene hoy un valor menos macizo, sin duda, que aquel que destaca su prédica indigenista y que nos parece ahondado en el verdadero González Prada.

JUAN ZORRILLA DE SAN MARTÍN

Juan Zorrilla de San Martín nos dejó una de las ofrendas más delicadas del romanticismo en Hispanoamérica: su poema *Tabaré*.

Claro que *Tabaré* es fruto de madurez, tardía quizás, pero sin que esta consideración quite nada al valor de la obra. Detrás tenía Zorrilla de San Martín una frondosa producción indianista; a pesar de ello, supo inyectar fuerzas nuevas a un tema muy tratado y con frecuencia malgastado.

Evidentemente, *Tabaré* no deja de reflejar, en cierto modo, el momento avanzado en que la obra aparece, y que no es —por supuesto— el de mayor fervor romántico. El poema —es sabido— se publicó en 1888.

Por otra parte, tampoco la elaboración de *Tabaré* nos recuerda la típica elaboración de poemas románticos: *Tabaré* es obra de la poesía, pero es también obra del trabajo lento, la investigación y el método (dentro de lo que es dable esperar —naturalmente— en una obra poética). Se justifica, así, una elaboración que abarca varios años: que comienza con un drama en verso (*Tabaré*), que sigue con un poema

(*El ángel de los charrúas*) y que culmina, finalmente, con la estructura y expansión del poema *Tabaré*. Este proceso no era el más corriente, pero se justifica, de manera notoria, en Zorrilla de San Martín y en lo que será forma final de la obra.

Tabaré es —repito— uno de los frutos más perdurables del romanticismo americano, y en esa perdurabilidad confluyen tema, estructura, desarrollo, métrica, expresión, por encima de las limitaciones que pudieran señalarse. De nuevo —y a través de *Tabaré*— Zorrilla de San Martín configura un género que no reconoce mayormente precedentes (por lo menos, fuera de su tiempo), ya que su eje épico se contrapesa de manera armónica con su eje lírico. Queda, así, como un particular poema romántico.

Sin embargo, no dejo de reparar en que este equilibrio es, en definitiva, más aparente que real, puesto que es su acento lírico el que se superpone con frecuencia a la anécdota y lo descriptivo, y marca los momentos más recordados del poema. En ese acento entra también (¿cómo olvidarlo?) el leit-motiv, lleno de evocaciones, plañidero y nostálgico:

¡Cayó la flor al río!

Y en ese acento se funde mejor el metro sobre el que Zorrilla de San Martín construyó su poema.

Acierto es, sin duda, pero, sobre todo, en el ritmo que subraya el lirismo que encuadra la presencia de Tabaré —personaje— y de Blanca. En cambio, aparece menos feliz cuando pretende subrayar el vigor, la barbarie, la guerra. Como si el movimiento de endecasílabos y heptasílabos se negara a la dureza y la sangre. No cabe duda que el poeta se siente más cómodo en la evocación melancólica, en las líneas vagas, en su acumular de sombras y sueños.

En el protagonista no hay desequilibrio, aunque nos parezca algo monocorde. No olvidemos que Tabaré, mestizo, es un producto nuevo y que en él quiso Zorrilla de San Martín sintetizar fusiones y supervivencias (esto, a pesar del final trágico del poema). Por eso, Tabaré alcanza la vida de las criaturas del arte, a pesar de las limitaciones anotadas. Por eso también la alcanzan Blanca, el Padre Esteban y la madre de Tabaré.

Yamandú y don Gonzalo son, sin duda, las figuras extremas en uno y otro bando:

> ... los hombres blancos de la raza nueva...

frente a

> ... La desgraciada estirpe que agoniza,
> sin hogar en la tierra ni en el cielo... [41].

Como si en ellos hubiera querido fijar el poeta (y a través de un juego de símbolos evidentes) los grados más alejados —y, por ello, irreductibles— junto a la fusión que significa —aun en su infortunio— Tabaré.

Tabaré es un producto de la poesía y el equilibrio, y es, sobre todo, un poema que trasunta más riqueza lírica que fuerza épica. Poema del hombre y la naturaleza de América: aquél, ante el embate de la Conquista, no resignado a perecer sin lucha; la naturaleza, sentida magníficamente por el lector en toda la riqueza y agreste suavidad que caracteriza a la región del Uruguay. Esa naturaleza que penetra —a través de la palabra del autor— por todos los resquicios de la obra. Uno y otra —indio y naturaleza— fijados también, en su supervivencia, en los versos del poema:

---

[41] Cf. Zorrilla de San Martín, *Tabaré*, ed. de Buenos Aires, 1944.

> ¡Y aún viven los jaguares amarillos!
> ¡y aún sus cachorros maman!
> ¡y aún brotan las espinas que mordieron
> la piel cobriza de la extinta raza!

Ni siquiera sobrevive Tabaré, como mestizo. Pero está clara la intención del poeta de dejar más que una presencia física (o un apetecido broche azucarado), un sentimiento. Y eso está visible —al final del poema— en el dolor de Blanca, en su abrazo y en sus lágrimas. Hombre y ambiente indígenas, ante el hombre nuevo, ante el hombre blanco. Pero cuyo mejor ejemplo no es tanto el que lo conquista, como el poeta —ya americano— que lo evoca y canta en la lengua de los conquistadores.

Tabaré, obra romántica y americana: romanticismo nostálgico, vago, sin estridencias; americanismo con mucho de símbolo e idealizaciones, pero con señales perdurables de fijación.

SÍNTESIS FINAL

La enumeración que antecede ha procurado colocar en el lugar que merece a aquellos románticos hispanoamericanos que significan algo más que una simple presencia histórica.

Ellos son, a través de las obras que se han nombrado de manera particular, los que respaldan una época de las letras americanas. Época quizás más viva de lo que comúnmente se piensa.

Por cierto que ni el número es exagerado ni la significación va más allá de límites continentales o, a lo más, hispánicos. Pero hablan —de todos modos— de presencias vivas y de arranques fecundos que llegan hasta nuestros días.

La enumeración ha tenido, naturalmente, carácter selectivo. Al mismo tiempo, es fácil notar que hay variedad en las obras y en los géneros más destacados. Una variedad no buscada, sino que asoma, dentro de un impresionante número, para dejar títulos y nombres limpios. Conviene, en todo caso, una elemental aclaración: variedad en las obras y en los géneros, salvo el tributo irremediablemente muerto del teatro.

Y otros nombres hay que pueden alargar la lista, y no con títulos menores: José Eusebio Caro, Altamirano, Justo Sierra, Mansilla, Gómez de Avellaneda (a pesar de su situación particular), Hostos, Almafuerte...

Sin embargo, creo que alcanzan los escritores estudiados para representar y ejemplificar de manera más nítida el perfil que destacamos en el romanticismo de Hispanoamérica. Sin exagerar virtudes, pero también sin negar evidencias. Saldo animado, caliente aún en el libro, y no sólo como interés de eruditos.

XV

DEL ROMANTICISMO AL MODERNISMO

CRONOLOGÍA

Es evidente que alrededor de 1880 —o, con más exactitud, entre 1880 y 1890— el panorama literario hispanoamericano ofrece un momento de cambio notorio, cambio que se marcará aún de manera más definida en los últimos años del siglo.

Si quisiéramos precisar con mayor exactitud, sería conveniente decir que entre 1880 y 1890 se nota la pugna entre una corriente literaria que lucha por sobrevivir y otra que puja por nacer. A su vez —como veremos— esto no supone (por lo menos en los comienzos) una actitud radical de negación, sino un tanteo que se va afirmando lentamente hasta proclamar después, con los pies bien afirmados, su grito de rebeldía y su programa revolucionario.

¿Cuándo comienza el modernismo?

La necesidad de datos hace que se busque un año, una obra, aunque por lo común no se repara en las dificultades que supone siempre —en estas esferas— la afirmación categórica. Durante mucho tiempo se ha señalado que *Azul...*, de Rubén Darío, obra publicada en 1888, marca el punto de arranque del modernismo. En los últimos tiempos —y en consonancia con un mejor conocimiento de José Martí— es corriente hacer retroceder unos años esa fecha y señalar como punto inaugural el año 1882, fecha del *Ismaelillo*.

Sin negar, por cierto, significación a la obra de Martí (significación y sentido renovador) y sin negarlo tampoco a la obra de Gutiérrez Nájera (recordemos que sus *Cuentos frágiles* aparecieron en 1883 y que antes de 1888 escribió algunos de sus mejores poemas) [1], la importancia de *Azul...* se apoya en el carácter espectacular de la obra, en su evidente difusión en la época (cosa que no tuvieron las obras de Martí y Gutiérrez Nájera) y, sobre todo, en su valor de ejemplo para tantos escritores de América que se agregan al movimiento.

Pero como, a su vez, Rubén Darío no aparece de manera aislada y, por el contrario, coincide con un interesante grupo de escritores que —años más, años menos— muestran iguales signos de renovación, quizás convenga volver por una fecha menos precisa y destacar, así, más el momento (un momento que abarca, aproximadamente, el decenio 1880-1890) como el de la época inaugural [2].

---

[1] Sobre prioridades de Martí y Gutiérrez Nájera, ver, sobre todo, Ivan A. Schulman, *Los supuestos precursores del modernismo hispanoamericano* (en la *Nueva Revista de Filología Hispánica*, de México, 1958, XII, núm. 1, págs. 61-64); Boyd G. Carter, *Gutiérrez Nájera y Martí como iniciadores del Modernismo* (en la *Revista Iberoamericana*, de Iowa, 1962, XXVIII, núm. 54); Ivan A. Schulman, *José Martí y Manuel Gutiérrez Nájera: iniciadores del Modernismo* (en la *Revista Iberoamericana*, de Pittsburgh, 1964, XXX, núm. 57); y Manuel Pedro González, *José Martí en el octogésimo aniversario de la iniciación modernista (1882-1962)*, Caracas, 1962. Quede para otro lugar un análisis detallado del problema...

[2] Como algunos críticos recientes no lo recuerdan, conviene saber que ya en 1934 Pedro Henríquez Ureña estampaba, sensatamente, no un año preciso, ni un autor, ni una obra. Efectivamente, en 1934 Pedro Henríquez Ureña escribía: «En la década de 1880 a 1890 unos

ROMANTICISMO

En la larga vida del romanticismo en Hispanoamérica
(larga vida que atraviesa la mayor parte del siglo XIX) hemos
distinguido exactamente tres generaciones románticas entre
1830 y el final del siglo. De tal manera, hay evidentemente
en nuestra periodización casi una coincidencia entre la última generación romántica y la primera generación modernista[3].

cuantos jóvenes de América comienzan a escribir *de otra manera...*»
(*Literatura contemporánea de la América Española*, en el *Boletín de
la Universidad Nacional de La Plata*, La Plata, 1934, XVIII, núm. 5).
Dentro del acierto cabe también destacar la recomendable postura
para señalar el origen de movimientos o escuelas literarias, que, por
lo común, no suelen comenzar con un manifiesto o una obra «inaugural»...

[3] Federico de Onís (que estudiaba este momento con perspectiva
diferente) consideró que, entre 1882 y 1896, se marca la etapa inicial
del modernismo como «transición del romanticismo al modernismo».
Incluye allí a estos poetas hispanoamericanos: González Prada, Gutiérrez Nájera, Othón, Martí, Díaz Mirón, Julián del Casal, Silva, Icaza,
Pedro Antonio González, Leopoldo Díaz, Ismael Enrique Arciniegas,
Almafuerte y Fabio Fiallo.
Después concede un lugar especial y separado a Rubén Darío, para
pasar finalmente al «Triunfo del modernismo» (1896-1905). Cita aquí
a estos poetas hispanoamericanos: Valencia, Jaimes Freyre, Lugones,
Nervo, Urbina, Santos Chocano, Blanco Fombona, Tablada, Herrera
y Reissig, González Martínez, Vasseur y Pezoa Velis. (Ver Federico de
Onís, *Antología de la poesía española e hispanoamericana (1882-1932)*,
Madrid, 1934.)
No descubriremos ahora la importancia de esta famosa antología,
aunque hoy nos parezca algo envejecida (aun para el enfoque de esta
etapa inicial, menos expuesta —naturalmente— que la final). No en
vano pasan los años para este tipo de obras. Por eso, quizás nos
parezca un tanto artificial la unión, en el primer grupo, de nítidos
románticos y nítidos modernistas. Además, echamos de menos los
nombres de Pérez Bonalde, Zorrilla de San Martín y Deligne.

¿Qué significa esta superposición?

Ni más ni menos que la vigorosa vida del romanticismo en este continente. Claro está, vigorosa vida dentro de una continuidad manifiesta y con las transformaciones explicables, aunque tales transformaciones no alteran rasgos esenciales de la corriente.

Es comprensible que el romántico de fines del siglo ofrezca diferencias de grado y hasta de intensidad con el romántico que escribe alrededor de 1830. Muchos años habían pasado. En parte habían cambiado las condiciones sociales (esas condiciones sociales que tanto repercutieron —y aún repercuten— en las letras hispanoamericanas). En parte, habían cambiado los modelos (aunque no explicamos todo por los modelos), y sobre todo, dentro de una abundancia con mucho de muerto, Hispanoamérica ya había dejado algunas obras vivas dentro del romanticismo en lengua española.

El final del romanticismo en Hispanoamérica (final de una continuidad, lo hemos dicho) es menos un romanticismo estridente que un romanticismo íntimo, medido, sedimentado, que recorta excesos y pone freno a la carrera desbocada. Y es —claro está— camino que no siempre resulta posible eludir para llegar a los albores del modernismo. No es necesario presentar al modernismo como una derivación del romanticismo, pero tampoco es conveniente repetir esa fácil periodización de los manuales (nitidez que no corresponde a la exactitud) que se apoyan en cómodas sistematizaciones de épocas sucesivas y fechas rotundas: reacciones y punto de superación totales.

Lo que quiero destacar es que, sin negar individualidad manifiesta al modernismo (individualidad y valor), sólo el desconocimiento de la realidad literaria americana puede negar lo que anuncian de él románticos finiseculares.

Además, no es posible olvidar que prácticamente todos los modernistas de la primera generación comienzan —en sus obras juveniles— como verdaderos románticos. Y que son los años, una rápida madurez, los que provocan el vigoroso desasimiento. Lo que vale en ellos es, naturalmente, la obra de madurez, obra que abraza a la mayor parte de su producción (me refiero a una visión general). Pero, siquiera como constancia de tanteos e iniciación, es justo reparar (sin asignarles mayor valor que el que realmente tienen) en esas obras iniciales.

Verdad es que si el corte tajante de épocas literarias ha determinado en la crítica frecuentes situaciones pintorescas, uno de los momentos más utilizados ha sido el que marca la sucesión Romanticismo-Modernismo. Borrado hace ya tiempo el repetido año 1888, no se ve con claridad ni ventaja su reemplazo por otra fecha precisa y una obra anterior en actitud semejante. O la defensa de un borroso grado cero para iniciar un definido «modernismo». Así, por ejemplo, no veo bien qué hay de revolucionariamente modernista en el poema de Gutiérrez Nájera *Las almas muertas*, que Ivan A. Schulman destaca como testimonio de uno «de los mayores logros del modernismo: la preocupación metafísica de carácter agónico»[4]. Éste es el comienzo:

> En las noches de insomnio medroso,
> en el lecho, ya extinta la lámpara,
> por la sombra, cual niño extraviado
> que no encuentra, y la busca, su casa,
> va llorando pidiendo socorro
> por la sombra infinita mi alma.

---

[4] Cf. Ivan A. Schulman y Manuel Pedro González, *Martí, Darío y el Modernismo*, Madrid, 1969, págs. 45-46.

Cabe la pregunta: ¿en qué se diferencia este poema de los muchos que encararon «el mal del siglo»? Sobre todo, en la fase romántica final. Tema, desarrollo y sentido, adjetivación, abundancia de oraciones interrogativas y exclamativas, métrica (decasílabos arromanzados), etc., nos llevan a típicos poemas románticos.

Volvamos a los románticos que escriben alrededor de 1880. En muchos de ellos —es decir, en aquellos que asoman con mayor personalidad y pujanza— está presente el ansia de renovación. Deseos de reanimar viejas tierras gastadas, de ajustar la expresión, de cuidar la lengua. Son románticos por su concepción del mundo y de la vida, por el espíritu de la obra, por el enfoque de los temas..., y, sin embargo, también en ellos se nota la lucha que sostienen contra tradiciones, modelos y sentido del arte, y se nota la búsqueda pertinaz de una expresión menos transitada, más original.

Es difícil pretender un encasillamiento estricto, pero lo evidente es que en casi todos esos románticos la porfía se establece entre un romanticismo que aceptan —raíces y savia— y una expresión que sienten cada vez más avara. Quizás también, ansias de innovación frenadas por ideales que no pueden o no quieren romper. Con todo, hay casos especiales (un González Prada, un Zorrilla de San Martín) en que el tanteo se transforma ya en impulso definido[5].

De todos modos, la lista que hay que señalar aquí resulta —si no muy numerosa— apreciable por el valor de los nombres, puesto que en esta etapa con aires visibles de cambio entran prácticamente todos los que hemos citado en la ter-

---

[5] En el artículo de Domingo Miliani, *Vísperas del Modernismo en la poesía venezolana* (en la revista *Thesaurus*, de Bogotá, 1968, XXIII, núm. 3, págs. 515-535) se procura mostrar, especialmente, la significación de Pérez Bonalde, cosa nada difícil. Un «precursor» adelantado lo llama.

cera generación romántica, y aun escritores como Carlos Monsalve, Miguel Cané (h.) y Eduardo Wilde, de significación más restringida, pero —no cabe duda— de significación.

(No interesa aquí la posición polémica que algunos de ellos adoptaron con respecto al modernismo: razón, sin duda, de su particular situación romántica.)

Con respecto a modelos europeos —y sin negar importancia a otros ejemplos— diré que la mejor señal del momento, a través de su repercusión en obras hispanoamericanas, se ve en el caso de Bécquer. La difusión de Bécquer fue tan grande que, en ocasiones, sirvió para reconquistar terreno perdido por modelos españoles en la primera mitad del siglo.

No es el caso de plantear ahora si ya antes de Bécquer, en el chileno Guillermo Blest Gana, aparecen rasgos de lo que será la rima becqueriana. Esto, naturalmente, interesa a la nutrida bibliografía que existe sobre las raíces de la poesía de Bécquer [6]. De todos modos, no creo que altere el valor del poeta español ni su indudable situación de fuente inagotable, en la cual bebieron tantos poetas de la época. Sobre todo, su repercusión en América fue extraordinaria.

¿En qué consistía la manera becqueriana?

Don Juan Valera lo ha explicado tan bien que no puede extrañar que, una vez más, recurramos a su párrafo:

---

[6] Ver Dionisio Gamallo Fierros, conferencia sobre la *Influencia de Bécquer en la poesía hispanoamericana* (en *Indice cultural español*, de Madrid, 1.º de enero de 1955, X, núm. 108, pág. 39).

El crítico uruguayo José Pedro Díaz, en su buen libro dedicado a Bécquer (*G. A. Bécquer. Vida y poesía*, 2.ª edición, Madrid, Gredos, 1958), apunta que no sólo Guillermo Blest Gana, sino también otro chileno —Guillermo Matta— pudo adelantar caracteres de la poesía becqueriana.

G. Blest Gana y G. Matta escribían y publicaban en Madrid por los años de las primeras *Rimas*.

No es fácil de explicar —dice— en qué consiste la manera *becqueriana;* pero, sin explicarlo, se comprende y se nota donde la hay. Las asonancias del romance aplicadas a versos endecasílabos y heptasílabos alternados; la acumulación de símiles para representar la misma idea por varios lados y aspectos; una sencillez graciosa, que degenera a veces en prosaísmo y en desaliñado abandono, pero que da a la elegancia lírica el carácter popular del romance, y aun de la copla; el arte o el acierto feliz de decir las cosas con tono sentencioso de revelación y misterio, y cierta vaguedad aérea, que no ata ni fija el pensamiento del lector en un punto concreto, sino que le deja libre y le solevanta y espolea para que busque lo inefable, y aun se figure que lo columbra o lo oye a lo lejos en el eco remoto de la misma poesía que lee; de todo esto hay en Bécquer... [7].

Casi desde su aparición —y sin apreciables lagunas— las *Rimas* de Bécquer se convirtieron en libro de cabecera de una generación de jóvenes que sentían y amaban recitando los versos del poeta español. Ventura García Calderón señalaba que las *Rimas* (junto con el *Nocturno a Rosario,* de Acuña, y el *Canto a Teresa,* de Espronceda) estaban presentes en la memoria de los adolescentes peruanos de comienzos del siglo XX [8]. Pedro Henríquez Ureña recuerda haber escuchado en Santo Domingo canciones vulgares con letras de Bécquer (naturalmente, de las *Rimas*). La música —agrega— quizás vino de España [9].

Por su parte, Manuel González Prada, en su famosa conferencia pronunciada en el Ateneo de Lima —en 1868— decía:

---

[7] Juan Valera, carta a Luis Alfonso. (Ver Juan Valera, *Nuevas cartas americanas,* Madrid, 1890, págs. 103-104.)

[8] Ver Ventura García Calderón, *Nosotros,* París [1946], pág. 20.

[9] Cf. Pedro Henríquez Ureña, *Música popular de América* (en *Obra crítica,* México, 1960, pág. 730).

¿Qué periódico literario de América o España no encierra dos cuartetas asonantadas, con el indispensable título de *Rima*, imitación de un *lied* o *becquerismo?*... [10].

Claro que, sin buscar mucho, encontramos no sólo rimas dispersas en periódicos, sino hasta periódicos que toman nombre y carácter de las poesías de Bécquer, como ocurre con *La golondrina*, publicado en Cuba por el poeta Manuel Borrero, a fines del pasado siglo. «Periódico becqueriano» lo llamó Manuel Márquez Sterling en su obra *Menudencias* (La Habana, 1892) [11].

Sin entrar en los poetas decididamente modernistas, la huella de Bécquer es visible en muchos de los poetas y prosistas que escriben a fines del siglo XIX. En México: José Peón y Contreras (*Ecos*), Manuel M. Flores (*Besos, Hojas dispersas*), Manuel Acuña (*Hojas secas*), José Rosas Moreno, Justo Sierra (*Cuentos románticos*) [12], Pedro Castera (*Cuen-*

[10] Ver Manuel González Prada, *Selección*, México, 1945, pág. 120. González Prada elogió también las *Leyendas* de Bécquer: «Sus leyendas resisten el paralelo con *Trilby*, de Nodier...» (El párrafo corresponde igualmente a su conferencia del Ateneo de Lima. Ver M. González Prada, *Selección*, pág. 119.)

[11] Reproducido en la *Revista de la Biblioteca Nacional*, de La Habana, 1956, segunda serie, VII, núm. 2, pág. 53.

[12] «Al verme, despertóse murmurando un verso parecido a aquel de Bécquer:

No dormía; vagaba en ese limbo
en que cambian de forma los objetos...»

(Justo Sierra, *Confesiones de un pianista*, en *Cuentos románticos*, edición de México, 1946, pág. 298.)

«He aquí una hoja de su cartera. La he conservado amarillenta y próxima a convertirse en polvo, como esas hojas anémicas... De esa hoja transcribo los versos siguientes:

Las flores del cementerio,
las de las corolas pálidas
que una vez el tallo doblan
y ya nunca se levantan...»

(Justo Sierra, *Nocturno*, en *Cuentos románticos*, pág. 205.)

tos), Manuel José Othón, Juan de Dios Peza. En Guatemala: Jesús Laparra. En la República Dominicana: Enrique Henríquez, Fabio Fiallo. En Cuba: Mercedes Matamoros (*Sensitivas*). En Venezuela: Pérez Bonalde, A. Mata (*Arias sentimentales*), Julio Calcaño, Sánchez Pesquera (*En un abanico, La creación de la mujer*). En Colombia: F. Rivas Frade (*Rondel*), José M. Rivas Groot, Ismael Enrique Arciniegas, Diego Uribe. En Ecuador: Leónidas Pallares y Arteta (*Rimas*), Alfredo Baquerizo (*Rimas*), Antonio Clímaco Toledo (*Brumas*). En el Perú: Ricardo Palma (*Becqueriana*), Manuel González Prada. En Chile: Vicente Grez (*Ráfagas*), Francisco Concha Castillo. En el Uruguay: Juan Zorrilla de San Martín (*Tabaré, Notas de un himno*), José del Busto. En el Paraguay: Enrique Parodi (*El medallón*).

En fin, Bécquer llega sin pérdida a algunos de los más famosos poetas modernistas: Rubén Darío (*Rimas*), José Martí, José Asunción Silva, Gutiérrez Nájera, Eguren, Juana Borrero [13].

En todos ellos (naturalmente, en los más débiles con mayor fuerza) aparece el inconfundible sello becqueriano: temas (amor, muerte, sueño, poesía, naturaleza), tono (melancolía, desnudez), métrica (sobre todo, endecasílabos y heptasílabos, con rima asonante en los versos pares).

América fue, pues, singularmente propicia al delicado poeta de las *Rimas*. Es cierto que no faltaron tampoco aquí los que se refirieron con retaceos o de manera negativa a sus poesías. Eso deducimos de ciertos juicios del venezolano Felipe Tejada; de palabras de José Martí [14], aunque haya

---

[13] Federico de Onís señalaba que Bécquer era el único poeta español del siglo XIX que se trasuntaba con fuerza en los modernistas. (Ver *Antología de la poesía española e hispanoamericana*, pág. XIV.)

[14] «Ya lo de Bécquer pasó como se deja de lado un retrato cuando se conoce al original precioso; y lo de Núñez de Arce va a pasar,

en él rastros de Bécquer. Nuestro Nicolás Avellaneda es el más severo: le concede instinto poético, pero lo considera menos que poeta, y, en todo caso, poeta de una sola nota[15]. Eso sí, tales testimonios son raros, y es la rareza lo que facilita la mención.

Abundan, en cambio, los elogios y hasta interesantes referencias vinculadas a su nombre. Ramón Rodríguez Correa, amigo y primer prologuista de Bécquer, era cubano[16]. Otro americano, el uruguayo José del Busto, sintió por Bécquer particular admiración. Busto, que residió mucho tiempo en

---

porque la fe nueva alborea, y no ha de regir la duda trasnochada, porque traiga, por único mérito, el manto con menos relumbrones que el del romanticismo...» (Martí, *Francisco Sellén*, en *Obras Completas*, I, ed. de La Habana, 1946, pág. 801.)

[15] «Había oído hablar de este poeta español, y acabo de leer el pequeño volumen de sus poesías. Tiene además otro volumen en prosa que pocos alcanzarán a leer por lo subalterno del pensamiento y porque no hay en su estilo una sola calidad superior.

Hablemos de Bécquer como poeta. Le falta intensidad y extensión, pero tiene, en verdad, instinto poético. No es un poeta, no; sino un ensayo, un intento, o un preludio de poeta, como el germen de una planta no es una flor. En Bécquer había sin duda el don de la poesía, pero no ha tenido desenvolvimiento por el trabajo. No basta llevar consigo la fuente de agua viva. Es necesario que se convierta por la compresión en fuente de agua surgente, a fin de que sean visibles y útiles para los demás. Bécquer no posee sino una nota, y Aristóteles lo ha dicho: no se puede hacer música con una sola nota. Mayo 30 de 1878.» (Nicolás Avellaneda, *Escritos y discursos*, III, Buenos Aires, 1910, pág. 73.)

Dejando a un lado la incomprensible interpretación que hace Avellaneda de Bécquer, y por lo visto en otros juicios suyos (cf. su juicio sobre Ricardo Gutiérrez), la poesía es —para Avellaneda— cuestión de variedad.

[16] Gamallo Fierros señala que, a poco de morir Bécquer, se publicó en México una edición clandestina de las *Rimas*.

Como derivación final, recordemos que en América se han escrito buenos estudios sobre Bécquer, en especial el recordado libro del uruguayo José Pedro Díaz, *G. A. Bécquer, Vida y poesía*. Ver ed. de Madrid, Gredos, 1958.

tierra española, organizó una campaña en favor de un monu-
mento del poeta en Sevilla. Según cuenta Zum Felde, tuvo
éxito, y la inauguración contó con el inevitable poema homenaje de Del Busto, que tituló *Canto a Bécquer*:

> Venid a mí, los que en la lucha humana
> el mármol empujáis de la materia
> y surgís a la vida de los sueños
> como Lázaro al soplo de la idea;
> los que libáis la gota de rocío
> y colgáis vuestro nido de una estrella
> como el alado trovador del bosque
> que de auras y de aromas se alimenta... [17].

En Santiago de Chile, en 1887, se efectuó un certamen
dedicado a premiar la mejor colección de «composiciones
poéticas del género sugestivo e insinuante de que es tipo el
poeta español Gustavo A. Bécquer». Allí intervinieron —entre
otros— Rubén Darío y Eduardo de la Barra [18].

---

[17] José García del Busto, *Canto a Bécquer*, I (el poema completo
tiene cuatro partes). Ver Julio J. Casal, *Exposición de la poesía uru-
guaya*, Montevideo, 1940, pág. 72.

[18] Este Certamen —conocido como Certamen Varela— comprendía
también, en primer lugar, un «Canto Épico a las Glorias de Chile.»
Las composiciones becquerianas correspondían al segundo tema. Venían después otros cuatro temas, por lo visto menos importantes que
los dos primeros. Precisamente, Darío se presentó a los dos y obtuvo
el premio en el *Canto Épico*. Su colección *Otoñales*, a la manera de
las *Rimas* obtuvo mención honorífica. (El premio se lo llevó Eduardo
de la Barra.)

Numerosos fueron los concurrentes al segundo tema, de los cuales
el jurado distinguió, de la misma manera que a Darío, a otros dieciocho
autores. Digamos, por último, que en Chile se habían publicado ya
dos ediciones de las *Rimas* de Bécquer (las dos en Valparaíso, 1883 y
1886). (Cf. Raúl Silva Castro, *Rubén Darío a los veinte años*, Madrid,
1956, págs. 169-190.)

El tributo de Darío no fue obstáculo para que, un año después,
al referirse a *La literatura en Centro América* escribiera: «...a Bécquer, en verso, y a Juan Montalvo, en prosa, se les ha tomado como

No creo que la resonancia de Bécquer en América se pueda comparar a la que tuvo Góngora, tal como dice Flérida de Nolasco [19]. A la vista está que no. Pero no cabe duda de que fue uno de los escritores españoles más leídos e imitados.

Hay otras presencias nuevas, aunque ninguna se acerca —claro está— al llamativo éxito de Bécquer. Recordemos los nombres de Núñez de Arce [20] y Campoamor, sobre todo, el segundo. Al mismo tiempo, se nota la presencia de Edgar Allan Poe. (El gran poeta norteamericano tendrá mayor difusión entre los modernistas, si bien —como veremos— se anuncia ya levemente en algunos románticos hispanoamericanos.)

Quizás nos sorprenda hoy la aceptación de Campoamor entre los poetas hispanoamericanos de la época, sobre todo modernistas, pero se trata de algo incontrovertible. Distinguimos estas líneas:

a) Pallarés y Arteta, Guillermo Matta, Manuel Acuña (*Doloras y pequeños poemas*), J. A. Soffia, Trinidad Fernández (*Doloras*), Armando de la Fuente (*Doloras*), Samuel Ve-

---

ejemplo, quién más, quién menos, y a otros autores, siquier medianías en España, se les ha rendido tributo...» (El artículo fue publicado en la *Revista de Artes y Letras*, de Santiago de Chile, 1888. Lo reproduce Raúl Silva Castro en las *Obras desconocidas de Rubén Darío escritas en Chile...*, Santiago, 1934, pág. 209). Aquí, naturalmente, sólo nos interesa el testimonio.

[19] Flérida de Nolasco, *Rutas de nuestra poesía*, Santo Domingo, 1953, pág. 79.

[20] Para el crítico venezolano Julio Planchart, Núñez de Arce ejerció influencia en Díaz Mirón, en Santos Chocano (*Iras santas*), en Lugones (*Salmos del combate*), Guillermo Valencia, A. Mata (*Excelsior*), Ismael Enrique Arciniegas (*Lejos*). (Ver J. Planchart, *Temas críticos*, Caracas, 1948, págs. 74-75.) Agreguemos: Juan de Dios Peza.

Cf. también Max Henríquez Ureña, *El retorno de los galeones*, Madrid, 1930, págs. 27-28.

larde, Félix María del Monte (*Doloras*), Gastón F. Deligne,
Manuel José Othón, Fabio Fiallo, Luis G. Urbina.

b) Gutiérrez Nájera, José Asunción Silva, Rubén Darío
(*Abrojos*), Eduardo de la Barra (*Micropoemas*).

c) Julio Vicuña Cifuentes, Diego Uribe[21].

En forma paralela, reiterados homenajes poéticos y elogiosas críticas (de Guillermo Matta, de Cecilio Acosta, de González Prada, de Rubén Darío, etc.) subrayan la estimación hacia Campoamor[22].

Decididamente, entramos con Poe en el ámbito modernista, cosa que no ocurría con Núñez de Arce y Campoamor. De la misma manera que el conocimiento de Poe tiene particulares resonancias en el simbolismo francés, su obra llega

---

[21] Cf. Max Henríquez Ureña, *El retorno de los galeones*, pág. 26-27.
[22] Veamos algunos testimonios (aparte la conocida Décima y otros elogios de Rubén Darío):

> Al poeta de España
> que, con Goethe, con pericia extraña,
> escruta al hombre, y arte y ciencia anima.
> Al filósofo osado
> que embute en oro el pensamiento alado
> y allí engasta el diamante de la rima.
> (Guillermo Matta, *A Campoamor* [1883], en *Nuevas poesías*, I, pág. 522.)

«Campoamor es todo un poeta y todo un filósofo. Como filósofo es uno de los que han ido más adelante en abrir su cauce en su país al espíritu de investigación...» (Cecilio Acosta, *Cartas venezolanas*, ed. de Madrid, s. a., pág. 64.)

«Si España no posee un Tennyson, un Carducci, un Leconte de Lisle ni un Heine; Inglaterra, Italia, Francia y Alemania no tienen un Campoamor. Exceptuando a Quevedo, Espronceda y Bécquer, no existe acaso en la lengua española un escritor más personal, más él mismo... Campoamor une dos cosas muy difíciles de juntarse: amenidad y filosofía, siendo [sic] un gran poeta releído por las mujeres y meditado por los hombres...» (Manuel González Prada, *Campoamor* [1903], en *Nuevas páginas libres*, ed. de Santiago de Chile, 1937, págs. 143 y 140.)

directamente a regiones propias del modernismo hispanoamericano.

Quizás fueron razones de tiempo y difusión las que impi-
dieron que llegara antes a estas tierras. De todos modos, lo
concreto es que encontramos cierta adecuación entre el poeta de *El cuervo* y los poetas modernistas, adecuación que
no existe con los poetas románticos hispanoamericanos (repito: hispanoamericanos).

Es en este momento —hacia el final del siglo— cuando
las obras de Poe comienzan aquí a ser leídas y traducidas,
y también cuando comienzan a ser imitadas. El mexicano
Ignacio Mariscal traduce *El cuervo* (publicado como traducción anónima en *La Patria*, de Bogotá, 1880), el argentino
Carlos Olivera publica en París (ed. Garnier, 1884) su traducción de *Novelas y cuentos* (traducción no completa), Pérez
Bonalde traduce *El cuervo* (Nueva York, 1887), Domingo Estrada y Rómulo Durón, *Las campanas* (Puerto Rico, 1894) [23].
Y muchas otras se suceden. De todas ellas, queda la traducción de Pérez Bonalde como ejemplo digno de recuerdo.

Esto, en cuanto a traducciones. Son más difíciles de encontrar —repito— las huellas de Poe antes de los poetas
modernistas. Según Rafael Alberto Arrieta, Andrade cita el
nombre de Poe (junto al de Mallarmé), pero no hay un conocimiento directo, ni mayores vestigios [24]. En cambio, algo
hay en Carlos Monsalve, en Miguel Cané (h.) [25], en Pérez Bonalde (levemente), en Manuel Flores, en Eduardo de la Barra, en Carlos Olivera. Como vemos, se trata, en gran parte,

---

[23] Cf. John E. Englekirk, *Edgar Allan Poe in Hispanic literature*,
Nueva York, 1934.
[24] Cf. Rafael Alberto Arrieta, *Notas sobre el modernismo en Buenos Aires*, en *La Prensa*, de Buenos Aires, 3 de diciembre de 1950.
[25] En el relato de Miguel Cané (h) titulado *El canto de la sirena*
los cuentos de Poe tienen significación en el desarrollo de la obra.
(Ver M. Cané (h), *Ensayos*, Buenos Aires, 1877).

de contaminación directa en quienes aparecen como traductores de Poe. Por razones de origen, el nombre de Poe nos lleva a Walt Whitman. Pero en Whitman, su verdadera difusión, a pesar de algún anticipo, corresponde a nuestro siglo.

Todo esto como presencias nuevas o recientes. En tal situación, aunque la hemos marcado antes, no olvidemos que el momento culminante en la repercusión de Heine en Hispanoamérica se alcanza alrededor de 1880. Y, sobre todo, en Cuba, Venezuela, México, Chile y el Perú [26].

Por último, permanece además, de manera firme, el prestigio de escritores como Víctor Hugo, Lamartine, Byron, sobre todo el de Víctor Hugo, de acuerdo a las razones ya enunciadas al hablar de los influjos europeos en general. La supervivencia de Hugo no puede extrañarnos, y reproduce en América —en forma aumentada— el proceso europeo [27].

En lo que se refiere a géneros y temas, la diferencia con el romanticismo inicial no es muy acentuada. Sin embargo, y con el peligro de toda generalización abarcadora, señalo el debilitamiento de las obras teatrales. O, mejor, de escritores que escriben obras de teatro. Lo cual, a su vez, no supone variante fundamental dentro del pobre teatro romántico.

El dato es interesante porque —es sabido— nos aproxima a la carencia de teatro que caracterizó al modernismo.

---

[26] Ver Udo Rukser, *Heine en el mundo hispánico* (en la revista *Mapocho*, de Santiago de Chile, 1963, I, núm. 1, págs. 202-249).

[27] Hacia 1880, escribía Calixto Oyuela a Menéndez y Pelayo, después de señalar el prestigio e influencia de Víctor Hugo por estas regiones (el Víctor Hugo de «su segunda época»): «En una palabra, la fiebre romántica, de que, por fortuna, se ven ya ustedes libres, hace todavía por estos mundos numerosas víctimas...» (Calixto Oyuela, carta a Menéndez y Pelayo, fechada en Buenos Aires, el 21 de septiembre de 1881, en el *Boletín de la Biblioteca Menéndez y Pelayo*, de Santander, 1951, XXVII, pág. 336.)

Otro rasgo lo veo en el afianzamiento del cuento. Sobre todo, del cuento que gana calidad y nuevos mundos imaginativos. Aquí también está presente la cercanía con lo que va a significar el cuento entre los modernistas.

Nace en esta época, además, una abundante producción de «notas» e «impresiones», que no son todavía las «crónicas» elegantes de los modernistas, pero que no dejan de anunciarlas.

Lírica, novelas, cuentos, notas, relaciones de viajes, dan la tónica de los géneros más corrientes. Esto, con la consabida explicación de que tampoco en este momento corresponde omitir la presencia de obras que escapan a casilleros ceñidos y que tan características son del romanticismo en Hispanoamérica.

En los temas se observa, en general, un debilitamiento del tono estridente, del grito y del apóstrofe. Gana, en cambio, enriquecimiento del tema íntimo, de un lirismo más concentrado. La grandilocuencia, el énfasis, no desaparecen, pero dejan terreno al canto, a la confesión de tono menor [28].

La fantasía, la imaginación, la sutileza, aparecen en escritores de esta época a través de ciertos géneros, particularmente la lírica y el cuento, que —repito— dan de manera más acabada la noción del momento literario.

Advierto que otras escuelas y tendencias se han agregado con el correr del tiempo. Por cierto, tendencias que no deja-

---

[28] Un ejemplo: Miguel Cané (h.) planteaba a través de un párrafo diferencias que —en lo que a nosotros nos interesan— muestran una perspectiva distanciadora: «¿En qué se fundaba la generación anterior a la nuestra —dice Miguel Cané— para encontrar las imprecaciones de Mármol contra Rosas dignas de Juvenal o de Hugo, o para extasiarse ante las laboriosas estrofas de Indarte? Cuando hoy leemos esos versos, la exaltación continua y cierta ingenuidad chocante con nuestro intelecto refinado, nos hacen admirar el entusiasmo de nuestros padres y atribuirlo simplemente a las circunstancias.» (Cit. por Aníbal Ponce, *La vejez de Sarmiento*, Buenos Aires, 1939, págs. 280-281.)

ron de repercutir en Hispanoamérica: realismo, parnaso, naturalismo.

Todas ellas dejaron su rastro en las letras hispanoamericanas de la segunda mitad del siglo, pero con esta particularidad. Realismo, parnaso, naturalismo (y posteriormente simbolismo) fueron a menudo absorbidos por el romanticismo y el modernismo, los dos grandes movimientos del pasado siglo. Mejor dicho: hay aprovechamientos y contactos, sobre todo en lo que se refiere al romanticismo. Lo cual no supone negar la existencia del realismo —y también del naturalismo— como líneas independientes y con cierta abundancia de títulos, de manera especial en el campo de la novela. Menos, en el cuento y el teatro.

En cuanto al parnaso y al simbolismo, su absorción corresponderá —es indudable— a la época modernista. Sin embargo, hay buenos ejemplos para señalar en algunos románticos cuya situación requiere las consabidas explicaciones (un González Prada, un Zorrilla de San Martín, un Pérez Bonalde, un Guido Spano).

Valga el caso de González Prada, espíritu combativo, con el ardor y el énfasis del más típico romántico, pero con muy personales ramificaciones, que lo alejan de ese perfil. En los discursos, en las *Baladas peruanas* de González Prada hay un sentido social, una prédica tan desnuda que se aparta ya de aquellas otras en las cuales pesaba la música de la frase (música de clarín) más que la realidad a la cual se dirigían. El utopismo de los románticos de la primera hora cede así terreno a una visión más realista de las cosas y a remedios más concretos e inmediatos.

Y, paralelamente a este ardor combativo, disparado con certeza y continuidad, sorprende en González Prada el acento lírico de sus otras poesías, no contradictorias —por cierto— con las del espíritu que engendran las *Baladas peruanas,* pero sí encaradas en un mundo recóndito, sutil, y —sobre todo— realzadas por el vuelo renovador que el poeta pretende en ellas. Naturalmente que aquí González Prada intenta novedades métricas que están mucho más cerca de los modernistas (ya decididamente modernistas) que de los románticos. Es larga la lista de los tipos que intentó aclimatar en la versificación española: el *triolet*, el *rondel*, el *rispetto*, la *espenserina* (también cultivada —según González Prada— por Gabino Pacheco Zegarra), la *balata*, el *estornelo*, el *pantum*, el verso libre (francés) que llamó polirritmo... [29].

---

[29] Oigamos —mejor— al poeta. La cita es algo extensa, pero su importancia nos redime de la extensión:

«Inferior al clásico soneto, que ha merecido llamarse una lágrima cristalizada; a la octava real, que recuerda el plinto de una estatua griega; y al terceto, que parece un ejército disciplinado y aguerrido; el *rondel* francés no cede a la décima de los españoles, a la *espenserina* de los ingleses ni al *rispetto* de los italianos.

El *rondel* (comprendido en esta denominación el *triolet*, el *rondeau* y el *rondel* propiamente dicho) se presta mucho a la expresión de sentimientos finos y delicados. La repetición de la glosa ¿no figura como una armonía imitativa de las ideas y las impresiones, que se apoderan de nosotros, nos persiguen y nos obseden? Bien torneado, como antiguamente lo hicieron Froissart, Charles D'Orléans, Marot, Voiture, etc., y como en nuestros días lo han hecho Théodore de Banville, Catulle Mendès y Maurice Rollinat, el *rondel* tiene mucha semejanza con los nocturnos insectos enganchados al coche de nuez en que la Reina Mab sale a recorrer el espacio y llenar de fantásticas visiones el cerebro de los hombres.

Al querer vulgarizar en castellano el *rondeau*, hemos ensayado algunas modificaciones: que en el número de consonantes no se limite a dos, y que el refrán o bordoncillo conste de siete o cinco sílabas y rime con los versos. En el *rondel* a lo Charles D'Orléans, lo mismo que en la *balata*, el *estornelo*, el *rispetto* y el *pantum*, no intentamos ninguna modificación. Nada innovamos tampoco a la *espenserina*, cultivada ya por un amigo nuestro, don Gabino Pacheco Zegarra.

Hemos excluido los endecasílabos acentuados en la tercera y también los octosílabos con acento en segunda, quinta y séptima o en segunda y séptima solamente.

Esto, como formas claramente llamativas. Porque también cuando escribe «romances» («¿Qué armonías de arrullos y quejas / difunde en mi pecho seráficas notas...?», con versos decasílabos y dodecasílabos), y cuando escribe sonetos (*Vivir y morir*, con versos eneasílabos y agudos) sus ansias de novedades lo acercan de nuevo a los alardes modernistas.

Y no era para menos. En González Prada bullían esas ansias renovadoras. Tanto que no sólo lo declara en la prosa y muestra en los versos, sino que necesita recurrir a estos últimos, a su contenido, para reiterar afanes:

> Sueño con ritmos domados al yugo de rígido acento,
> libres del rudo cancán de la rima.
> Ritmos sedosos que afloren la idea, cual plumas de cisne
> rizan el agua tranquila de un lago...
>
> (*Ritmo soñado.*)

Destaquemos, por último, el cuidado de la lengua. El rigor, que no era otra cosa que un conocimiento más profundo del medio expresivo. De ahí que sea fácil buscar en esta época los mejores ejemplos de la lengua romántica. Por descontado que no es preciso rebajar la riqueza abundante y un tanto caótica de un Sarmiento, valga el ejemplo, pero —en su conjunto— impresionan por su equilibrio las obras que se escriben por estos años y que no dejan de responder también a preocupaciones que los propios escritores señalan.

Ya conocemos ideales lingüísticos de Montalvo, de González Prada y otros. Por lo común, se nota una adecuada relación entre esos ideales y las obras de los buenos escritores del momento. Sobre todo, en lo que se refiere a una

---

Hemos ensayado algunos monosílabos, ya en composiciones monorrítmicas, ya combinados con los de once o de trece sílabas, habiendo preferido los acentuados en segunda, cuarta y octava.» (Manuel González Prada, *Libertaria*, en *Obras selectas*, ed. de Buenos Aires, s. a., págs. 18-19.)

mayor precisión en el uso del material lingüístico, a una mejor defensa de la lengua propia, sin que esto suponga cerrar las puertas a los neologismos imprescindibles. En todo caso, y como proclamaban desde mucho antes sabios escritores como Bello, el conocimiento de la propia lengua era el dique más firme para oponerse a la corriente de galicismos que había desbordado sobre las obras hispanoamericanas desde comienzos del siglo.

Pensemos aquí en las obras de Pérez Bonalde, de Zorrilla de San Martín, y —no cabe duda— tendremos que admitir que en ellas no hay sólo un conocimiento a fondo de la lengua, sino también una consciente voluntad de estilo.

REALISMO (Y NATURALISMO)

Realismo y naturalismo alcanzan a manifestarse en la literatura hispanoamericana de la segunda mitad del siglo XIX. O, mejor, en el último tercio del siglo.

El realismo, en parte como desarrollo de elementos del propio romanticismo hispanoamericano (costumbrismo, novela social). Ejemplos: Cuéllar, López Portillo, Tomás Carrasquilla. Pero, más aún, como reflejo de modelos europeos que imponen un «realismo» de escuela. Ejemplos: Alberto Blest Gana, en su época de plenitud; Julián Martel.

En el primer caso, era también entronque con el realismo (de tendencia, o actitud vital, más que de escuela) que sobrevivía como tradición española. Realismo en las cosas y en las almas, apego a lo cotidiano e inmediato, con mucho de simpatía y aun identificación.

En el segundo caso, sin pretender el absurdo de diferenciaciones totales, llegaba a través de empinados escritores europeos, casi siempre no españoles (Balzac, no fácil de encasillar; Flaubert, Daudet. Aparte, también Dickens). Proyección de lo cotidiano y cercano, vidas oscuras, conflictos morales y sociales... Y, esencialmente, utilización de procedimientos literarios que aspiraban a captar íntegramente la realidad, sin selecciones ni preferencias.

Casi coincidente, el naturalismo, calcado más sobre la obra viva (Zola, Maupassant, los Goncourt) que sobre la doctrina, llega también a escritores hispanoamericanos, escritores que ven en él cauce adecuado para llevar hasta el libro, en forma de ficción, una realidad social nueva, problemas de sangre, de herencia, de la miseria y las lacras humanas. La obra literaria con marco de trabajo 'científico'. Ejemplos: Cambacerés, Sicardi, Gamboa, Baldomero Lillo, Javier de Viana [30].

Como es fácil adivinar, el naturalismo reproduce en América —y aún aumenta— el fenómeno de escándalo y reacción que producía la corriente en Europa. Por supuesto, las reacciones nacen tanto de lo que se consideran conceptos artísticos vulnerados o atacados, como de ideas religiosas y normas morales que se creían ofendidas. Y, la verdad, la categoría artística de la mayor parte de las ofrendas del natura-

---

[30] Una entusiasta defensa del naturalismo la encontramos en diversos artículos de Juan Antonio Argerich: los incluidos en su libro *Artículos y discursos* (Buenos Aires, 1906). Claro que desde mucho antes se encuentra en él esa adhesión, ya que en 1882 pronunció en Buenos Aires una defensa sobre el tema. En su artículo *Literatura argentina* encontramos el siguiente párrafo ilustrativo:

«...*La bestia humana*, de Emilio Zola, maravillosa en el cuadro, en el análisis, en el símbolo. ¡Qué estilo! ¡Qué pinturas, qué concepción, aunque pesimista, tan épicamente grandiosa, de ciertas modalidades y de ciertas corrientes de la vida! ¡Cuándo verán la luz en tierra argentina libros como ése, firmemente asentado sobre altos pedestales!...» (J. A. Argerich, *Literatura argentina*, en *Artículos y discursos*, ed. citada, pág. 188).

lismo no alcanzaban, por lo común, a sobreponerse a los ataques [31].

El surgimiento de lo que puede llamarse «naturalismo en el teatro» es posterior. Corresponde, en realidad, al comienzo de nuestro siglo, y es visible sólo en los centros aislados que atestiguan el proceso, bastante irregular, del teatro hispanoamericano. En fin, en la misma situación, y con las explicables coincidencias, está el llamado «teatro social».

Por último, realismo y naturalismo van a entrar como ingredientes (eso sí, no muy parejos) del modernismo. Mejor dicho, realismo y naturalismo aparecerán en determinadas novelas y en escasos cuentos modernistas, ya que no podemos hablar de teatro modernista (a pesar de algunos engendros de Vargas Vila u ofrendas parecidas). Particularmente, novelas históricas modernistas (Larreta) y no históricas (Carlos Reyles) muestran que recursos realistas y naturalistas podían fusionarse con la plasticidad, la ornamentación, la esquisitez y otros elementos más superficialmente modernistas.

MODERNISMO

Sobre lo dicho precedentemente, puede explicarse mejor el origen del modernismo y, sobre todo, limar ciertas afir-

---

[31] Suele incluirse a la escritora peruana Mercedes Cabello de Carbonera entre los cultores del naturalismo en Hispanoamérica. Sin embargo, su situación no es tan clara, y —creo— aparece bien reflejada en su estudio sobre *La novela moderna*, de 1892. (Ver ed. de Lima, 1948).

Si bien Cabello de Carbonera reacciona contra el romanticismo (como exceso de ficción) no por eso acepta lo que considera exageraciones del naturalismo. Postula, en cambio, un «nuevo arte realista». O, con sus palabras: «...rechacemos con enérgica selección las exageraciones pornográficas y pesimistas del naturalismo y aceptemos aquello que sea adaptable al nuevo arte *realista*, único propio a nuestras jóvenes sociedades de América.» (Id., pág. 63).

maciones demasiado rotundas de aquellos que consideran las épocas artísticas con criterio geométrico [32].

No discutiremos —cosa imposible— ni la individualidad ni el valor del modernismo, aunque no se vea claro que su individualidad tenga que resaltar sobre un difuso fondo romántico ni que su valoración se levante sobre la negación absoluta del momento anterior. Por el contrario, lo visible es la lenta preparación del modernismo: su incubación en la época romántica y, dentro de ella, la importancia que adquieren algunos escritores románticos que no dejan de contribuir —sin que por ello resulte paradójico— al surgimiento de la nueva corriente. Esto es lo que hemos procurado mostrar hasta aquí.

Por otra parte, sobre la perspectiva que hoy nos ofrece el modernismo como ciclo hace tiempo terminado (y me refiero al modernismo tal como comúnmente se lo acepta en Hispanoamérica), su proceso en etapas definidas, sus caracteres y —claro está— saldo final del movimiento, nos permite algunas apreciaciones que tienen aquí validez.

En primer término, hay un hecho indiscutible, y es el siguiente: los escritores modernistas de la primera época (en

---

[32] Escapa a esta discutible idea-partición la valiosa *Antología* de Federico de Onís. Y, sin embargo, Onís nos dice en el prólogo: «El límite entre el modernismo y la literatura anterior, o sea la literatura realista y naturalista de la segunda mitad del siglo XIX, es bastante claro y fácil de determinar, porque el modernismo nació como una negación de la literatura precedente y una reacción contra ella...» (F. de Onís, *Antología de la poesía española e hispanoamericana*, pág. 14.)

Por cierto que —con mayor razón y como la propia *Antología* lo prueba— la literatura anterior al modernismo, en su sentido amplio, es la romántica, y no la literatura realista y naturalista (recortada en sectores mucho más limitados). En el sector de la lírica, con mayor razón... En las páginas precedentes he procurado mostrar que el límite a que se refiere el destacado crítico español es menos claro de lo que parece.

realidad, la primera generación modernista, y alguno de la segunda) [33] comienzan holgadamente como románticos. Por supuesto, como románticos finiseculares, para los cuales valen las caracterizaciones señaladas páginas atrás.

Silva, Casal, Gutiérrez Nájera, Martí, Darío, Herrera y Reissig (éste ya de la segunda generación), nos muestran esta trayectoria: la iniciación, romántica; la culminación y plenitud, modernista. Las diferencias más apreciables —dentro de la trayectoria— suelen aparecer en una fácil comprobación, especialmente para el lector de nuestros días: en la que marca la mayor o menor fecundidad del escritor (a veces ligada también a la mayor o menor vida del autor). Así, por ejemplo, se ve en los casos de José Asunción Silva, por una parte, y de Rubén Darío, por otra: la producción de Darío permite ocultar —sin mayor remordimiento— sus primeros libros (anteriores a *Azul...*), de definido corte romántico. En cambio, la no muy extensa producción lírica —y no lírica— de Silva, que cabe en un volumen de regular formato, nos da toda su obra en corto trecho y en proximidad más llamativa.

Pero, en realidad, no se trata de ocultar o no ocultar, sino de reconocer un primer trecho del camino que recorrieron y que —unos más, otros menos— después dejaron o borraron. Momento juvenil, de iniciación, aunque muchas veces es incierto referirse a un momento juvenil en escritores que —siguiendo aquí una tradición también romántica— comenzaron pronto su labor literaria y desaparecieron en la plenitud de la vida.

---

[33] No cabe duda de que se pueden señalar dos generaciones modernistas. Una primera, con Martí, Gutiérrez Nájera, Julián del Casal, Darío, Silva; una segunda, con Lugones, Jaimes Freyre, Rodó, Nervo, Larreta, Reyles... Y, al mismo tiempo, borrar esa no muy clara diferencia de «Precursores del modernismo» aplicada a hombres como Martí, Gutiérrez Nájera, Silva y Julián del Casal.

La primera época de Salvador Díaz Mirón, que abarca los años 1874-1892 (vale decir, la época anterior a *Lascas*, que abarca los años 1892-1901, publicada este último año), tiene resonancias claramente románticas (cf. oda *A Víctor Hugo*, serventesios *A Byron*, romance *Voces interiores*). Díaz Mirón, en el prólogo a *Lascas*, rechazó su obra anterior, pero muchos críticos reconocen el valor de aquella primera etapa [34]. De todos modos, ese primer trecho no ofrece diferencias esenciales con el romanticismo típico: pasión, énfasis, tema social:

> Deja que me persigan los abyectos,
> quiero atraer la envidia aunque me abrume:
> la flor en que se posan los insectos
> es rica de matiz y de perfume.
> ... ...
>
> Los claros timbres de que estoy ufano
> han de salir de la calumnia ilesos.
> Hay plumajes que cruzan el pantano
> y no se manchan. Mi plumaje es de esos...
>
> (*A Gloria*) [35].

Uno de los modelos de Díaz Mirón es Víctor Hugo y —ya he dicho— a Hugo y Byron dedicó dos poesías de esa época [36].

Algo parecido ocurre con la lírica de Gutiérrez Nájera, sobre todo en el grupo de sus primeras poesías y, en especial, con las composiciones religiosas. Por eso, en su recordado estudio y desde su perspectiva, Justo Sierra proclamaba los

[34] Cf. Alfonso Méndez Plancarte, *Díaz Mirón*, en *Ábside*, de México, 1954, XVIII, pág. 19; Guillermo Díaz Plaja, *Salvador Díaz Mirón* (*Estudio de las primeras poesías*), en *Et Caetera*, de Guadalajara, 1956, núm. 19, págs. 115-124.

[35] Salvador Díaz Mirón, *A Gloria*, en *Poesías completas*, ed. de México, 1945, págs. 54-55.
Cf. con poesías de Almafuerte, en especial, *El misionero*. Cf., también, con el comentario de Rufino Blanco Fombona, en *El modernismo y los poetas modernistas*, Madrid, 1929, págs. 62-63.

[36] Ver Salvador Díaz Mirón, *Poesías completas*, págs. 41-46 y 93-96.

versos de Gutiérrez Nájera como «la flor de otoño del romanticismo mexicano» [37].

José Martí llega a alargar la larga lista de traductores de Byron (tradujo el *Manfredo*) y de Víctor Hugo (en México, tradujo *Mes fils*, publicada en la *Revista universal*) [38].

En el Rubén Darío anterior a *Azul...* aparece nítida la influencia española. En especial, Bécquer, Campoamor, Zorrilla, Núñez de Arce... Fuera de los españoles, el prestigio absorbente de Víctor Hugo (*La cabeza del Rawi, Alí, El banquillo, Tú y yo, Víctor Hugo y la tumba*) [39]. Es decir, un Darío juvenil que —es posible— recibió la influencia de Hugo a través de Francisco Gavidia [40].

Los elogios abundan. En el *Álbum porteño*, de *Azul...*, escribe:

> ¡Oh, gran Maestro Hugo!...

En uno de los cuentos de *Azul... —El sátiro sordo—*, Darío, al mencionar al poeta francés, se ve también en la necesidad de realzarlo con el adjetivo: «El gran Hugo».

Y en el *Pórtico*, de *Prosas profanas*, leemos:

> ... y esto pasó en el reinado de Hugo,
> emperador de la barba florida...

[37] Justo Sierra, *Manuel Gutiérrez Nájera* (en C. Santos González —recopilador—, *Poetas y críticos de América*, París, 1912, pág. 410).

[38] Ver Néstor Carbonell, *Martí, carne y espíritu*, I, La Habana, 1952, pág. 130.
José Martí, a los trece años, intentó una traducción de *Hamlet*. «Como no pude pasar de la escena de los sepultureros —dice—, me contenté con el incestuoso *A mistery*, de Lord Byron...» (Carta de Martí, cit. por Andrés Iduarte, *Martí, escritor*, México, 1945, pág. 72.)

[39] Cf. Erwin K. Mapes, *L'influence française dans l'oeuvre de Rubén Darío*, París, 1925, págs. 28-36. Erwin K. Mapes se refiere —además— a interesantes resonancias de los americanos Bello, Guaicaipuro Pardo y Andrade (Ver página 141).

[40] Ver Osvaldo Bazil, *La huella de Martí en Rubén Darío* (en *Archivo José Martí*, 14, La Habana, 1950, pág. 438).

Años después, al evocar el lejano encuentro con el volcán Momotombo, de su Nicaragua natal, lo evoca a través de también lejana lectura de Hugo («Yo había leído a Hugo y la leyenda / que Squire le enseñó...»).

> ¡Momotombo! —exclamé— ¡oh nombre de epopeya!
> Con razón Hugo, el grande, en tu onomatopeya
> ritmo escuchó que es de eternidad... [41].

Las obras juveniles de Herrera y Reissig son típicamente románticas. Producto, en gran parte, de lecturas de Lamartine, Hugo y Musset. A su admirado Lamartine le llegó a dedicar un poema, poema que fue, finalmente, la única obra impresa en vida del poeta uruguayo. Herminia Herrera y Reissig recuerda su pequeño cenáculo, a cuyos miembros había bautizado Julio con nombres sacados de *Los miserables* [42].

Acerca de Lugones, conocemos el peso que en su libro inicial —*Las montañas del oro*— tiene Víctor Hugo. Leopoldo Díaz publicó en 1895 una obra titulada *Byron*... Carlos Pezoa Véliz escribe, entre sus poemas, un *Brindis Byroniano*. En fin, los testimonios son abundantes y sugestivos.

El modernismo —repito— no supone una ruptura total con el romanticismo. Aún más: en sus comienzos fue menos ruidoso, en su ruptura y justificación, que el romanticismo lo había sido con el clasicismo dieciochesco.

Nació de un deseo de renovar, de superar limitaciones y repeticiones, pero —reconozcamos— no apagó totalmente la línea anterior, y en el sentimentalismo que tanto caracteriza a algunos modernistas aún puja la fibra de los cercanos ante-

---

[41] El poema de Darío lleva como epígrafe un verso de Hugo. *Momotombo* se publicó en *El canto errante* (Madrid, 1907.)

[42] Ver Herminia Herrera y Reissig, *Vida íntima de Julio Herrera y Reissig*, Montevideo, 1943, págs. 58-60.

pasados románticos. Además, pasado un primer momento, en que resaltan exotismos y ansias de evasión hacia lo fantástico y lejano, el modernista también volvió hacia temas del paisaje y del hombre americanos, con nuevo acento —es cierto—, pero con ciertas coincidencias con el inconfundible perfil decimonónico [43].

Con otras palabras, y olvidándonos una vez más de esas contraposiciones rotundas de épocas literarias (aquí menos justificables que en otras), no puede desconocerse que el romanticismo es uno de los ingredientes del modernismo. La diferencia suele aparecer en que, como digo, es un ingrediente entre varios y en que revela transformaciones notorias.

Por supuesto que la gran revolución modernista está en algo más esencialmente poético que en los temas en sí: está en la manera de sentir el tema, como está también en el alarde imaginativo, en el efecto plástico, en la sugestión más que en la impresión directa, en la música de la palabra más que en la música de la rima... En fin, en el vocabulario, en la expresión general, que se hace carne, sobre todo, en los grandes nombres de la corriente.

¿Influyó la realidad social en la aparición del modernismo?

A fines del siglo, los países hispanoamericanos —si no en su totalidad, por lo menos en su mayoría— alcanzan una estabilidad político social aceptable. Especialmente, al comparar la época con lo que fue el siglo XIX, ahora contemplado en su totalidad. Nuevos programas surgen, muchos de ellos derivados precisamente del estado social. Condiciones de vida, desarrollo de la inmigración, progreso visible, todo contribuye a dar fisonomía al momento.

Naturalmente, las letras de fines del siglo XIX y comienzos del siglo XX reflejan rasgos de la época. Sin embargo,

---

[43] Ver, por ejemplo, el tema del indio en Rubén Darío (plástico) y, sobre todo, en Jaimes Freyre (plástico y evocativo).

lo característico —en relación a las expresiones más significativas— es una literatura no muy apegada a la realidad americana, a la realidad concreta que el escritor vive.

El escritor hispanoamericano va dejando la vida pública, la lucha, la acción, para dedicarse a una vida más libre de exigencias sociales y, de manera especial, para dedicarse a su obra literaria. Una obra literaria en que el tema social, la prédica política, pesan poco o nada. A fines del siglo —como bien señaló Pedro Henríquez Ureña— el escritor deja de actuar en la política, sin que por esto gane la política. Al contrario. Recuerdo aquí a Martín García Mérou, cuando, al referirse en perspectiva a *Miguel Cané (h.) y sus contemporáneos*, destacaba —ya en nuestro siglo— un «elemento nuevo» en la política, pero sin la capacidad de los hombres que habían actuado antes [44].

Dicho esto, conviene, con todo, no exagerar el desasimiento del modernista con la realidad americana. Es cierto que se apacigua y hasta se borra el tema político [45] y la visión romántica de la naturaleza exterior. Pero gana en inéditos rasgos interiores, en nuevas e importantes zonas vírgenes, y, entre otras cosas, poetas como Darío volvieron a reconquistar temas de América en sus obras y dejaron valiosos testimonios de una identificación que —por encima de influencias y exotismos— no puede negarse. Jaimes Freyre, que comienza prácticamente su obra literaria con la visión lejana y brumosa del mundo de los *Eddas*, tocó posteriormente el tema del indio (sobre todo, en sus cuentos, escasos pero meritorios) y aun el tema social (hacia el final de *Los sueños son vida*). El caso de Lugones es conocido de sobra: con las

---

[44] Martín García Mérou, prólogo a Miguel Cané (h.), *Prosa ligera*, ed. de Buenos Aires, 1919, págs. 20-21.

[45] El caso de Martí es excepcional. Se explica, particularmente, por la situación de su patria.

Odas seculares abrió una línea en su obra que se mantendrá —con explicables alternancias— hasta el último trecho de su vida.

En fin, creo que con el modernismo se vuelve a una unidad que se había alterado en la época romántica. El romanticismo en Hispanoamérica parece unir en igualdad de aspiraciones muy diversas regiones y tiempos. Pero esta unidad —reflejo, en parte, de modelos no americanos— buscaba contrapeso e identificación con elementos locales. Signos diferenciadores son la diversidad de los movimientos literarios, las diferencias de una región a otra y la falta de influjo y conocimientos mutuos.

El modernismo tuvo, en cambio, mayor unidad. Fue —elaborando y fusionando lo extraño y lo local— un movimiento americano, y sirvió para dar verdadera extensión continental (y algo más) a esta etapa literaria. Americano, en cuanto su difusión se hace —por sobre sus orígenes— ya transformado, personalizado. Se puede hablar, así, de una fuerte unidad en el modernismo: perfil propio, expansión y reconocimiento de maestros americanos. Y con esto se mide también la importancia que —por todo lo expuesto— adquiere esta época literaria.

El modernismo queda fuera de nuestro estudio, salvo esta elemental referencia a su momento de iniciación. Momento en el cual —lo hemos visto— conviene ver con mayor claridad de lo que comúnmente se hace.

II

BRASIL

ADVERTENCIA

Al ocuparme ahora del romanticismo en el Brasil, quiero hacer hincapié en la particular perspectiva de su visión.

Como ya en parte he anticipado, no pretendo tanto verlo aisladamente (si es que eso puede ser posible) o encerrado en el usual cotejo con el romanticismo europeo, sino en la cercanía del romanticismo en Hispanoamérica.

Explicable confrontación de dos regiones literarias: en muchos aspectos, proximidad espiritual notoria que sirve para subrayar, una vez más, un paralelismo casi siempre más enunciado que mostrado.

Aparte otros obstáculos o fallas (y sin recurrir aquí a las previsibles dificultades bibliográficas), algunas limitaciones del enfoque deben atribuirse al punto de partida de este ambicioso panorama, punto de partida que —naturalmente— no es otro que el que marcan las páginas precedentes, dedicadas al romanticismo en Hispanoamérica, y dentro de las cuales me coloco con mayor firmeza.

I

INTRODUCCIÓN. EL MOMENTO HISTÓRICO

INTRODUCCIÓN

El Romanticismo en la América Hispánica coincide con el comienzo de la vida independiente de la mayor parte de estos países. Es, en rigor, el primer momento literario en la vida libre de regiones americanas. El Brasil no constituye, de ningún modo, una excepción.

Por supuesto que no afirmaremos que sólo así pudo triunfar el romanticismo en América (me refiero a reconocer su imposición como una consecuencia inmediata de la independencia política). La elemental historia de la cultura en la América Hispánica anterior al siglo XIX nos muestra con abrumador peso que los movimientos europeos llegaron, más tarde o más temprano —eso sí, a través de las metrópolis respectivas: España y Portugal—, hasta América. Nos muestra también que no dejaron de formar aquí corrientes paralelas, dentro de movimientos que se distinguen casi siempre por su carácter integral (sobre una particular vivencia histórica, una particular proyección en las artes, las letras y las ciencias) y universal. Lo último, tan nítido como lo primero si recordamos la preeminencia europea en el mundo (preeminencia en todo sentido).

El romanticismo no constituyó una excepción, aunque encontrara a la mayor parte de América en diferente situa·ción política que otras épocas culturales anteriores. El romanticismo triunfa en Europa. Se gesta durante el siglo XVIII, puja en espíritus aislados y, finalmente, se impone con claridad a comienzos del siglo XIX. El primer tercio del siglo XIX señalará —así— su período de lucha y posesión, sin que esto suponga olvidar que hacia el sur de Europa el momento romántico se retarda algo. De todos modos, el siglo XIX es llamado —razones sobran— el siglo del romanticismo.

El romanticismo llega a América, como «escuela» consciente, definida, después de 1830. Dejando a un lado precedentes más o menos auténticos, las fechas son conocidas: Echeverría, en 1832, nos da en Hispanoamérica la primera obra romántica con su poema *Elvira o la novia del Plata* [1]; en 1836, Gonçalves de Magalhães, al publicar en París sus *Suspiros poéticos e saudades*, abre el romanticismo brasileño [2].

El romanticismo prevalecerá en las letras americanas hasta bien adelantado el siglo XIX. Dos y hasta tres generaciones románticas (sin extremar demasiado peculiaridades en el hoy atrayente concepto de las «generaciones») pueden anotarse. De tal manera que en América tiene mayor validez aún que en Europa la noción de «Siglo del romanticismo»

---

[1] Como tantas veces se ha dicho, *Elvira* antecede en el tiempo a la obra española (*El moro expósito*, del Duque de Rivas) aceptada como primera manifestación decididamente romántica en España. Señal de nuevos tiempos...

[2] En cambio, en Portugal se considera al poema *Camões*, de Almeida Garret, como la primera obra romántica. El poema es de 1825. (Cf. Fidelino de Figueiredo, *Historia literaria de Portugal*, trad. de P. Blanco Suárez, III, Buenos Aires, 1949, págs. 11 y 13.)

aplicado al siglo XIX, aunque tampoco faltaron —realismo, parnaso, etc. [3]— ecos americanos a movimientos europeos de la segunda mitad del siglo... Pero de esto, y de limitaciones y escapes a modelos abrumadores, será más conveniente hablar después.

BRASIL. LA HISTORIA Y LAS LETRAS

La historia del Brasil durante el siglo XIX —con particularidades inherentes a origen, entronque, lengua, costumbres— es historia paralela a la de las regiones que se independizaron de España. Un breve bosquejo ayudará, sin duda, a explicar rasgos del momento literario. No porque siempre ocurra así y sea imprescindible —a manera de prólogo— tratar la época histórica para llegar a la época artística. Hay oscilaciones de época a época, dentro de tal relación, y lo que en una aparece necesario, porque sus vinculaciones son notorias (tal cosa ocurre con el romanticismo), no lo es tanto en otras (modernismo, por ejemplo) [4].

La razón, pues, del breve panorama que sigue está en su elemental utilidad. La historia político-social no deja de repercutir en las actividades del espíritu, más aún en las letras. Con el agregado de que difícilmente el hombre de letras se ve, en la época del romanticismo, libre de la actuación pública. Hay mucho que hacer (mejor diríamos que, por lo común, está todo por hacer) y el escritor no puede permanecer al margen. Con más exactitud: es de los que tienen

---

[3] Sin olvidar —en su aspecto filosófico, o, mejor, filosófico-social— la importancia que alcanzó en América, sobre todo en algunas regiones, la prédica positivista. Hay vinculaciones evidentes entre positivismo y realismo literario.

[4] Sin embargo, aun en estos casos conviene tener presente el momento histórico. La diferencia la da el estrecho contacto, en un caso; la separación, en otro, posible —a su vez— por un estado social diferente, más sosegado, más estabilizado.

más obligaciones. Abundan en América (con mayor frecuencia que en Europa) los casos del escritor-político o político-escritor; escritor social, que identifica vida y prédica impresa.

Problemas de organización, luchas civiles, propaganda partidaria, sátiras de todo calibre, repercuten en páginas apasionadas o cáusticas. El indio —con variantes en las regiones— aparece firmemente y no siempre en obras «indianistas». Una literatura antiesclavista rompe lanzas: las diferencias —es evidente— las establecen otra vez las regiones. Por eso el abolicionismo no puede tener igual sentido y dimensiones —valga el ejemplo— en el Brasil y en el Río de la Plata.

El movimiento romántico se avenía —a través de recordados modelos europeos— a tales fusiones o, mejor, identificaciones. La vida independiente de América —vida reciente— abre nuevas puertas. En una palabra: todo contribuía al triunfo de las ideas románticas en este continente. Hasta puede anotarse una curiosa coincidencia, que traigo a estas líneas sin otra significación que la puramente anecdótica: el drama *Sturm und Drang*, de Klinger (1776) —que sirvió, a través de su título, como denominación de ese protorromanticismo alemán—, tiene esta no común y anticipadora acotación: «La escena, en América» [5].

HISTORIA

La historia del Brasil durante el siglo XIX es la historia de su independencia, del Imperio y de sus comienzos repu-

---

[5] Efectivamente, el drama *Sturm und Drang* se desarrolla en los Estados Unidos, poco después de la Declaración de Independencia. Por lo visto, para Klinger (como para Goethe), América no se extiende mucho más allá de los Estados Unidos. Señal de una nueva época. Lo que importa aquí, con todo, es señalar la referencia continental.

blicanos. Cuando se habla de paralelismo entre el Brasil del
pasado siglo y los países hispanoamericanos, ese paralelismo
debe entenderse dentro de la amplitud del esquema.

En efecto, Brasil obtiene su independencia antes de 1825
(en 1822, como es sabido) y promulga su constitución demo-
crática hacia el final del siglo (en 1891). Las diferencias son,
a su vez, notorias. Pedro —Regente de la Colonia e hijo del
rey de Portugal, Juan VI— se proclama Emperador. El Imperio del Brasil se mantiene desde 1822 hasta 1889, año en
que se proclama la República.

El Imperio constituye así excepción a la línea de gobier-
nos republicanos surgidos de las antiguas colonias hispánicas.
A su vez, el Imperio no significó un estado inferior al que
caracteriza las nacientes repúblicas hispanoamericanas. Por
el contrario, el Imperio —particularmente a través del largo
gobierno de Pedro II (hijo de Pedro I, su fundador)— gozó
de una situación que difícilmente gozaron las otras regiones
del continente. «Como Imperio, Brasil fue un país cuya estabilidad y cuya paz contrastaban con la turbulenta vida política de la mayoría de las repúblicas latinoamericanas» [6].

Evidentemente, el Imperio representó un paso menos
brusco, con respecto al estado colonial, que el republicano
—en idéntica relación— dentro de los otros países de la América Hispánica (republicano, con excepción del efímero e
infortunado ensayo mexicano y a pesar de abundantes tiranías). El Imperio fue también, sin duda, base que impidió
la fragmentación del extenso territorio que abarcaba la colonia portuguesa americana. Sin dejar de reconocer la unidad
cultural y «natural» del Brasil, hay que decir que la extensión, la escasa población y localismos de las antiguas Capi-
tanías pudieron determinar una situación semejante a la del

---

6 Gilberto Freyre, *Interpretación del Brasil*, trad. de Teodoro
Ortiz, México, 1945, pág. 107.

más extendido Imperio español en América. El Imperio brasileño, merced a la labor de sus hombres de gobierno, logró evitar más de una secesión.

Dentro de un panorama de discordias, guerras civiles y tiranías, el Brasil es apenas excepción, junto al recordado caso de Chile. Naturalmente, esto no supone afirmar que el Brasil se vio libre de revoluciones ni de años preñados de inquietudes: lo que se quiere decir es que en el Brasil la pugna de ideas extremas —entre las conservadoras y liberales, para ser más exacto— mantuvo un equilibrio, a través de oscilaciones, cambios y sucesivas preeminencias, que impidió vuelcos extraordinarios. Y, sobre todo, el emperador Pedro II, a lo largo de su poco común imperio (1840-1889) dio muestras de buenas aptitudes y habilidad política.

El Imperio (quizás fuera mejor decir el Imperio de Pedro II) fue la transición —bien extensa, por cierto— que, ya como estado independiente, permitió al Brasil desembocar finalmente en el gobierno republicano. Con otras palabras: el Imperio llevó al Brasil, en forma gradual, de la colonia a la República, República que, como tantas veces se ha señalado, no significó avances en toda la línea.

Entre 1822 —año de la Independencia— y 1889 —año de la República—, Brasil conoce solamente dos emperadores: Pedro I (que gobernó desde 1822 hasta 1831) y Pedro II (emperador desde 1840 hasta 1889); los dos terminaron con renuncias. Entre uno y otro (1831-1840), vale decir, hasta que Pedro II alcanza una arbitraria mayoría de edad, gobernó una Regencia formada de tres miembros. (Según algunos, primer ensayo de un gobierno republicano. La verdad, no muy feliz, aunque proficuo desde el punto de vista constitucional) [7].

[7] Cf. Manuel de Oliveira Lima, *Aspectos da história e da cultura do Brasil*, Lisboa, 1923, pág. 41.

La guerra de Independencia fue muy breve y no significó grandes sacrificios de vidas. Esto también diferencia al Brasil de muchas regiones americanas. En 1824 se promulgó la Constitución, Constitución que se mantuvo sin mayores variantes hasta el final del Imperio. La reforma más importante fue la llamada Acta Adicional, de 1834, que concedía a las provincias cierta autonomía, aunque era siempre el poder central el que nombraba a los gobernadores.

Los breves años del Imperio de Pedro I y los de la Regencia son escenario de algunas revoluciones. Las más importantes, la Revolución de Pernambuco (1824), con motivo de la disolución de la Asamblea Constituyente, y la Revolución de Río Grande (1835), encabezada por Bento Gonçalves y que terminó finalmente con la Paz de Poncho Verde (1845). Esta fue, sin lugar a dudas, la más importante y se cerró con la hábil gestión del Barón de Caxias. En lo exterior, la guerra en la Banda Oriental (1825-1828) que terminó con la Independencia del Uruguay.

El gobierno de Pedro II ofrece, a través de sus —prácticamente— cincuenta años, diversas alternativas. Es natural que así sea. Además, no hay que olvidar que ocupó el trono cuando era aún un niño. Por eso, puede hablarse, en realidad, de su gobierno, después de 1850. Antes y después de esta fecha, ministros capaces, sobre todo desde la presidencia del Consejo de Ministros (Marqués de Paraná, Barón de Caxia, Vizconde de Río Branco) colaboraron eficazmente con el Emperador.

En el aspecto exterior, los acontecimientos más delicados lo constituyen la llamada «Cuestión Christie» (1862) y la Guerra del Paraguay (1865-1870), coalición de la Argentina, Brasil y Uruguay contra el Paraguay de Solano López. Antes, los rozamientos con Rosas.

Desde el punto de vista interno, el Brasil se distingue en esta época por su creciente adelanto económico y cultural (algo parecido ocurre en las demás regiones americanas; aquí, evidentemente, con notables altibajos). A ese adelanto contribuye la política de Pedro II, mientras el panorama político del Brasil ofrece, durante muchos años, una sucesiva preeminencia de liberales y conservadores.

Económicamente, el café constituye la base fundamental: regiones prósperas fueron el valle de Paraíba, la provincia de Río de Janeiro y la de San Pablo. En segundo lugar, la caña de azúcar, cultivada en el norte del país.

Dentro de los problemas sociales, el de la esclavitud se presentaba en el Brasil en forma por cierto dramática; más de una vez se lo ha comparado con el de los Estados Unidos. Por lo pronto, con complejidades que no tenían la mayor parte de las naciones hispanoamericanas, donde hacía tiempo que se había abolido (salvo el caso de Cuba y Puerto Rico, explicable, por lo demás), y se había abolido sin mayor lucha. La solución del problema en el Brasil fue lenta y estuvo llena de asperezas. El punto de partida de la abolición de la esclavitud es la Ley de Libertad de Vientres (1871), primer triunfo importante del Emperador en tal sentido, quien contó en la emergencia con la ayuda valiosísima del Vizconde de Río Branco. Triunfo importante contra el poderoso bastión de los esclavistas.

Lo demás llegó, pero trabajosamente. «La abolición —dice Pedro Calmón[8]— significaba una revolución.» Efectivamente, la economía del Brasil se apoyaba sobre todo en las labores agrícolas (caña de azúcar, en el Norte; café, en el Sur) desempeñadas por los negros. Por último, en 1888, hacia el

---

[8] Pedro Calmón, *Brasil, El Imperio y la República*, en Ricardo Levene, *Historia de América*, XIII, Buenos Aires, 1941, pág. 64.

final del Imperio, se abolió la esclavitud. Ocupaba entonces la regencia la princesa Isabel, hija de Pedro II.

El abolicionismo, y los nuevos problemas que acarreó, no dejaron de repercutir en la estabilidad de Pedro II, enfermo y anciano. Otros problemas de gobierno, particularmente de carácter económico y de política interna, debilitan la situación del Emperador. En 1889 triunfa la Revolución encabezada por el mariscal Deodoro de Fonseca y se proclama la República. Sin mayores violencias y con el destierro del Emperador (que muy poco sobreviviría) terminó el Imperio del Brasil. Un Gobierno Provisional encabezado por el mariscal Fonseca inauguró la República federal.

Después de medio siglo, y dentro de una oposición que varió de fuerza y proyecciones a lo largo del tiempo, oposición ensayada con frecuencia en los debates parlamentarios, triunfan por fin las ideas republicanas brasileñas. El momento era, sin duda, propicio.

CIENCIAS, ARTES Y LETRAS

El Emperador Pedro II gozó en su tiempo de prestigio por su curiosidad intelectual [9], por sus aficiones científicas y su empeño en fomentar la enseñanza.

---

[9] Hay numerosos testimonios, directos e indirectos, que lo prueban. De los que conozco prefiero, aunque no pierda su carácter particular, un poco conocido párrafo de Sarmiento. Decía éste, en carta a Alberdi, fechada en Río de Janeiro el día 10 de abril de 1852:

«Estoi en Río de Janeiro i vengo de Petrópolis, colonia alemana i residencia del Emperador, con quien he pasado horas i horas en conversación familiar casi, sobre nuestras cosas, nuestros hombres i nuestras costumbres. Ha reunido cuanto papelucho arjentino ha podido, i los nombres de Echeverría, Alberdi, Mármol, Gutiérrez, de ciento i la madre mas, los conoce i estima. Me ha preguntado por usted como por muchos más.» (Cf. Alberdi, *Obras Completas*, IV, Buenos Aires, 1886, págs. 133-134.)

A comienzos del siglo (en realidad, cuando se establece en América la Corte del rey Juan VI) se inicia en el Brasil una fecunda serie de instituciones científicas; en 1811, la Biblioteca Pública; en 1816, la Facultad de Medicina de Bahía y la Escuela de Bellas Artes de Río de Janeiro... Las fundaciones prosiguen bajo Pedro I: Facultades de Derecho de San Pablo y Olinda (1827); Facultad de Medicina de Río de Janeiro (1830). Pedro II, con clara visión, acentúa el ritmo, particularmente en lo que se refiere a la enseñanza media: Liceos provinciales, la Escuela Politécnica, la Escuela Normal, la de Minas.

A poco de lograda la Independencia, los brasileños no se preocuparon sólo por crear establecimientos, sino también en organizar la enseñanza. La primera Ley de Instrucción Pública es de 1827, ley ampliada en el Acta Adicional de 1834, que —entre otras cosas— dejaba en manos de las provincias el legislar sobre Instrucción Pública [10].

Elogios que con pocas variantes se reproducían en una carta que pocos días después escribía Sarmiento a Mitre. (Ver Sarmiento, *Obras*, XIV, Buenos Aires, 1897, pág. 71.)

Ver también, los elogios que le dirige Carlos Guido Spano en su *Autobiografía* [1879]. Cf., edición de Buenos Aires, 1954, pág. 24.

Como testimonio nacional, sirve de ejemplo este párrafo que se encuentra en la Dedicatoria de Gonçalves de Magalhães a los *Suspiros poéticos e saudades* (París, 1836):

«La instrucción pública propagada y protegida, la entera libertad de imprenta, la independencia de la tribuna y la libertad de los cultos, los puestos públicos abiertos a todos los talentos y capacidades, las trabas del comercio rotas...» (La traducción corresponde a Juan María Gutiérrez. Ver *Un poema brasilero*, en la *Revista del Río de la Plata*, Buenos Aires, 1872, III, págs. 492-493.)

[10] Ver Raúl Briquet, *Educação (1500-1889)*, en Rubéns Borba de Moraes y William Berrien, *Manual bibliográfico de estudos brasileiros*, Río de Janeiro, 1949, págs. 156-157.

Quizás no sea muy alentador, pero es —de todos modos— sugestivo el testimonio de Sarmiento sobre una cuestión que tanto le preocupaba:

Anotemos, de paso, que no aparece en la época ninguna personalidad genial en las artes plásticas —tal como el caso del Aleijadinho en la época colonial—, pero esto, por supuesto, escapa a protecciones y previsiones oficiales.

El positivismo llegó al Brasil —como a otras regiones de América— en la segunda mitad del siglo. Lo que conviene aclarar es que en ninguna otra parte del continente el positivismo prendió como en el Brasil, país donde encontró un defensor tan entusiasta como el general Benjamim Constant Botelho de Magalhães. Sí, dentro de regiones americanas bien localizadas (México, Cuba, Brasil, Río de la Plata, Chile, Perú, Bolivia), lugares donde la corriente es algo más que un sistema filosófico en boga, el Brasil ofrece singulares resonancias. El positivismo (y más a través de Comte que de Spencer) dio bases orientadoras a vida e instituciones donde se apoyó la naciente república brasileña. (Eso, sin contar con que la prédica de Botelho de Malgalhães, profesor entonces en la Escuela Militar de Río de Janeiro, tuvo que ver con el fin del Imperio) [11].

En las letras —como veremos— el romanticismo florece y decae en el Brasil en tiempos de Pedro II. Hacia 1870 hay ya visibles señales de cambio, y esas señales calcan —otra vez— las direcciones europeas, particularmente la francesa.

«En Río de Janeiro pude examinar algunas escuelas, de las que no saqué otro fruto que los reglamentos números 1, 2 i 3, que muestran por lo menos buenos deseos de mejorar la instrucción primaria, generalmente atrasada por toda la extensión del Imperio...» (Sarmiento, *De la educación popular*, ed. de Buenos Aires, 1915, pág. 182.)

[11] Para someras distinciones entre el positivismo de Hispanoamérica y el del Brasil —válidas en general—, ver Leopoldo Zea, *Dos etapas del pensamiento en Hispanoamérica*, México, 1949, págs. 43-47. Sobre el positivismo en el Brasil, ver también Martín García Mérou, *El Brasil intelectual* (en *La Biblioteca*, de Buenos Aires, 1896, II, páginas 401-430).

La prosa enfila hacia el realismo; el verso, hacia la impersonalidad parnasiana.

En síntesis, es el momento histórico que corresponde a Pedro II el que sirve de base a la etapa romántica brasileña. Y así como entre las varias ramificaciones del movimiento literario hay que contar intentos de evasión de la realidad contemporánea, también llegan con fuerza hasta la obra romántica sucesos cercanos, aspiraciones sociales, ansias reformadoras. Aunque no siempre se lo haya visto con claridad. recordemos que hay un romanticismo social de innegable fuerza vital.

II

EL ROMANTICISMO EN EL BRASIL: PENETRACIÓN

EL ROMANTICISMO EN EUROPA Y AMÉRICA

El romanticismo, como todo movimiento cultural importante, tiene su lento período de formación. A lo largo del siglo XVIII, y en época de firme nervadura racionalista, se va incubando el romanticismo hasta ser ya, a fines del siglo, visible realidad. No otra cosa es el *Sturm und Drang*, verdadero «protorromanticismo» (B. Croce).

El siglo XIX será el siglo del romanticismo: época de triunfo y expansión, particularmente en la primera mitad de la centuria. En virtud de particulares razones históricas y sociales fue el romanticismo el movimiento cultural de mayor extensión espacial y el último —hasta hoy, por supuesto— de carácter integral. Vale decir también el que presenta —sobre la base de una vivencia nítida— mayor unidad en los productos espirituales (letras, filosofía, artes plásticas, música...).

Reparemos en la expansión geográfica. La independencia de las colonias americanas no dejará de contribuir a la difusión de este movimiento de inequívoco origen europeo. No, precisamente, porque durante la época colonial dejaran de

pasar a América corrientes del otro lado del Océano: el conocimiento elemental de las letras coloniales americanas nos
muestra que —más tarde o más temprano— llegaron hasta
aquí las tendencias renovadoras.

Con la independencia política no cambiará este paralelismo. Cambia, sí, la vía: Brasil ya no recoge modelos de
Portugal y es, sobre todo, Francia (como, en general, ocurre
en toda la América Hispánica) el gran almacén cultural de
la época. Sin entrar a medir aquí avances y repliegues, y
aceptando también, por descontado, que rarísimas veces la
independencia política coincide con la madurez espiritual
—categorías que no tienen por qué coincidir—, es evidente
que el sincronismo continúa en el siglo XIX, aunque por el
particular momento histórico y más allá de explicables desbordes, América pudo elegir con mayor libertad sus fuentes
y tutelas.

Hay en las letras románticas americanas diversos rasgos
que señalan variantes con respecto a épocas artísticas anteriores. El hecho de que el romanticismo sea el primer momento literario (y no fue mucho más allá de lo literario) en
la vida independiente de estos pueblos tiene de por sí consecuencias notorias: repercute en géneros, temas y hasta menudas peculiaridades. Nos muestra —como ocurre en obras
que construyen su propio género, temas como el indianismo
y el abolicionismo— señales evidentes de un especial momento político-social, de un mayor apego a la realidad americana.

Por supuesto que las palabras anteriores se dirigen a una
breve caracterización; de ninguna manera pretenden dedu-
cir valoraciones. Dentro de regiones tan extendidas, y aún
reduciendo el campo a la simple partición de los dos grandes
grupos —Hispanoamérica y Brasil—, es necesario, en el caso
de Hispanoamérica, tener en cuenta diversidad de regiones.

Por otra parte, el conocimiento de las letras de Cuba y Puerto Rico, durante esta época, muestra que las direcciones del romanticismo, entre los países independientes y las tierras que aún dependen de España, no ofrece —como direcciones— diferencias fundamentales. Lo que sí puede agregarse es que el romanticismo se identificaba fácilmente con las ansias de libertad política. No hace falta citar las socorridas palabras de Hugo ni de otros teorizadores del momento.

EL ROMANTICISMO EN EL BRASIL

En el Brasil, la época de la emancipación coincide con el predominio neoclasicista en las letras. Vemos, de nuevo, que el Brasil no es excepción a un panorama general en la América Hispánica.

Aceptada como primera obra conscientemente romántica la de Gonçalves de Magalhães (*Suspiros poéticos e saudades*, París, 1836), no supone esto olvidar precedentes. Eso sí, poco vale ir lejos en busca de precedentes remotos, de «vidas románticas», dentro de una línea que, como la nuestra, se centra en una época bien definida. De tal manera, tienen un más riguroso valor de precursores nombres como José Antônio Pereira de Sousa Caldas (1762-1814), José Bonifácio de Andrada e Silva (1763-1838) y Domingo Borges de Barros (1779-1855). (En fin, hilando fino, entra también Thomaz Antônio Gonzaga, el cantor de *Marília de Dirceu*.)

Se ha pensado también últimamente en un poeta religioso —Frei Francisco de S. Carlos— como integrante de este vago grupo [1]. Frei Francisco de S. Carlos (1768-1829) fue poeta religioso y su obra más conocida es el poema *A Assunção*,

---

[1] Ver José Aderaldo Castelo, *Os pródromos do Romantismo*, en Afrânio Coutinho (dirección), *A Literatura no Brasil*, I, 2, Río de Janeiro, 1955, págs. 631-632.

poco o nada anticipador, a pesar de su explicable y declarada reacción contra lo mitológico. Claro también que es un tanto difícil buscar en tales caminos precedentes románticos.

Volviendo a los anteriores, diré que son hombres que reflejan vaivenes de la época, que recogen en sus obras (algunos de ellos las escriben y publican en Europa: las *Poesias*, de José Bonifácio; *Os túmulos*, de Borges de Barros), recogen en sus obras, repito, lecturas que canalizan más de una vez inclinaciones románticas: Rousseau, Ossian, Young, Chateaubriand, Byron... Y no sólo lecturas: en Sousa Caldas, por ejemplo, hay ya una sensibilidad romántica que puja por entre temas típicos del siglo XVIII.

José Bonifácio, prócer, hombre de ciencia y poeta, restringe algo su figura en este último aspecto. Es, de todos modos, poeta que anticipa peculiaridades románticas junto a su sólida formación clásica. El romanticismo de José Bonifácio enfila hacia la prédica patriótica, sin lugar a dudas, punto culminante de una vida combativa.

Podemos recordar —dentro de semejanzas amplias— la labor de Heredia, Olmedo y Bello en las letras hispanoamericanas, sin olvidar tampoco —en el camino de las analogías circunstanciales— el hecho de que las *Sivas americanas* de Bello se escribieron en Europa y aparecieron por primera vez en Londres. Esta última particularidad aparece por lo común ligada a la residencia momentánea del poeta y, sobre todo, al fuerte influjo europeo de más allá de los Pirineos: las obras se publican en imprentas europeas no ibéricas. (Ejemplos: José Bonifácio, Bello, Gonçalves de Magalhães, Gonçalves Dias) [2].

---

[2] El caso de Heredia, diferente, muestra al poeta cubano imprimiendo sus poesías en Nueva York (1825) y en Toluca (segunda edición, dos tomos, 1832).

GONÇALVES DE MAGALHÃES

El caso de Domingos José Gonçalves de Magalhães (1811-1882) es también semejante al de escritores de la época (el mejor ejemplo: Víctor Hugo). Las *Poesías* (1832) constituyen una obra de corte clasicista, clasicismo que se corta, evidentemente, en los *Suspiros poéticos e saudades* (1836). El modelo de Lamartine es indudable y ya aparece en el título. Epígrafes y poesías lo confirman.

A manera de heraldo, en 1836, y poco antes de aparecer los *Suspiros poéticos*, el autor publicó en la revista *Niterói* un *Ensaio sôbre a história da literatura no Brasil*[3]. Vale decir, doctrina y ejemplo casi al unísono, que se publican —y no casualmente— en París.

Gonçalves de Magalhães es el poeta que abre caminos, sin alcanzar gran jerarquía en su obra. Por una parte —y a través de lo que se deduce de sus palabras—, sin una clara noción de su lugar en las letras brasileñas. (Esto último no constituye una excepción, ni mucho menos, en la literatura universal.) Pero lo que no se puede negar a Gonçalves de Magalhães es su papel de iniciador definido, iniciador por

---

Olmedo publicó, durante su misión diplomática en Europa, dos ediciones (la segunda y la tercera, Londres y París, 1826) de su *Canto a Bolívar*.

[3] «...que valeu por um verdadeiro manifesto romántico, embora não aparecesse nêle a palavra «romântico». Nesse artigo, em que dizia que a poesia do Brasil não era uma indígena civilizada mas uma grega vestida à francesa e à portuguesa, estavam indicados os principais pontos que iriam constituir a reforma romântica no Brasil: abandono dos artifícios arcádicos, da mitologia, da paisagem européia, em favor da religião e da natureza brasileira; abandono das regras clássicas substituidas pela livre iniciativa individual». (Manuel Bandeira, *Poesia*, en Borba de Moraes y Berrien, *Manual Bibliográfico de estudos brasileiros*, págs. 709-710).

su obra, mejor que por lo que puede aclararnos de la escuela en sus espaciadas manifestaciones estéticas (que veremos más adelante)[4].

A pesar de que este título de iniciador parece inconmovible, no han faltado críticos que hayan tentado el esfuerzo de despojarlo de este laurel para colocarlo en la frente de otro poeta, algo más oscuro que Magalhães. Efectivamente, Rapôso de Almeida y, sobre todo, Sílvio Romero (en su otrora difundida *História da literatura brasileira*) señalaron al poeta Maciel Monteiro como primer nombre en la cronología del romanticismo brasileño.

Las bases eran, por cierto, débiles. Monteiro —según Romero— estuvo en París desde 1822 hasta 1829, y «é provável que desde então escrevesse versos». Médico, en 1830 volvió Monteiro al Brasil y en su patria tuvo una activa participación política. Sus poesías fueron recogidas en libro muchos años después de su muerte: en 1905[5]. En síntesis, razones endebles que no alcanzan a despojar prerrogativas de Magalhães.

Lo que merece subrayarse es el hecho de que Monteiro estuvo en Francia —estudiando medicina en la Universidad de París— por los años parisienses de Echeverría. Monteiro y Echeverría volvieron a América en 1830 y tuvieron significación —no muy pareja, pero visible en ambos— dentro del triunfo de ideas románticas en sus respectivos países[6].

---

[4] Sobre *A confederação dos Tamoyos*, poema posterior y una de las obras más ambiciosas de Gonçalves de Magalhães (Río de Janeiro, 1856), escribió un extenso comentario Juan María Gutiérrez. (Ver J. M. Gutiérrez, *Un poema brasilero*, en la *Revista del Río de la Plata*, de Buenos Aires, 1872, III, págs. 481-520. Con una carta del poeta brasileño a Gutiérrez.)

[5] Cf. Manuel Bandeira, *Antologia dos poetas brasileiros da fase romântica*, Río de Janeiro, 1949, págs. 365-367.

[6] Reconozco, sí, que con mayor frecuencia que el paralelo —vago paralelo— que establezco entre Monteiro y Echeverría, se ha tentado

Más recientemente, Afrânio Peixoto disputa el lugar para concedérselo a José Bonifácio y sus *Poesias avulsas*, libro publicado en Burdeos (1825) con el seudónimo de Américo Elísio [7]. Pero lo fundamental es que, por sobre todos éstos, Gonçalves de Magalhães llevó, si no un claro sentido de escuela, una visible influencia en escritores brasileños, y en momento propicio.

A todo esto, concluyo, no hay que olvidar, en este momento de iniciación y paulatino afianzamiento, la cálida presencia del francés Ferdinand Denis [8] y su irradiación en

---

el de Magalhães y Echeverría, como iniciadores del romanticismo en sus respectivos países. Así, tempranamente, los presentan el crítico brasileño Joaquim Norberto de Sousa e Silva y el argentino José Mármol. (Ver Sousa e Silva, *Indagações sobre a literatura argentina contemporánea*, en *Minerva Brasiliense*, de Río de Janeiro, 15 de marzo de 1844, I, núm. 10. Ahora, en trad. y con estudio preliminar de Félix Weinberg, con el título de *La literatura argentina vista por un crítico brasileño en 1844*, Rosario, 1961, págs. 68-69.)

Más adelante, Juan María Gutiérrez repitió —en 1872— el paralelo entre Echeverría y Gonçalves de Magalhães:

«El señor Magalhães —escribió— apareció como Echeverría cuando menos se lo esperaba, trayendo como éste el sentimiento, el colorido, la melancolía y el perfume relijioso que transpiran en las composiciones de Chateaubriand y Lamartine. El libro con que se hizo notar el señor Magalhães titulábase *Suspiros poéticos e saudades*: portada bien significativa para preparar el hallazgo de las dulces penas y de las nobles esperanzas encerradas en aquellas pájinas aplaudidas del público y hábilmente apreciadas en su tiempo por escritores de nota, como Evaristo Ferreira y el Vizconde de Cayrú. Echeverría denominó *Consuelos* a la primera colección de poesías que publicó en 1834...» (J. M. Gutiérrez, *Un poema brasilero...*, pág. 490.)

[7] Al mismo tiempo que defiende la prioridad de José Bonifácio, Peixoto trata de debilitar el «romanticismo» de Gonçalves de Magalhães y se apoya en juicios del propio Magalhães (prólogos a la tragedia *Antônio José* y a *Olgiato*). La verdad, que la autocrítica de Gonçalves de Magalhães —que no dejamos de tener en cuenta— poco significa frente a la obra en sí, sobre todo frente a los *Suspiros poéticos e saudades* (sin contar juicios coetáneos a esta obra).

[8] Este hoy olvidado escritor francés, de larga vida y de abundante obra, no sólo residió por períodos en el Brasil, sino que dejó también

el grupo de colaboradores de la revista *Niterói* (entre los
cuales estaba Gonçalves de Magalhães), ni la particular influencia de Almeida Garret, verdadero introductor del romanticismo en Portugal.

TRAYECTORIA ROMÁNTICA

Después de 1836, y sin mayores obstáculos, el romanticismo fue el signo de las letras brasileñas. Su dominio perceptible se extiende alrededor de treinta y cinco años, vale
decir, el equivalente de dos generaciones poco más o menos.
En esos treinta y cinco años se disponen los nombres que
dan presencia al romanticismo en el Brasil. Tres figuras pro-
minentes: Gonçalves Dias y Castro Alves, en la lírica; Alencar, en la novela. Después, un grupo compacto —con desniveles apreciables, pero digno de recordarse—: Gonçalves de
Magalhães, Porto Alegre, José Bonifácio (o moço), Álvares
de Azevedo, Laurindo Rabelo, Junqueira Freire, Macedo, Pena,
Tobias Barreto, Soares de Sousa, Casimiro de Abreu, Fagundes Varela, Silva Guimarães, Távora, Taunay...

Dentro de un cierto orden cronológico, y dentro de un
perceptible movimiento de escuelas, hay en algunos de los
últimos nombres citados indicios de una nueva época artística: realismo en la prosa, parnasianismo en el verso. Otra
vez direcciones que, sin perder vigor en hombros de escritores de valía, recuerdan la notoria bifurcación de las letras
francesas en la época.

---

diversos estudios vinculados a ese país. En su bibliografía figura,
además, un *Résumé de l'histoire de Buenos Ayres, du Paraguay et
les Provinces de la Plata...* (París, 1827.)

La obra más difundida de Ferdinand Denis fue sin duda la titulada
Le Brahme voyageur, ou la sagesse populaire de toutes les Nations
(París, 1832) obra que, como he probado, conoció José Hernández.
(Cf. Henri Cordier, *Ferdinand Denis*, Paris ¿1890?).

Hacia 1870 el ritmo de la literatura brasileña cambia merced al impulso que le imprimen escritores que consideran al romanticismo como algo superado, aunque el romanticismo que vive en obras literarias de ese tiempo dista, por lo general, de los «suspiros» de Magalhães.

III

INFLUJOS EUROPEOS

La independencia política de la América Hispánica no significa, ni menos presupone, una independencia cultural. Basta con recordar los acentos con que se exaltan los hechos de la Revolución e Independencia americanas para ver hasta dónde persisten modelos españoles y portugueses.

El romanticismo fue, sin duda, momento más oportuno —diríamos también más propicio— para romper ciertos vínculos literarios. La ruptura con las antiguas metrópolis es evidente y hasta nacen direcciones literarias que siguen las líneas políticas: antiespañolismo, antiportuguesismo...

La juvenil consistencia de estos pueblos se marca, dentro de límites visibles, en que la reacción contra el influjo predominante de las antiguas metrópolis casi siempre se resolvió en un cambio de tutela. En ese sentido, el predominio de Francia en la vida cultural americana del siglo XIX es de evidencia abrumadora. Las derivaciones de ese influjo son múltiples y, naturalmente, llegaron a los excesos. Claro que hay que distinguir entre el simple eco o traducción y la obra que se eleva por entre el lastre de una cultura no siempre bien asimilada.

En cuanto al prestigio de Francia en estas regiones, sólo hay diferencia de grados: algo más honda y persistente en los países de la costa atlántica, y, sobre todo, en aquellos de cultura colonial menos firme. (El Río de la Plata es el mejor ejemplo que se puede citar aquí.) En los países del Pacífico la influencia francesa se vio más equilibrada —en líneas generales— con una supervivencia del prestigio español.

En síntesis, el siglo XIX será un siglo de fuerte influjo francés en América [1], influjo particularmente literario y paralelo a la riqueza y variedad de las letras francesas de la época. Diferencias entre el este y el oeste y aun entre el norte y el sur, no amenguan las líneas gruesas de ese influjo. Estableciendo algún orden, hay que citar estos nombres propios: Víctor Hugo, Lamartine, Chateaubriand, Alfredo de Musset, Vigny, Rousseau, Béranger.

Ya nos hemos referido a la presencia del francés Ferdinand Denis en el Brasil y a su significación en los años iniciales del romanticismo brasileño, pero sería ingenuo suponer que la influencia francesa se marcó particularmente a través de Denis. Con él o sin él, el prestigio y difusión de la cultura francesa hubiera tenido igual carácter absorbente.

Sin duda —y para recurrir a algún testimonio paralelo a los que ya conocemos en Hispanoamérica—, sirve aquí un párrafo del poeta Junqueira Freire, significativo no sólo de una influencia, sino también de una actitud emocional que las palabras descubren:

---

[1] Hay eclipses particulares: intervención de Francia en la política de América (México, Río de la Plata), pero estos episodios no constituyeron impedimento sensible dentro de esa influencia.

Poco más o menos —aunque no puede alcanzar el mismo grado— ocurre con la intervención inglesa en los asuntos de América (Río de la Plata, Brasil). Gonçalves Dias reflejaba desde Europa (ver carta a Capanema, fechada en Dresde, el 21 de junio de 1863) su reacción ante el «Caso Christie.»

Enquanto não a tivermos e formos obrigados a seguir um norte, sigamos a França. Porque ela é o farol que ilumina o mundo civilizado [2].

Inglaterra ejerce un influjo parcial, centrado preferentemente en una figura entonces dominante: Byron. Menos en Walter Scott y Ossian. Y hacia atrás, Shakespeare. Una particularidad que no hace sino reafirmar la importancia y predominio cultural de Francia en este continente: a menudo, el conocimiento de las letras inglesas (y de otras literaturas europeas) se hace a través de la lengua francesa. Si no bastaran indicios deducidos de libros que entonces circularon en América, las citas y epígrafes de escritores ingleses y alemanes —en francés— nos sirven para descubrir el imaginario vehículo.

Por último, hay datos indirectos, pero significativos, de lecturas y frecuentación de la lengua francesa en el Brasil. Tales, los epígrafes de periódicos —con nombre y sin nombre de autor (ver *Annaes fluminenses*, 1822; *O beija-flor*, 1830, 1831), aunque no siempre sea difícil localizar la cita [3].

Menos pesa en las obras americanas la presencia de poetas alemanes (Goethe, Schiller, Heine) e italianos (Fóscolo, Manzoni, Leopardi). Manzoni, por ejemplo, fue conocido en el Brasil durante la época de Pedro II. El propio Emperador mantuvo relaciones con él y hubo correspondencia entre ambos. El crítico Ferruccio Rubbiani, en la introducción a la edición italiana de *I promessi sposi*, publicada en San Pablo (s. a.), dice que D. Pedro II tradujo al portugués la famosa oda *Cinque Maggio* [4]. Fuera de las literaturas cita-

---

[2] Junqueira Freire, *Retórica nacional* (1852). Cit. por Eugênio Gomes, *Junqueira Freire*, en Afrânio Coutinho (dir.), *A literatura no Brasil*, I, 2, pág. 766.

[3] Cf. Helio Vianna, *Contribuição à história da imprensa brasileira (1812-1869)*, Río de Janeiro, 1945, págs. 103 y 115.

[4] Ver Luigi Castagnola, *«Os noivos» de Alexandre Manzoni no*

das, si aparece algún otro nombre contemporáneo (el polaco Mickiewick, por ejemplo) es para sorprendernos por su rareza. En lugar aparte, el norteamericano Fenimore Cooper.

España mantuvo en Hispanoamérica durante el siglo XIX —es indudable— mayor prestigio «literario» que Portugal en el Brasil. España siguió siendo en varias regiones —antiespañolismo político a un lado— la base y el modelo. Obras de Larra, Espronceda y Zorrilla pasan el Océano y encuentran en América tanta o más admiración (e imitaciones) que en España. Simpatías ideológicas en el caso de Larra y Espronceda, es cierto, pero fundidas con el reconocimiento de valores eminentemente literarios, valores que surgían en un momento de escaso brillo en las letras peninsulares.

El caso brasileño varía. El romanticismo brasileño volvió realmente la espalda al modelo portugués. Los grandes románticos portugueses —Garret y Herculano— encontraron más admiradores que imitadores en el Brasil[5]. No me olvido de derivaciones garretianas dentro de la obra de Gonçalves Dias, ni de las incitaciones de Herculano en otros románticos del Brasil[6], pero no creo que alcancen para alterar el juicio anterior.

Otra particularidad digna de notarse es el entusiasmo —con repercusión en ecos poéticos— que Espronceda despierta en jóvenes escritores brasileños, especialmente en los del grupo de Álvares de Azevedo y en Castro Alves[7].

Brasil (en la revista *Letras*, de Curitiba, 1959, núm. 10, págs. 1-14). El crítico agrega que el interés mayor corresponde al siglo XX, reflejado, sobre todo, en tres traducciones recientes de *Los novios*.

[5] Cf., Sílvio Romero, *História da literatura brasileira*, II, Río de Janeiro, 1903, pág. 158.

[6] Ver epígrafes de Herculano en Álvares de Azevedo *(Pedro Ivo)*, y de Garret en Casimiro de Abreu *(No lar.)*

[7] «Como Álvares de Azevedo o magistral Castro Alves foi, tambem, um entusiasta admirador de Espronceda de quem verteu poesias cujos

VÍCTOR HUGO

Víctor Hugo fue el romántico europeo que más se admiró e imitó en el Brasil. Admiración e imitación que no se reduce a una obra ni a una «cuerda». Se lo leía en su lengua y también se lo traducía: José Pinheiro Guimarães tradujo *Hernani* (traducción de la cual se ocupó Gonçalves Dias), el propio Gonçalves Dias tradujo la canción de *Bug-Jargal*. Años después, Machado de Assis tradujo *Los trabajadores del mar*... En fin, en poetas como Maciel Monteiro, Bernardo Guimarães, José Bonifácio (o moço), Luis Delfino, Casimiro de Abreu, Tobias Barreto, Luis Guimarães, Fagundes Varela y Castro Alves, hay epígrafes, citas de Víctor Hugo y algo más. Con frecuencia, el epígrafe —en esa abundancia de epígrafes que caracteriza a poemas románticos— constituye el punto de partida [8]. El más imitado es el Hugo del colorido, del énfasis, y el que llega hasta la obra de resonancia social:

> Irei contigo pelos ermos —lento—
> cismando, ao pôr-do-sol, num pensamento
> do nosso velho Hugo.
> —Mestre do mundo! Sol da eternidade!
> Para ter por planêta a humanidade,
> Deus num cêrro o fixou.
>
> (Castro Alves, *Sub tegmine fagi*) [9].

originais se encontram na Biblioteca Nacional. Apontou-se haver êle, no traduzir, de Espronceda, «La canción del pirata», encontrado inspiração para o seu famoso *O Navio Negreiro*. Ainda, do mismo poeta êle verteu o prólogo de *El diablo mundo*...» (Pinto Do Carmo, *Presença de Espanha*, Río de Janeiro, 1959, págs. 44-45.)

[8] En última instancia, nos revela ámbito de lecturas y, especialmente, autores predilectos.

[9] Castro Alves, *Poesias escolhidas*, Río de Janeiro, 1947, pág. 51.

De Víctor Hugo sacan con frecuencia citas y razones los liberales brasileños. Y aun se da el caso de que frases de Víctor Hugo sirven de encabezamiento a periódicos. La «quinta época» de *O repúblico* (1853-1855), publicación de accidentada vida, que dirigió Borges da Fonseca —periodista y polemista famoso en su tiempo— trae como epígrafe palabras de Víctor Hugo (claro está, del Víctor Hugo «político») [10]. Sin embargo, conviene advertir que el autor más utilizado, aquel bajo el cual se colocan los periodistas liberales en esta especie de profesión de fe, no es Hugo, sino Rousseau (ver periódicos dirigidos por Luis Augusto May y Borges da Fonseca). Preferencia más explicable, teniendo en cuenta el carácter eminentemente político de la mayor parte de los periódicos de ese tiempo. A ellos hay que agregar abundancia de panfletos, dentro siempre de esa línea.

La obra literaria de Chateaubriand llegó a América con su *René* y, más aún, con *Atala*. La preferencia se explica en virtud del ámbito americano de esta última obra. Gonçalves Dias cita a Chateaubriand en los *Primeiros cantos* (1846).

Alfredo de Musset y Teófilo Gautier —romántico y parnasiano— tuvieron más difusión, en general, dentro del Bra-

---

[10] Cf. Helio Vianna, *Contribuição à história da imprensa brasileira*, pág. 580.

El crítico Fausto Cunha señala que la década 1860-1870 se caracteriza por la influencia de Hugo y, sobre todo, de Víctor Hugo como escritor político y social. Consecuencia de un prestigio creciente, de una etapa espectacular en el escritor francés (la que va del 52 al 59) y de especiales condiciones de la vida y letras brasileñas. (Ver F. Cunha, *Castro Alves*, en A. Coutinho (dir.), *A literatura no Brasil*, I, 2, pág. 799.)

Carneiro Leão ha estudiado recientemente la influencia de Víctor Hugo en el Brasil (Ver *Victor Hugo no Brasil*, Río de Janeiro, 1960). Y tanto en los escritores como en los políticos: Pedro II, Ruy Barbosa, Afonso Pena, Euclides de Cunha, Gonçalves Dias, Machado de Assis... Desde un extremo a otro del Brasil —dice— y por más de cincuenta años, se sintió su fuerte influencia.

sil que en Hispanoamérica. La proporción es pareja en el caso de Lamartine, ampliamente leído en todo el continente [11]. Leído e imitado.

Según nos cuenta Carlos Guido Spano, él tradujo al portugués el *Rafael* de Lamartine, precedido de un estudio crítico sobre sus *Confidencias*. Producto de su etapa brasileña, etapa que evocaba a la distancia con cariño [12].

Por último, Alfredo de Vigny tuvo en el Brasil admiradores entusiastas (ejemplo típico: Castro Alves), ejemplo que no se ve —por lo menos, no he encontrado testimonios semejantes— en las demás regiones americanas (excepciones: el chileno Hermógenes de Irisarri y algún otro).

BYRON

También Byron extendió hasta el Brasil el doble prestigio —ese prestigio íntimamente respaldador— de su vida y de su obra. Quizás, más su vida que su obra, para explicar una categoría poética que ha ido decreciendo hasta aproximarse a su verdadera dimensión. José de Alencar nos dejó un reflejo del entusiasmo que la juventud romántica sentía por Byron. Alencar se refiere a su éxito entre los estudiantes de San Pablo, hacia 1845:

---

[11] Claro que los románticos europeos estuvieron casi siempre bien lejos de corresponder a exaltadas admiraciones americanas. Con razón pudo escribir Sarmiento en párrafo de sus *Viajes* y a propósito de Lamartine:

«¿Recuerda usted que Lamartine preguntaba a Varela qué idioma hablábamos?» (Sarmiento, *Viajes*, I, ed. de Buenos Aires, 1922, página 173.)

[12] Guido Spano, *Autobiografía* [1879], ed. cit., pág. 28.

> Todo estudante de alguma imaginação queria ser um Byron,
> e tinha por destino inexorável copiar ou traduzir o bardo in-
> glês [13].

En otra perspectiva, puede de nuevo servir aquí el ejemplo de Castro Alves, hombre de una generación para la cual
la fisonomía poética de Byron no se concebía separada de
su conocida trayectoria biográfica. Castro Alves escribió un
poema titulado *O derradeiro amor de Byron*, comentario
lírico a los amores de Byron —sobre un fondo italiano—,
de espectacular final. Comienza Castro Alves:

> Num dêsses dias em que o Lord errante,
> resvalando em coxins de sêda mole... [14].

Se imitaba la actitud melancólica, la ironía, el escepticismo, el «satanismo» de Byron. Copió actitudes y versos la
«Escuela paulista» de Álvares de Azevedo, sobre todo Fagundes Varela. En realidad, Álvares de Azevedo y su grupo refle-
jaron no sólo a Byron, sino también a poetas europeos que
con mayor o menor hondura llevaron a sus obras «el mal
del siglo».

Con respecto a Shakespeare, siempre interesa conocer el
camino de su expansión en estas regiones. Más aún, si sabemos cómo contribuyeron los románticos a su valoración.

En principio, el itinerario en el Brasil es semejante al de
Hispanoamérica. Punto de arranque, el Shakespeare de Ducis (vale decir, un Shakespeare muy relativo) y a través de
compañías extranjeras, particularmente españolas. Eso, alrededor de 1840.

Por esa época, el actor brasileño João Caetano dos Santos (1808-1863), «fundador del teatro brasileño», sobre el modelo de las compañías españolas, representó *Hamlet* y *Otelo*,

---

[13] José de Alencar, *Como e porque seu romancista*.
[14] Castro Alves, *Poesias escolhidas*, pág. 187.

en las versiones de Ducis. Posteriormente, las compañías italianas (Salvini, Rossi, Emanuel) no sólo representan a un Shakespeare más auténtico, sino que ofrecen recordadas interpretaciones.

Por otra parte, hay citas y epígrafes de Shakespeare en los poetas románticos brasileños. Llegamos, de esta manera, a Machado de Assis, que tradujo el famoso monólogo de *Hamlet* y nos dejó otras muestras de su estimación hacia el poeta inglés [15].

Volviendo a las letras inglesas de la época de Byron, es de rigor señalar el entusiasmo por Walter Scott y sus novelas históricas [16]. Scott tiene que ver, naturalmente, con las novelas históricas brasileñas que se escribieron en años del romanticismo. El brasileño Caetano Lopes de Moura tradujo numerosas novelas de Walter Scott al portugués, durante su largo período de residencia en París. Entre ellas, *El talismán*, *Quintín Durward* e *Ivanhoe*. Además, el fervor romántico hacia Ossian —que tantos testimonios tiene en América— alcanza con amplitud la literatura brasileña en Junqueira Freire y, sobre todo, en Francisco Octaviano, frecuentador de la literatura inglesa. Octaviano tradujo los *Cantos de Selma* (Río de Janeiro, 1872).

Curiosamente, quien resume un conocimiento bastante amplio de estos autores ingleses es un escritor que hemos citado como puente entre los neoclásicos y los románticos:

---

[15] Cf. Eugênio Gomes, *Shakespeare no Brasil* (Río de Janeiro, 1961); Décio de Almeida Prado, *A evolução da literatura dramática* (en Afrânio Coutinho (dir.), *A literatura no Brasil*, II, Río de Janeiro, 1955); Araripe Júnior, *Obra crítica*, I, ed. de Río de Janeiro, 1958, páginas 451-466.

[16] En el periódico *O beija-flor*, de Río de Janeiro (1830-1831) se publicó (no sé si completa) la novela *O colar da pérolas, ou Clorinda*, de Walter Scott, con un prólogo del traductor anónimo (cf. Helio Vianna, *Contribuição à história da imprensa brasileira*, pág. 115).

José Bonifácio (Afrânio Peixoto —lo hemos visto también— hace partir de José Bonifácio el romanticismo nacional). El autor de las *Poesias avulsas*, firmadas con el seudónimo de Américo Elísio, citaba, hacia 1825, a Byron, Walter Scott y Ossian, y traducía a Young.

ESCRITORES ALEMANES

En Brasil, tres grandes poetas alemanes —Goethe, Schiller, Heine— encontraron bastantes ecos (los dos primeros, posiblemente mayores ecos que en Hispanoamérica). Por lo pronto, encontramos lecturas directas y traducciones: el mejor y más alto ejemplo, Gonçalves Dias, traductor de Schiller (*A noiva de Messina*, es versión directa del alemán) y asiduo frecuentador de Goethe. Otro buen traductor y conocedor de Schiller fue Tobias Barreto, si bien —señala el crítico Reinaldo Bossmann [17]— no tuvo Schiller la repercusión que merecía o se lo conoció a menudo en traducciones de segunda mano, y tardíamente. La difundidísima *Canção do exílio*, de Gonçalves Dias, lleva como epígrafe los universalmente conocidos versos de la Balada de Mignon (repetida en el *Wilhelm Meister*, *Años de viaje*, II, vii):

Kennst du das Land, wo die Citronen blühn...

Hay nuevos signos de admiración hacia Goethe y de imitación de su obra en otros poetas brasileños, como si, aparte del reconocimiento a su valor, hubieran querido pagar de esa manera el interés de Goethe (del Goethe naturalista) por el Brasil [18].

---

[17] Cf. Reinaldo Bossmann, *Schiller no Brasil* (en la revista *Letras*, de Curitiba, 1955, núm. 4, págs. 60-63).
[18] Ver Alfonso Reyes, *Goethe y América*, en la revista *Verbum*, de Buenos Aires, 1932, XXV, núm. 82, págs. 75-77.

Dentro de un campo menos amplio, Heine llega con nitidez hasta algunos escritores brasileños, sobre todo a los del personal grupo que acaudilló Álvares de Azevedo. Las mismas razones que impulsaban a hacer compacto el grupo, explican también la afinidad de temas, acentos e influencias:

> ... Vem tu agora,
> fantástico alemão, poeta ardente,
> que ilumina o clarão das gotas pálidas
> do nobre Johannisberg! Nos teus romances
> meu coração deleita-se...
>
> > (Álvares de Azevedo, *Idéias íntimas*) [19].

En lo que se refiere al conocimiento y admiración que Gonçalves Dias tuvo por Heine, encontramos en Hispanoamérica un interesante testimonio de Ricardo Palma:

> Gonçalves Dias era entusiasta admirador de Heine, y en nuestras charlas de la rue Lafitte y en la cité Bergère, se empeñaba en hacerme leer las obras del vate... [20].

En síntesis, hay coincidencias y altibajos en la expansión de grandes poetas europeos del siglo XIX que llegaron —a través de sus obras— hasta América. Predominio visible de hombres que han quedado como valores vivos en las letras universales, a pesar de que los prestigios más notorios y

---

A propósito de la Balada de Mignon hay que decir que esta canción fue una de las poesías de Goethe más difundidas en América.

[19] Citado por Ronald de Carvalho, *Pequena história da literatura brasileira*, ed. de Río de Janeiro, 1949, pág. 225.

[20] Ricardo Palma, carta a Manuel González Prada, fechada en Lima, el 25 de diciembre de 1885 (en *Tradiciones peruanas completas*, pág. 1532).

Gonçalves Dias fue amigo de Ricardo Palma y trasmitió a Palma la admiración que sentía por Heine. (Ver las traducciones, de segunda mano, hechas por Palma y publicadas con este título: E. Heine, *Traducciones*, Lima, 1886.)

absorbentes en la época —Hugo y Byron— distan hoy (sobre todo Byron) del exagerado homenaje decimonónico.

En esos románticos europeos encontraron los americanos
multitud de incitaciones. Poéticamente, sirvieron también de
estímulo a obras logradas dentro de impactos que están lejos de guardar equivalencia con la abundancia de tributos.
Pero esto ya escapa a las vinculaciones que hemos perseguido en los párrafos anteriores.

IV

DOCTRINAS ESTÉTICAS

La influencia europea, disparada en tantas direcciones, toca, explicablemente, las doctrinas estéticas de los escritores americanos. De ahí que casi siempre las páginas dedicadas a la doctrina romántica, exposiciones y defensa de la escuela, recuerdan páginas europeas difundidas (el *Curso* de Augusto Guillermo Schlegel, *De l'Allemagne*, prefacio a *Cromwell*). Con todo, sería injusto reducir a simples ecos las ideas estéticas de los románticos americanos. Ese es, sí, el sello predominante, y —hay que reconocerlo— se explicaron mejor con obras que con teorías. Pero no olvidemos que en la época y ligado a reflexiones sobre el arte, la poesía, el clasicismo, nace el concepto del «americanismo literario». Deseo de desentrañar, de encontrar las líneas de lo autóctono para responder a urgencias sin duda prematuras, pero ampliamente justificadas. (No podemos decir que hoy existe la respuesta adecuada a las inquisiciones sobre lo esencial americano, la «expresión» americana; existen, a manera de avanzadas, líneas tendidas con sagacidad y explicaciones plausibles.)

Importa, por lo tanto, destacar la visible preocupación de los románticos —con el nombre de Bello y sus *Silvas americanas* como pórtico— en tan sugestivo asunto. Cierto es que la independencia política planteó tales problemas, entre otros, pero no es menos cierto que la reflexión estética fundió divagaciones (y ecos) con este encomiable intento de encontrar y señalar el perfil de «lo americano». O, por lo menos, la «expresión» nacional. En el Brasil, es bien perceptible.

PROGRAMAS Y REFLEXIONES

En el Brasil no encontramos la obra medular y sistemática que condense ideas sobre el romanticismo. Vale decir que no sólo se descubre por lo común el eco de páginas más famosas, sino que también la teoría emerge fragmentariamente en prólogos, notas, crónicas y aun en versos que quieren reflejar señales de los nuevos tiempos. De ahí que la reunión de algunos elementos dispersos alcanza, a lo más, para dar una noción aproximada del pensamiento de los escritores brasileños sobre la escuela. Por otra parte, sirven para reiterar principios valederos, conceptos difundidos en la época y —otra vez— mostrar las huellas de leídos románticos europeos.

Un punto de arranque útil es el que encara la oposición clasicismo-romanticismo con alusiones a temas, vocabulario, etc., de elemental aprehensión. Lamartine había escrito en el prefacio a las *Méditations poétiques* (1820):

> Je suis le premier qui ait fait descendre la poésie du Parnasse, et qui ait donné à ce qu'on nommait la Muse, au lieu d'une lyre à sept cordes de convention, les fibres mêmes du coeur de l'homme, touchées et émues par les innombrables frissons de l'âme et de la nature... [1].

---

[1] Lamartine, prefacio a las *Premières méditations poétiques;* ver ed. de las *Premières et nouvelles méditations poétiques,* París, 1862, pág. 7.

Y no causa sorpresa, ni mucho menos, leer en versos de Gonçalves de Magalhães y de Gonçalves Dias parecidos comentarios:

> Castas Virgens da Grécia,
> que os sacros bosques habitais do Pindo!
> O Numes tão fagueiros,
> que o berço me embalastes
> com risos lisonjeiros,
> assaz a infância minha fascinastes.
> Guardai os louros vossos,
> guardai-os, sim, qu'eu hoje os renúncio.
> Adeus, ficções de Homero!
> Deixai, deixai minha alma
> em seus novos delírios engolfar-se,
> sonhar co'as terras do seu pátrio Rio.
> Só de suspiros coroar-me quero,
> de saudades, de ramos de cipreste;
> só quero suspirar, gemer só quero,
> e um cântico formar co'os meus suspiros...
>
> (Gonçalves de Magalhães, *Invocação ao Anjo da Poesia*) [2].

> ... Cantor modesto e humilde,
> a fronte não cingí de mirto e louro,
> antes de verde rama engrinaldei-a,

---

[2] Citado por Ronald de Carvalho, *Pequena história da literatura brasileira*, pág. 214.

Cf., también, con versos de Alfredo de Musset:

> ...Quel que soit le souci que ta jeunesse endure,
> laisse-la s'élargir, cette sainte blessure
> que les noir séraphins t'ont faite au fond du coeur;
> rien ne nous rend si grands qu'une grande douleur.
> Mais, pour en être atteint, ne crois pas, ô poète,
> que ta voix ici-bas doive rester muette.
> Les plus désespérés sont les chants les plus beaux,
> et j'en sais d'immortels qui sont de purs sanglots...
>
> (*La nuit de mai*, 1835.)

(Ver Musset, *Pages choisies*, I, París, 1941, pág. 40.)

d'agrestes flores enfeitando a lira;
não me assentei nos cimos do Parnaso,
nem vi correr a linfa da Castália.
Cantor das selvas, entre breves matas
áspero tronco da palmeira escolho.
Unido a êle soltarei meu canto,
enquanto o vento nos palmares zune,
rugindo os longos encontrados leques...

(Gonçalves Dias, Introducción a *Os Timbiras*) [3].

Alencar distingue la obra de inspiración (esa inspiración tan cara a los románticos) de la obra de reflexión. El juicio del autor de *O Guarani* se inclina hacia la inspiración como lo esencialmente poético. En fin, no hace Alencar otra cosa que establecer una apreciación que entonces dominaba el campo con acento no muy diferente al del novelista brasileño [4]. Supervivencia de raíces platónicas, vestidas de énfasis y paralelismos románticos.

> A idéia de um livro, para aquêles que o escrevem de inspiração, brota de uma ebulição do pensamento, como a planta do germe que fermenta no solo.

---

[3] Citado por Ronald de Carvalho, *Pequena história*, pág. 221.

[4] Recordemos el prólogo de Bécquer a *La Soledad* de Augusto Ferrán:

«Hay una poesía magnífica y sonora; una poesía hija de la meditación y el arte, que se engalana con todas las pompas de la lengua, que se mueve con una cadenciosa majestad...

Hay otra natural, breve, seca, que brota del alma como una chispa eléctrica, que hiere el sentimiento con una palabra y huye, y, desnuda de artificio, desembarazada dentro de una forma libre despierta las mil ideas que duermen en el océano sin fondo de la fantasía.

La primera tiene un valor dado: es la poesía de todo el mundo.

La segunda carece de medida absoluta; adquiere las proporciones de la imaginación que impresiona: puede llamarse la poesía de los poetas...» (Ver Gustavo Adolfo Bécquer, *Obras Completas*, Buenos Aires, 1942, págs. 523-524.)

Essa ebulição traz consigo toda a seiva do livro como no to-
rrão em que vem há de brotar o sal da terra, que deve formar
o lenho, as fôlhas e a flor da árvore.

Uma vez apagada a efervescência d'alma, sem que o livro
esteja concluido, é muito deficil reproduzir o fenômeno, e nunca êle volta com a mesma exuberância e o brilho da primeira
expansão [5].

En esa línea está el retrato del poeta que Gonçalves Dias
traza en una carta a João de Aboim, carta-prefacio a las
Poesias de Aboim (Río de Janeiro, 1849):

De uma naturaleza mais delicada, mais sensível, mais pro-
fundamente impressionável, são capazes de prazeres que o vul-
go não compreende, de alegrias imensas e infindáveis, de êxta-
ses que parecem loucura ao comum dos homens, de assomos
de cólera imprudente e irresistível, e de dores tão violentas
que os outros nem as sentem, nem as podem adivinhar. Preci-
sam de sofrer como os outros de gozar; por isso o mundo que
os pragueja e os amaldiçoa não faz talvez senão cumprir os
designios daquele que só para isso parece os ter criado: cor-
tam-lhe até a mais íntima das fibras do coração, como com as
árvores balsâmicas se pratica, para que deitem resina mais preciosa, cegam-nos para que cantem com mais doçura, mar-
tirizam-nos para que, resumindo nos seus cantos o que todos
juntos padecem, tenham consolação para todas as lágrimas e
bálsamo para todas as chagas [6].

Con estas palabras de Gonçalves Dias estamos ya dentro
del concepto —tan romántico— del poeta como elegido,
como vate, como demiurgo. Es decir, también el poeta como
conductor o como síntesis de su pueblo, idea de la que hemos visto diversos ejemplos en Hispanoamérica.

---

[5] Alencar, nota a la primera edición (1873) de la *Guerra dos mas-
cates*, edición de San Pablo, s. a., pág. 142.

[6] En M. Nogueira da Silva, *Bibliografia de Gonçalves Dias*, Río
de Janeiro, 1942, pág. 44.

En fin, mayor variedad e interés —y hasta cierto sesgo
personal, dentro de lo repetido del tema— tienen las ideas
estéticas que Gonçalves Dias expone en el prefacio del drama
Leonor de Mendonça y en el artículo sobre la traducción de
Hernani hecha por Pinheiro Guimarães. Separo, del último
trabajo, párrafos referentes a lo bello y las reglas, al verso
y la prosa en el drama, y a la revaloración de lo popular.

> ... se alguma coisa há de inmutavel na poesia é «o belo»; quan-
> to às formas, a essas não se poderá estabelecer regra alguma,
> que uma tentativa não abale, que um sucesso não destruia in-
> teiramente.
>
> Verdade é que Shakespeare escrevia os seus dramas em pro-
> sa e verso conjuntamente; mas, ao paso que ele assim pra-
> ticava na Inglaterra, os autores espanhóis usavam, nos seus
> dramas, comédias ou autos, de todos os metros da sua metri-
> ficação, que tambem são os da nossa. Quando as circunstán-
> cias eram trágicas, quando a cena era interessante, usavam do
> verso histórico: usavam do redondilho maior não rimado nas
> ocasiões menos interessantes, naquelas em que Shakespeare em-
> pregaria a prosa; nas outras cenas, e para caracterizar a imensa
> variedade de afetos que oscilam entre a comédia e a tragédia
> —que podem ser «belos» sem ser dramáticos, interessantes sem
> ser «belos»—, usavam indistintamente dos outros metros, como
> supunham dever de causar melhor efeito...
>
> O verso otonario, em quase todas as línguas meridionais da
> Europa, é de feição popular; é o verso do improviso, das len-
> das, dos solans, e das trovas; os cegos o cantam pelas estra-
> das, os barqueiros pelos rios, os campesinos, homens groseiros
> e sem instrução que não sabem por certo dividir uma sílaba,
> durante as feiras ou em alguma romeria, improvisam-no e vão
> cantando ao desafio por longo tempo; eles aparecem nos dis-
> cursos mais sérios, nas conversações mais arrastadas; e apa-
> recem porque são naturais, porque são do gênio das línguas
> do meio dia da Europa... [7].

---

[7] Nogueira da Silva, *Bibliografia de Gonçalves Dias*, pág. 41.

El triunfo del romanticismo fue aquí también total. Pero eso no quiere decir que falte —aun en un poeta típicamente romántico como Álvares de Azevedo— la sátira a sus formas:

> Ali na alcova
> em àguas negras se levanta a ilha
> romântica, sombria à flor das ondas
> de um rio que se perde na floresta...
> Um sonho de mancebo e de poeta,
> el Dorado de amor que a mente cria
> como um Eden de noites deleitosas...
> Era ali que eu podia no silêncio
> junto de um anjo... Além o romantismo!
>
> (Álvares de Azevedo, *Meu anjo.*)

NACIONALISMO LITERARIO

El romanticismo americano cultivó multitud de temas, y, entre ellos, no faltaron los que respondían a una realidad europea bastante alejada de las cosas de América. De nuevo, el modelo absorbente quitando perspectivas y a menudo vida a la obra literaria. Pero el romanticismo enseñó también a valorar el color local, a buscar en lo inmediato, conocido y sentido, los temas del poema y la novela. La naturaleza americana penetra entonces, en toda su variedad y riqueza, en las letras universales.

Pensemos una vez más en que el romanticismo es el movimiento artístico que coincide con los primeros años de vida independiente de la mayor parte de los países americanos. Fueron así los románticos —sobre esta suma de factores— los primeros que se plantean (y la consecuencia es indudable) el problema de la «literatura nacional».

Paisajes, costumbres, el hombre en el paisaje, son las direcciones más frecuentadas en temas y obras. «Si hemos de

tener una literatura —dijo Juan María Gutiérrez en el Río
de la Plata[8]— hagamos que sea nacional, que represente
nuestras costumbres y nuestra naturaleza, así como nuestros
lagos y anchos ríos sólo reflejan en sus aguas las estrellas
de nuestro hemisferio...»

En el Brasil, las aspiraciones son igualmente claras. Y
hay también un interesante e inmediato precedente: el francés Ferdinand Denis, que en 1826 (es decir, diez años antes
que los *Suspiros* de Magalhães) escribía estos párrafos revolucionarios:

> O Brasil já sente a necessidade de beber as suas inspirações
> poéticas numa fonte que de fato lhe pertença e em sua nascente
> glória não tardará em apresentar as primícias dêsse entusias-
> mo que atesta a juventude de um povo. Se adotou esta parte
> de América uma linguagem que aperfeiçou a nossa velha Euro-
> pa, deve rejeitar as idéias mitológicas devidas às fábulas da
> Grécia... porque não estão em harmonia nem com o seu clima,
> nem com as suas tradições. A América, brilhante de mocidade,
> deve têr novos e enérgicos pensamentos... Deve finalmente a
> América ser livre em sua poesia como já é em seu govêrno[9].

Ya hemos visto en versos de Gonçalves Dias y Gonçalves
de Magalhães alusiones al paisaje vernáculo. Pero, sin duda,
aparece mejor en la obra de Alencar: no sólo en sus novelas
y dramas —vale decir, en lo que significan las obras en sí—,
sino también en la reiterada referencia a temas y lengua
brasileños (la lengua, entendida en su exacta dimensión, tal
como veremos más adelante).

Alencar identificaba hombre y paisaje de su tierra y hasta
deducía de la condición del hombre, en esa naturaleza pró-

---

[8] Juan María Gutiérrez, *Discurso de apertura del «Salón literario»*
(1837). (Ver *Antecedentes de la Asociación de Mayo*, Buenos Aires,
1939, pág. 57.)

[9] Cf. Afrânio Coutinho, *A literatura no Brasil*, I, 2, pág. 583.

diga en contrastes, la facultad del poeta. (Ver *O Guarani*, capítulo VI.)

Dentro de un campo más concreto que el que irrumpe en frases cargadas de lirismo, Alencar señala sus particulares preferencias por temas nacionales, especialmente por el indio. El indianismo (indianismo, no indigenismo) [10] tiene en Alencar uno de sus mejores representantes porque se acercó noble, «poéticamente» y con mano comprensiva a esas criaturas que llevó a sus libros.

¿Mano comprensiva? «O conhecimento da língua indígena é o melhor critério para a nacionalidade da literatura...»

«E nessa fonte deve beber o poeta brasileiro; é dela que hà de sair o verdadeiro poema nacional, tal como eu o imagino» [11].

Alencar batalla con teorías y obras; por supuesto, más con obras que con teorías [12]. Ahí está su nutrida producción para probarlo, aunque no todos sus libros vivan hoy con

---

[10] Recordemos una vez más la diferenciación.

Indianismo: el indio proyectado hacia el pasado, idealizado. Es el «indio» de los románticos (de la mayor parte de los románticos).

Indigenismo: un indio más real, contemporáneo al escritor, con sus luchas y sufrimientos. Es el indio de obras recientes.

A fines del siglo, Martín García Mérou establecía la siguiente diferencia entre indianismo y realidad: «El estado de degradación y de miseria de esas tribus, poetizadas por los románticos brasileros y desfiguradas por una falsa leyenda a que ha contribuido la escuela *indianista* y las producciones de José de Alencar, de Gonçalves Dias, de Magalhães y otros...» (M. García Mérou, *El Brasil intelectual*, en *La Biblioteca*, de Buenos Aires, 1897, III, pág. 75.)

[11] Alencar, carta al Dr. Jaguaribe (a propósito de *Iracema*. Cf. *Iracema*, edición de Río de Janeiro, 1948, pág. 152).

[12] «O grande sôpro de inspiração da obra alencariana foi o nacionalismo. Foi o amor à terra, às suas paisagens, às suas belezas nativas, à sua gente, às suas lendas e tradições, que moveu a pena do grande escritor...» (Gladstone Chaves de Melo, introducción a Alencar, *Iracema*, ed. de Río de Janeiro, 1948, pág. XXX.)

igual fuerza. Pero aquí sólo me interesa señalar dimensiones de su estimable nacionalismo literario.

Este concepto de la «literatura propia» es —claro está— limitado. Infantil sería sostener lo contrario: deja a oscuras amplios sectores, más recónditos, menos espectaculares, aunque no menos valiosos. Era aquél, sin embargo, el nacionalismo literario adecuado a la época y, por otra parte, el apoyo visible al alcance de los poetas románticos [13].

En rigor, aún estamos a cierta distancia (aunque no tanto por la cantidad de años) del importante ensayo titulado *Instinto de Nacionalidade*, escrito en 1872 por Machado de Assis, que —según muestra Afrânio Coutinho— revela un agudo espíritu crítico [14].

En dicho ensayo, Machado de Assis señala el «instinto de nacionalidad» como rasgo cierto de la literatura brasileña. Instinto nacido con Gonçalves Dias y otros románticos de la primera época. Sin embargo, con plena madurez, Machado de Assis pretende superar un nacionalismo externo apoyado en la naturaleza, en asuntos locales y en nombres propios. Por eso apunta, y apunta bien:

> Não há dúvida que uma literatura, sobretudo uma literatura nascente, deve principalmente alimentar-se dos assuntos que lhe oferece a sua região; mas não estabeleçamos doutrinas tão absolutas que a empobreçam. O que se deve exigir do escritor, antes de tudo, é certo sentimento íntimo, que o torne homem do seu tempo e do seu país, ainda quando trate de assuntos remotos no tempo e no espaço...
>
> Um poeta não é nacional só porque insere nos seus versos muitos nomes de flôres ou aves do país, o que pode dar uma

---

[13] Cf., desde otra perspectiva, con la afirmación de Joaquim de Montezuma de Carvalho sobre *O americanismo de Castro Alves* (en *A tribuna,* de Lorenzo Marques, 26 de julio de 1971).

[14] Ver Afrânio Coutinho, *Instinto de Nacionalidade* (en *Estudos em Homenagem a Cândido Jucá (filho)*, Río de Janeiro, s. a., pág. 33).

nacionalidade de vocabulário e nada mais. Aprécia-se a côr
local, mas é preciso que a imaginação lhe dê so seus toques, e
que êstes sejam naturais, não de acarrêto.

¿No estamos aquí cerca de conocidas palabras que, en
nuestro siglo, escribió Pedro Henríquez Ureña? Yo creo que
Machado de Assis se anticipa, en lapso apreciable, a una concepción de americanismo literario sin duda más defendible
y madura que la que particulariza a los primeros destellos
románticos. En fin, la importancia del ensayo de Machado
obliga a recordarlo, aunque con él desbordemos nuestra
época de estudio.

V

LA LENGUA: ASPIRACIONES Y REALIDAD

Si el romanticismo muestra en América intentos de crear «literaturas nacionales», poco puede sorprender que sean los románticos los que hablen de una «lengua nacional». Aquí, con mayor amplitud geográfica, quizás, que la que corresponde a las letras, y con explicables salvedades: «lengua americana» es expresión que se recoge más de una vez en países hispanoamericanos; «lengua brasileña» es denominación que, de igual modo, resuena en el Brasil.

En realidad, desde los primeros años de la independencia política se recogen tales aspiraciones en el Brasil: Clemente José Pereira propuso, en 1826, que se diera el nombre de lengua brasileña al portugués del Brasil. Sin entrar a distinguir vaguedades, pocos años después, en 1832, un decreto gubernativo se refiere al examen de los negros recién llegados para ver si entienden la lengua brasileña [1].

Pero lo que —a través de estos datos— no constituye sino simples nombres, sin fundamentación ni análisis, cobra después de 1836 mayor importancia. Algunos de los románticos

---

[1] Citado por Serafim da Silva Neto, *Introdução ao estudo da língua portuguêsa no Brasil*, Río de Janeiro, 1950, págs. 261-262.

brasileños más famosos —un Gonçalves Dias, un Alencar—
se ocupan del problema y, en ocasiones, el planteo guarda
estrecha relación con el carácter que infunden a la propia
obra.

Antes de detenernos en aspectos bien localizados, digamos que esta actitud ante la lengua guarda notorias semejanzas en el Brasil y en Hispanoamérica, por otra parte, regiones lingüísticas elementalmente delimitables.

La aspiración —ya que no la realidad— de la «lengua
nacional» es visible. Pero ocurre también que hay diferencias
perceptibles entre la actitud de Sarmiento, de Alberdi, por
ejemplo, revolucionaria (y hasta de amplitud anárquica)[2] y
la más cauta y serena explicación de Alencar.

Por otro lado, espíritus moderados (en la lengua) como
Andrés Bello y Florencio Varela marcan situaciones especiales, sin reducirse al papel de puristas estrechos (que no dejaron de existir en América). Claro que esta actitud era, particularmente en Bello, resultado de un conocimiento a fondo
de la lengua, conocimiento que muy pocos (ninguno, en realidad) podían disputarle en el continente.

A veces, y aun en posiciones extremas, se encuentran
coincidencias (así, coinciden alguna vez Bello y Sarmiento),
pero esto no atenúa la oposición de uno y otro; por el contrario, las aproximaciones son el natural resultado de enfo-
car tema tan amplio y complejo.

Mejor puede decirse que el sereno discurrir de Bello (ver
el *Discurso en la Instalación de la Universidad de Chile*, 1843;
el prólogo a la *Gramática*) encuentra algún paralelo en una
carta de Gonçalves Dias (carta fechada en Lisboa, 1854), y
en que se ocupa de la lengua que se habla en el Brasil:

---

[2] Los ímpetus se apaciguaron —como es sabido— muchos años
después. Alberdi es buen testimonio. (Cf. *Autobiografía*, ed. de Buenos Aires, s. a., pág. 64.)

Lembrou-me nessa mesma ocasião o que por lá e por cá se diz de como menosprezamos a boa linguagem.

A minha opinião é que ainda, sem o querer, havemos de modificar altamente o portugués.

Vês tu o nosso Macedo? O seu merecimento não é ser clássico, mas ser brasileiro; e êle não seria tão estimado, tão popular, se andasse alambicando frases, que os poucos conhecedores da língua mal compreenderiam a sopapo de dicionário. O que o simple bom senso diz é que se não repreende de leve num povo o que generalmente agrada a todos...

Os oito ou nove milhões de brasileiros terão direito de aumentar e enriquecer a língua portuguêsa e de acomodá-la às suas necessidades como os quatro milhões de habitantes que povoam Portugal? Pois se queremos introduzir qualquer industria no Brasil, havemos de esperar daqui [Gonçalves Dias escribía en Lisboa] as mil idéias que ela suscita?

O estilo varia com o tempo e com as novas condicões de vida: «para dizer o que hoje se passa, para explicar as idéias do século, os sentimentos desta civilização, será preciso dar novo jeito à frase antiga», e é êsse o grande merecimento de Garret.

Também não é nenhum absurdo dar côr local aos escritores: «Vieira, porque fala em pocemas e taperas, ficou menos Vieira? Odorico, por ter escrito perau, ficou sendo um mau escritor?»

Não se julgue, porém, que o grande vate maranhense pretendia, nessa profissão de fé, lançar as bases de uma língua nova. Pelo contrário, desejava que se mantivesse a todo custo a portuguêsa, pois diz, claramente: «Que uma só coisa fica e deve ficar eternamente respeitada: a gramática e gênio da língua».

Que se estudem muito e muito os clássicos, porque é miséria grande não saber usar das riquezas que herdamos[3].

Si recordamos palabras del *Discurso* de Bello, no podemos menos que reconocer los también paralelos elogios hacia el español y el portugués con que culminan las respectivas páginas (en el tema que tratamos).

---

[3] Cit. por Serafim da Silva Neto, *Introdução*, págs. 256-257.

La actitud de Alencar, que es la mejor documentada y, por lo tanto, la más citada, tuvo mayor trascendencia. Expuesta con cierta extensión y en diversas oportunidades, tuvo además el calor y la continuidad de las polémicas (con el portugués Pinheiro Chagas, con Henriques Leal). En ese sentido, interesa en particular la respuesta a Pinheiro Chagas. Con más exactitud, las líneas que se refieren a la «lengua brasileña», dentro del *Postcripto* a la segunda edición de *Iracema*:

> Acusa-nos o Sr. Pinheiro Chagas a nós, escritores brasileiros, do crime de insurreição contra a gramática da nossa língua comum. Em sua opinião estamos possuídos da mania de tornar o *brasileiro* uma língua diferente do velho português!
>
> Que a tendência não para a formação de uma nova língua, mas para a transformação profunda do idioma de Portugal, existente no Brasil, é fato incontestável. Mas, em vez de atribuirnos a nós, escritores, essa revolução filológica, devia o Sr. Pinheiro Chagas, para ser coerente com sua teoria, buscar o germe dela e seu fomento no espíritu popular, no falar do povo, êsse «ignorante sublime» como lhe chamou. A revolução é irresistível e fatal. como a que transformou o persa em grego e céltico, o etrusco em latim, e o romano em francês, italiano, etc.; há de ser larga e profunda, como a imensidade dos mares que separam os dois mundos a que pertencemos.
>
> Quando povos de uma raça habitam a mesma região, a independência política só por si forma sua individualidade. Mas se êsses povos vivem em continentes distintos, sob climas diferentes, não se rompem únicamente os vínculos políticos, opera-se, também, a separação nas idéias, nos sentimentos, nos costumes, e, portanto, na língua, que é a expressão dêsses fatos morais e sociais...
>
> Creo que o Sr. Pinheiro Chagas se engana completamente quando pretende que o inglês e o espanhol da América é o mesmo inglés e espanhol da Europa. Não só na pronúncia, como no mecanismo da língua, já se nota diferença, que de futuro se tornará mais saliente.

E como podia ser de outra forma, quando o americano se echa no seío de uma natureza virgem e opulenta, sujeito a impressões novas ainda não traduzidas em outra língua, em face de magnificências para as quais não há ainda verbo humano!

Cumpre não esquecer que o filho do Novo Mundo recebe as tradições das raças indígenas e vive ao contato de quase tôdas as raças civilizadas que aportam a suas plagas trazidas pela emigração.

Em Portugal o estrangeiro perdido no meio de uma população condensada pouca influência exerce sôbre os costumes do povo: no Brasil, ao contrário, o estrangeiro é um veículo de novas idéias e um elemento da civilização nacional.

Os operáios da transformação de nossas línguas são esses representantes de tantas raças, desde a saxônia até a africana, que fazem neste solo exuberante amalgama do sangue, das tradições e das línguas [4].

Para terminar con este breve panorama, quiero citar a un contemporáneo de Alencar, que defendió una «lengua brasileña» desde un punto de vista más «científico» que el del poeta. En 1879, José Jorge Paranhos da Silva trató de probar su independencia en la obra *O idioma do hodierno Portugal comparado com o do Brasil* [5]. Nuevo aspecto que se aparta algo de la línea que seguimos —esencialmente literaria—, pero que no deja de contribuir a fijar jalones en este asunto que ha preocupado (y aún preocupa) a estudiosos del Brasil y de Hispanoamérica.

LA REALIDAD DE LA LENGUA

A veces, las reflexiones de los románticos sobre la lengua se dirigen no tanto a la lengua de la época como a señales

---

[4] Alencar, *Iracema*, ed. de Río de Janeiro, 1948, págs. 166-167.
[5] Ver Joaquim Mattoso Câmara (Jr.), *Filología*, en Borba de Moraes y Barrien, *Manual bibliográfico*, pág. 260.

que —apuntan— se afianzarán en el futuro. (El desarrollo de la tesis raramente esquiva la mención de la ruptura irremediable, el consabido paralelo con la caída del Imperio Romano y el nacimiento de las lenguas romances.) Pero —lo hemos visto— también se apoyan en la lengua contemporánea para señalar ya independencias y peculiaridades diferenciadoras.

¿Corresponde la realidad a la mayor parte de esos —llamémosles— alegatos? La verdad es que ni entonces ni hoy hay diferencias esenciales entre el español de España y el español de América, entre el portugués de Portugal y el portugués de Brasil. Pasados ciertos momentos de fiebre nacionalista y, sobre todo, apoyados en un conocimiento adecuado de la lengua en América, la conclusión no puede ser otra que el reconocimiento de las lenguas generales europeas (español, portugués, inglés, francés) con particularidades localizadoras, pero nunca como nuevos cuerpos desprendidos de los troncos ultramarinos.

El portugués hablado normalmente en el Brasil durante la época romántica (y hoy) es el portugués de Portugal con variedad de léxico, pequeñas alteraciones fonéticas e «insignificantes divergencias sintácticas»[6]. Otras diferencias se han anotado, pero son diferencias más sutiles y dentro de líneas más difíciles de captar. Sólo así se han podido enumerar nueve rasgos como los que apunta José Verissimo[7].

Los «brasileñismos» aparecen casi siempre en el vocabulario, y, dentro de él, en las «palabras lexicográficas» (sustantivo, adjetivo, verbo), para emplear la conocida distinción de Vendryes. «Palabras lexicográficas», de posibilidades infinitas, y que —por eso mismo— no pueden por sí solas cons-

---

[6] Según Álvaro Ferdinando de Sousa da Silva, *A língua nacional e o seu estudo*, Río de Janeiro, 1921, pág. 12.

[7] Cit. por Serafim da Silva Neto, *Introdução*, págs. 251-252.

tituir o alterar fundamentalmente una lengua [8]. Neologismos que proceden en su casi totalidad de las lenguas indígenas brasileñas (tupí, sobre todo) y de las lenguas africanas de los negros (influencia afro-negra), los que se incorporaron con firmeza a la lengua general. En esa forma, también, los africanismos tuvieron aquí —por explicables razones sociales— una difusión que no tuvieron en otras regiones de la América Hispánica.

Muchas palabras indígenas penetraron en la lengua literaria durante la época romántica. Su penetración corre pareja con la importancia que adquiere el indianismo literario en el Brasil. Aquí también vale el testimonio (testimonio y ejemplo) de Alencar. Elogiaba Alencar a Gonçalves Dias, pero hacía reparos al lenguaje clásico que hablaban sus indios [9]. Y agregaba:

> Sem dúvida que o poeta brasileiro tem de traduzir em sua língua as idéias, embora rudes e grosseiras, dos indios; mas nessa tradução está a grande dificuldade; é preciso que a língua civilizada se molde quanto possa à singeleza primitiva da língua bárbara; e não represente as imagens e pensamentos indígenas senão por têrmos e frases que ao leitor pareçam naturais na bôca do selvagem... [10].

No sólo pasaron elementos indígenas (y africanos) de la lengua hablada a la lengua escrita. Otros rasgos se incorporaron para determinar —en su conjunto— matices diferen-

---

[8] Cf. Gladstone Chaves de Melo, *Alencar e a língua brasileira*, apéndice a Alencar, *Iracema*, ed. de Río de Janeiro, 1948, pág. 67.

[9] Es curioso el encadenamiento. Con posterioridad, Franklin Távora, aunque no se refiere en especial a la lengua, achacaba falsedad a los «indios» que aparecen en obras de Alencar. (Ver Braulio Sánchez-Sáez, *La novela en el Brasil*, en la *Revista Hispánica Moderna*, de Nueva York, 1943, IX, pág. 302.)

[10] Alencar, carta al Dr. Jaguaribe, en Alencar, *Iracema*, ed. de Río de Janeiro, 1948, pág. 152.

ciadores. Claro: matices. En amplitud de criterio para recoger materiales de muy diverso origen y, sobre todo, en conceder jerarquía literaria a vocablos y frases de la lengua hablada, el portugués del Brasil no hace sino seguir las líneas de la lengua de los románticos en general.

GALICISMOS

Durante el siglo XIX irrumpe en América un alud de galicismos. Consecuencia, en su mayor parte, del prestigio que adquiere la cultura francesa (educación, lecturas) entre los americanos. Hay mucho de herencia del siglo anterior, pero la novedad reside en que este continente recibe ahora la influencia de Francia en forma directa y, por lo común, en cantidad demasiado copiosa. Ciertas vías abiertas no eran otra cosa que el resultado del desconocimiento de la propia lengua: por ellas colaron galicismos innecesarios, frases y construcciones que repugnaban a los «sistemas» español y portugués. El francés fue, durante el siglo XIX, almacén formidable en el cual se surtió —a caballo en predilecciones y lecturas— más de una generación romántica.

Alencar se defendió a su manera (como en el Plata lo hicieron Sarmiento y Alberdi) de la tacha de galicista. «Quando Virgílio escreveu seus imortais poemas —dice—, imitou dos gregos muitas locuções elegantes, como atualmente fazemos, eu e alguns escritores brasileiros, dos escritores da França, que é nossa Ática moderna»[11].

No me interesan tanto las razones de Alencar (por cierto, más enfáticas que firmes) como la especial referencia a

---

[11] Alencar, *Questão filológica* (segunda respuesta a Henriques Leal). Citado por Gladstone Chaves de Melo, *Alencar e a língua brasileira*, pág. 28.

Francia, «nossa Ática moderna». Muchos contemporáneos de Alencar, aunque no todos lo escribieron, pensaron lo mismo [12].

En fin, poco posterior a Alencar, Fausto Carlos Barreto testimonia, al estudiar los neologismos, la primacía francesa:

> Do francés nos vêm palavras em muito maior abundância do que das outras línguas que com a portuguesa constituiem a família novo-latina [13].

El periodismo de la época es base documental que —desde otra perspectiva— agrega nuevos datos para medir la importancia de la cultura francesa en el Brasil (y su especial repercusión en la lengua). Algo hemos dicho en un capítulo anterior, a propósito de las influencias extranjeras. Sólo quiero recordar aquí epígrafes de periódicos brasileños, como los *Annaes fluminenses* (1822) y *O beija-flor* (1830-1831), de Río de Janeiro, líneas que delatan, fuera de las que llevan nombres famosos (sobre todo, Rousseau), una lengua de corriente frecuentación y conocimiento [14].

---

[12] En Brasil y en Hispanoamérica. Vale la mención de Sarmiento, cuando al tocar tierra francesa la llamaba «Esta Francia de nuestros sueños.» (Cf. *Viajes*, I, ed. de Buenos Aires, 1922, pág. 130.)

[13] Fausto Barreto, *Arcaismos e neologismos da língua* (1879), en Clovis Monteiro, *Nova antologia brasileira*, Río de Janeiro, 1947, página 221.

[14] Ver Helio Vianna, *Contribuição à história da imprensa brasileira*, págs. 103-105.

VI

GÉNEROS Y TEMAS: LA LÍRICA

Evidentemente, los románticos brasileños encontraron el cauce más apropiado a sus sentimientos en el verso lírico. Salvo el caso particular de Alencar —novelista por excelencia, pero que cultivó con no desigual brillo diversidad de géneros— los románticos representativos del Brasil deben buscarse en la lírica. Lírica y poesía descriptiva, para ser más exacto. De nuevo —en el caso del Brasil— el romanticismo se da con preferencia en la efusión sentimental, en la melancolía, en el desborde enfático (patria y redención social).

En el Brasil, como en toda la América Hispánica, durante la época romántica se cultiva con mayor asiduidad el verso, aunque la prosa gana —lo hemos visto— apreciable trecho. Dentro de la abundancia del verso, éste aparece al servicio del sentimiento lírico. Por lo común, es la obra breve que condensa apetencias, sufrimientos, intimidades. Siempre el verdadero lírico encuentra su vehículo adecuado en la obra de pequeña extensión: de lo contrario, sus aciertos se diluyen en cadenas narrativas, ajenas al entusiasmo lírico.

Frecuentemente se encuentra en los líricos brasileños de la época el tema sentimental. Hay erotismo nutrido que, sin embargo, no cuajó en muchas poesías logradas. Se salvan, sí, Álvares de Azevedo y Castro Alves (Álvares de Azevedo: «Quando a noite no leito perfumado...», *Teresa, A. T....*; Castro Alves: *Boa-noite, Adormecida*). Como particularización, el amor y el temor fundidos encuentran un buen poeta en versos de Casimiro de Abreu (*Amor e mêdo* se titula una de sus poesías).

Mejor se recuerdan poemas en que la evocación constituye su eje: a veces, nostalgia de la edad o de los tiempos pasados, añoranza de lo ausente, «saudades» de la patria o el paisaje lejano. Casimiro de Abreu (*Meus oito anos, Meu lar, No lar*) es, de nuevo, buen ejemplo [1], aunque el poema más conocido —verdadero poema «nacional»— es la famosa *Canção do exílio*, de Gonçalves Dias:

> Minha terra tem palmeiras
> onde canta o Sabiá;
> as aves, que aqui gorjeiam,
> não gorjeiam como lá... [2].

Otra dirección notoria, enfilando hacia la meditación preferente de tono pesimista, se ve en la «Escuela paulista» de Álvares de Azevedo. Un grupo que reúne poetas que, en su mayor parte, murieron a temprana edad (egotistas, enfermos, inadaptados). Alcanzaron, con todo, a dejar testimonios literarios del «mal del siglo» que los roía. Hay así, por encima de modelos europeos visibles, una clara proyección autobiográfica. ¿Por encima? Quizás fuera más exacto decir

---

[1] Casimiro de Abreu es —según Ronald de Carvalho— «o mais esquisito cantor da saudade na velha poesia brasileira» (*Pequena história*, pág. 232).

[2] Gonçalves Dias, *Obras poéticas*, I, San Pablo, 1944, pág. 21.

que encontraron ya en Byron, en Heine, en Musset y otros, semejanzas y coincidencias. Lo demás, lo hizo la jerarquía indudable de algunos de los modelos [3], modelos que siguieron casi todos ellos, sin muchas fuerzas.

Al nombrar a Byron y Heine como dioses tutelares de este juvenil grupo estamos marcando sus líneas fundamentales, anticipadas al señalar el fondo pesimista, amargado, de Álvares de Azevedo y los demás poetas. Agreguemos, pues, que también la ironía —ironía detonante, a veces; contrastadora, otras— alterna o emerge por entre el espíritu negador. Que no todo es eco ni hojarasca en ellos lo prueban Álvares de Azevedo, Casimiro de Abreu y Fagundes Varela.

Fuera de la «Escuela paulista», y dentro de ese predominio del tema de la meditación, puede citarse a Francisco Otaviano, poeta y político, revalorado en el primer aspecto por Manuel Bandeira. (Cf., sobre todo, el soneto «Morrer, dormir, não mais, termina a vida...» y la poesía *Ilusões da vida*) [4].

El lirismo de acento religioso encuentra su poeta representativo en Gonçalves de Magalhães. (Menos persistente, aparece en el coetáneo de Magalhães, Pôrto Alegre.) Vale decir, pues, que el tema religioso (algo así como una concepción panteísta de la naturaleza llevada al verso) irrumpe con el primer romántico —cronológicamente hablando— del Brasil. Particularidad, más que excelencia, que está a tono con el nivel general —no muy elevado— de toda la labor literaria de Gonçalves de Magalhães.

---

[3] Aquí puede plantearse otra vez la dualidad sinceridad-poesía. No podemos dudar del auténtico origen personal del pesimismo (escepticismo, resentimiento, aislamiento) que caracteriza a la «Escuela paulista» de Álvares de Azevedo. Ocurre que la sinceridad, por sí sola, no alcanza para elevar los versos.

[4] Manuel Bandeira, *Antologia*, págs. 12, 105-106 y 108.

Hay también panteísmo en un poeta a quien no nos atreveríamos a llamar esencialmente panteísta. Más bien, tema ocasional que se funde con otros y que se realza en forma magnífica: hablo de Castro Alves y de su poesía *Sub tegmine fagi*, una de las buenas ofrendas del romanticismo brasileño:

Amigo! O campo é o ninho do poeta...
Deus fala, quando a turba está quieta,
às campinas em flor.
—Noivo— êle espera que os convivas saiam...
E n'alcova onde as lâmpadas desmaiam
então murmura —Amor!
Vem comigo cismar risonho e grave...
a poesia é uma luz..., e a alma uma ave...
querem trevas e ar.
A andorinha, que é a alma, pede o campo,
a poesia quer sombra, é o pirilampo...
pra voar... pra brilhar.
Meu Deus! Quanta beleza nessas trilhas...
Que perfume nas doces maravilhas,
onde o vento gemeu!...
Que flores d'ouro pelas veigas belas!
... Foi um anjo coa mão cheia de estrelas
que na terra as perdeu... [5].

El hombre, pero el hombre en la naturaleza y el hombre en su condición social, dieron importantes temas al romanticismo. Ciertamente, no hay temas importantes ni minúsculos, referidos a su valor en sí; la poesía es cuestión de poetas y no de temas. Pero no conviene olvidar, en vista de la preeminencia que toma en la época romántica la aspiración de una «literatura nacional», la importancia que cobran entonces temas particulares —de firme carácter romántico, por otra parte— y que atraen explicablemente a los poetas ame-

---

[5] Castro Alves, *Poesias escolhidas*, pág. 49.

ricanos. La naturaleza —una casi (literariamente) virgen naturaleza americana—, el indio —ligado a esa naturaleza y visto, por lo común, con un sentido evocativo—, y el negro —menos visto en la naturaleza que en la candente realidad social de la esclavitud—[6]. Naturaleza paisajista (con diversidad de regiones: el norte y el sur; la costa, la montaña y la selva; el «sertao» y la pampa), indianismo y abolicionismo, son así temas que penetran en versos brasileños y conceden aspectos típicos del país a su poesía. Por supuesto, no reduciremos la expresión nacional —como a menudo se hace— al paisaje o al hombre en ese paisaje. Hay un nacionalismo más hondo que nace de dentro del escritor y que se proyecta en las cosas como algo insustituíble.

En la naturaleza exterior vieron los románticos el signo más visible de su nacionalismo. Trataron de reflejar así, en sus obras, esa naturaleza (naturaleza americana, de extraordinaria variedad y riqueza) y, con frecuencia, unieron el paisaje al indio. Naturaleza e indianismo tienen recordado cultor en Gonçalves Dias (temas que continúan en la prosa —y culminan— con Alencar)[7]. Lo mismo ocurre con el tema del negro (negro y esclavitud, abolicionismo), aunque aquí también la culminación se alcanza después con Castro Alves. Dirección social de la poesía, que logra evitar peligrosos

---

6 El tema no tuvo en Hispanoamérica la persistencia y, más exactamente, las buenas ofrendas que encontramos en el Brasil. Pero no dejó de enardecer versos de poetas, en particular cubanos.

7 En Gonçalves Dias —y esto se ha señalado varias veces— se funden las tres razas del Brasil: india, blanca y negra. Estas tres razas, sin embargo, no se funden en los temas de sus poesías. Así, cantó al indio en *I-Juca-Pirama*, en *Os Timbiras;* al negro, en *A Escrava;* y al portugués, en las *Sextilhas de Frei Antão* y otras obras. Las tres razas —dice Ronald de Carvalho— «estavam em perene conflicto dentro do seu magoado e sensível coração». (Ver *Pequena história*, pág. 220.)

escollos en el verso de Castro Alves, auténtico «condoreiro».
(Los otros del grupo —según Bandeira— «eran unos falsos
cóndores».)

LÍRICA Y MÉTRICA

A pesar de las declaraciones de muchos románticos, el
verso de la época no fue —no pudo ser— un verso que rom-
pió completamente con el verso anterior. En todo caso, conviene distinguir entre el uso de formas tradicionales (o de
larga vida anterior) y las novedades esencialmente románticas.

Ya en el primer caso, al aceptar el romántico combinaciones estróficas como el soneto, le infundió con frecuencia
nuevo acento, inflamado ímpetu y hasta peculiaridades del
ritmo acentual. Esto, por supuesto, no alteraba su cerrada
estructura, pero le concedía sello de época (y no siempre
rebajador).

En otros casos —como ocurrió con el romance— la vitalidad que adquiere entonces tiene carácter de renovación.
Vitalidad paralela al resurgimiento y estimación de ciertas
formas tradicionales.

La revaloración del romance fue aceptada con facilidad
en América. (Del romance que —según el Duque de Rivas—
era apto para toda clase de asuntos.) Aunque quizás fuera
más exacto decir que en el Brasil combinaron formas del
romance con la variedad estrófica característica de la lírica
galaico-portuguesa. Así, por ejemplo, Gonçalves Dias:

> Bom tempo foy o d'outrora
> quando o reyno era christão,
> quando nas guerras de mouros
> era o rey nosso pendão,

> quando as donas consumião
> seos teres em devoção.
> ... ...
> Chamava el-rey seos vassallos
> e em côrtes logo os reunia:
> vinha o povo attencioso,
> vinha muita cleregia,
> vinha a nobreza do reyno,
> gente de muita valia... [8].

Y para ir más lejos, ¿qué mejor testimonio que la *Canção do exílio?* De nuevo hallamos, sobre muy corta variedad de rimas, el verso «heptasílabo» (octasílabo, en la métrica española) [9]. Gonçalves Dias, en quien —como hemos visto— confluyen diversas líneas poéticas, llevó al Brasil rasgos medievalistas de la «Escuela de Coimbra», dirigida por José Freire de Serpa. De ese grupo formó parte —según nos dice Fidelino de Figueiredo [10]— Gonçalves Dias, particularmente a través de las *Sextilhas de Frei Antão*. Pero en otras composiciones del poeta brasileño también se nota al conocedor de las letras medievales.

En el verso romántico brasileño aparece a su vez —signo indudable de la época— la polimetría. Es decir, la variedad de metros, adecuada al asunto. Ruptura, por lo tanto, del rigor clasicista que no se alteraba ante las seducciones del sentido.

---

[8] Introducción a la *Loa da Princeza Sancta*, en Gonçalves Dias, *Obras poéticas*, I, pág. 367.

[9] Conviene saber que la particularidad portuguesa de contar las sílabas hasta la última vocal tónica es atribuida a Antônio Feliciano de Castilho, en su *Tratado de Metrificação Portuguêsa* (Lisboa, 1851). Ver Péricles Eugênio de Silva Ramos, *O verso romântico e outros ensaios*, San Pablo, 1959, págs. 33-34.

[10] Cf. Fidelino de Figueiredo, *História literária de Portugal*, III, pág. 31.

En casi todos los románticos del Brasil encontramos composiciones polimétricas. Algunos de los poemas más famosos de la época (*I-Juca-Pirama*, de Gonçalves Dias; la *Tragédia no mar* [*O navio negreiro*], de Castro Alves) son polimétricos. Mucho menos conocido que Gonçalves Dias y Castro Alves, el malogrado poeta Antônio Francisco Dutra e Melo (1823-1846) dejó entre sus poesías una titulada *A melancolia*, que puede señalarse como buena ofrenda en el tipo [11].

En fin, siquiera como curiosidad, dentro de algo que poco o nada tiene que ver con lo esencialmente poético, quiero recordar aquí una composición de Casimiro de Abreu, *A valsa*, de versos cortos:

> Tu, ontem,
> na dança
> que cansa,
> voavas
> coas faces
> em rosas
> formosas
> de vivo,
> lascivo
> carmim... [12].

La rima se distingue por su riqueza y abundancia, y también —en oposición— por la presencia del verso blanco. Claro que hay ocasiones en que se reproduce el verso clásico

[11] Ver Manuel Bandeira, *Antologia*, págs. 33-38.
Doy el primer verso de cada gradación:

> O vento já mal suspira...
> Oh! Quem deu-té o verniz maravilhoso...
> Silêncio, ó lira, silêncio!...
> E não vês tu, minha alma, quem te causa...
> Ah! como não desejar...

Según Bandeira, las poesías de Dutra e Melo permanecen aún inéditas.
[12] Casimiro de Abreu, *Obras*, Río de Janeiro, 1940, pág. 167.

(Gonçalves Dias, *O mar*, *A noite*), verso que escapa a la fisonomía romántica. El verso blanco, típico del momento, es
aquel que responde a otra estructura y que aparece, por lo
común, alternando con versos rimados. (Cf. Gonçalves Dias,
Os Timbiras). Eso sí, la atracción mayor corresponde a la
rima:

> ... a rima tinha uma grande atração para a poesia român-
> tica em virtude de concorrer para o ritmo cantante dos versos,
> intensificando-lhes a cadência, tão do gôsto do romanticismo.
> Por isso, vemos em contraste com as estrofes providas de ver-
> sos brancos, ao lado de versos rimados, outras em que apare-
> cem rimas internas, marcando cesuras... [13].

Por último —y aunque se encuentre en proporción mucho menor a la que aparece en Hispanoamérica—, el uso del
verso esdrújulo (Castro Alves es buen ejemplo) [14].

---

[13] Cf. Mattoso Câmara (Jr.), *O verso romântico*, en Afrânio Coutinho (dir.), *A literatura no Brasil*, I, 2, pág. 610.
[14] Como dato paralelo a lo que he señalado en Hispanoamérica,
no cuesta mucho descubrir en versos románticos brasileños inseguri-
dades e infracciones al rigor métrico. Manuel Bandeira ha mencionado algunas, en poemas como *Meu sonho*, de Álvares de Azevedo, en
Jesuítas, de Castro Alves, en composiciones de Aureliano Lessa... (Cit.
por Mello Nóbrega, *A rima na ecdótica*, en *Estudos em Homenagem
a Cândido Jucá* (*filho*), ed. citada, págs. 162-163).

VII

GÉNEROS Y TEMAS: NOVELA Y CUENTO

LA NOVELA

La novela nace en América durante el siglo XIX. Los rastros recogidos y defendidos, anteriores a esta época, no pasan por lo común de crónica o relatos con cierto movimiento novelesco (entre ellos, algunos brasileños, particularmente el que en su texto definitivo se llama *As aventuras de Diófanes*, de Teresa Margarida da Silva e Orta). Pero la novela propiamente dicha comienza con las obras del mexicano Fernández de Lizardi, más conocido como «El Pensador mexicano». El romanticismo fue poco después campo propicio al desarrollo de la novela: campo y abono.

La novela comienza en el Brasil alrededor de 1840. Vale decir que su origen lleva ya el sello romántico. Como románticos deben proclamarse los esbozos de Gonçalves Teixeira e Sousa y, casi al mismo tiempo, las novelas de Macedo. Macedo y, sobre todo, Alencar son los verdaderos creadores de la novela brasileña. Son los que abren nuevos caminos a la prosa narrativa y los que dejan obras de algún valor. (De nuevo hay que pensar más en Alencar que en Macedo.)

Otros novelistas vienen después para reafirmar una corriente bien definida: Bernardo Joaquim da Silva Guimarães (a quien se cita como iniciador del «sertanismo» y de la novela regional) [1], Franklin Távora y Alfredo de Escragnolle Taunay (que cultivan también el tema regional). Con éstos una visión más realista nos acerca a las «maneras» que predominan en la novela brasileña de fines del siglo: realismonaturalismo.

Como lugar aparte, hay que recordar, en pleno hervor romántico, una obra novelesca que poco o nada tiene de romántica: las *Memórias de um sargento de milícias* (publicada primero en el folletín del *Correio mercantil*, de Río de Janeiro, 1852-1853; en libro, 1854-1855, con el seudónimo de «Um brasileiro»). Es obra de las que escapan a escuelas y tendencias. Por eso, sus méritos se reconocieron después. La temprana muerte de Manuel António de Almeida, autor, cortó —imaginamos— una producción novelesca prometedora.

Macedo —repitiendo el caso de Gonçalves de Magalhães en la lírica— tiene más importancia cronológica que real valor. Muy leído, inicia con *A moreninha* (1844) una labor fecunda, aunque su prestigio se apoya principalmente en las dos primeras novelas: la citada y *O moço louro* (1845). Macedo impone un tipo de novela sentimental y costumbrista, dos ingredientes que supo combinar, para ofrecer a un público de lectores no muy exigentes por cierto. Precedentes y posibles modelos —pensemos en las letras europeas— no cuesta encontrar: recordemos novelas inglesas del siglo XVIII (algunas de las cuales, traducidas, circularon por América) [2].

---

[1] «Para mi manera de apreciar —escribe Braulio Sánchez Sáez— lo encuentro superior a Macedo y Alencar. Es más simple, más encantador...» (*La novela en el Brasil*, págs. 300-301.)

[2] Cf. Pedro Henríquez Ureña, *Apuntaciones sobre la novela en América*, en la revista *Humanidades*, de La Plata, 1927, XV, págs. 141-146. Interesan, sobre todo, las curiosas noticias acerca de Jacobo de Villaurrutia (1757-1833), dominicano, traductor de varias novelas europeas.

«Romancista de donzelas e para donzelas», llamó un crítico a Macedo[3]. En fin, novelas dirigidas a amplios sectores, tuvieron incuestionable popularidad, aunque el éxito no guardara relación con los valores esenciales de las obras.

El camino se amplió y diversificó con Alencar. Alencar tuvo, claro está, mayores ambiciones y capacidad que Macedo. Fueron estas cualidades las que despertaron en el escritor el deseo de llevar a cabo una obra extraordinaria, tal como lo declara en el prólogo a los *Sonhos d'ouro* (1872). Aquí alienta la aspiración de realizar —mediante la novela— un vasto cuadro histórico social del Brasil. Lo que alcanzó a hacer no llega a tanto, pero lo que no puede discutirse es la particular significación de Alencar en las letras brasileñas y, sobre todo, en la novela.

En Alencar prevalece el tipo de novela histórica. Por supuesto, siguiendo los pasos del que aún aparecía —en algunas regiones— como socorrido ejemplo: Walter Scott. La navela histórica es, más que fin, medio para imponer la dirección mejor lograda en Alencar: el indianismo. Es decir, el indio en el pasado, preferentemente en la época de la Conquista; el indio «romántico», con salvedades y suavidades (buen ejemplo: *O Guarani* (1857), y con ese indio logra también el indiscutible éxito de *Iracema* (1865), novela poemática).

En Alencar, el indianismo está realzado por la plástica identificación entre el indio y su paisaje, y por la habilidad narrativa del novelista. Habilidad que, si no salva, por lo menos atenúa desmayos de otras novelas alencarianas. Esto último se ve en las novelas de costumbres contemporáneas que escribió (*Luciola, Diva, Senhora*) y que —por lo visto—

---

[3] Citado por Francisco de Assis Barbosa, *Romances, contos, novelas*, en Borba de Moraes y Berrien, *Manual bibliográfico*, pág. 685.

parecen comprimir sus ansias de vuelo y evasión. En el indianismo, pues, está mucho de lo mejor de Alencar. Con las limitaciones y escapes del indianismo [4], el escritor brasileño nos dejó las obras más vivas (sin olvidar el *Enriquillo*, de Galván; ni el *Cumandá*, de Mera) de la novela indianista americana [5].

Por último, el «sertanismo» como tema —algunas de cuyas raíces son perceptibles en Alencar: recordemos su novela *O sertanejo* (1876)— se afirma en Silva Guimarães, Franklin Távora y Escragnolle Taunay. En ellos prevalece el sentido descriptivo, con toques realistas (tal como he señalado en páginas anteriores). No estamos todavía, por supuesto, en *Os sertões* de Da Cunha, pero esto es ya condición del escritor y no de evolución de un tema.

En el noroeste del Brasil, la catinga, el sertón, no cambiaron mucho desde los tiempos de Silva Guimarães (1827-1885) a los de Euclides da Cunha (1866-1909) (*Os sertões* es de 1902). Lo que ocurrió fue que el paisaje y, más aún, el elemento

---

[4] El indianismo es esencialmente romántico; el indigenismo ya escapa a la época. Lo que importa —en todo caso— es que a través del indianismo y del indigenismo se llegue a la poesía. Por eso resuenan como injustas las frases ingeniosas de Afrânio Peixoto, cuando éste trata de caracterizar al indianismo brasileño: «Alencar es un *gentleman*»; «todo en *I-Juca-Pirama* o en los *Timbiras*, de Gonçalves Dias, respira nobleza, son siempre héroes caballerescos...» (Ver *Literatura del Brasil*, II. *Período independiente*, en Prampolini, *Historia universal de la literatura*, XII, Buenos Aires, 1941, pág. 390). La verdad es que, si se buscan testimonios sociales en los indios que retratan los románticos, difícilmente se conseguirán. Y los románticos brasileños no son excepción.

Sobre el indio en la literatura brasileña hay un flojo trabajo de David Miller (*The indian in Brazilian literature*, Nueva York, 1942). Mejor logrado, en su amplitud, es el estudio de Aída Cometta Manzoni (*El indio en la poesía de América Española*, Buenos Aires, 1939).

[5] Cf. Concha Meléndez, *La novela indianista en Hispanoamérica*, Madrid, 1934.

humano apegado a ese paisaje, encontraron un hombre capaz de interpretarlo a fondo, en una obra que no se aviene a los géneros literarios más difundidos. Repite, por el contrario, ilustres ejemplos americanos (más de una vez se lo ha comparado con el *Facundo*) y, de nuevo, es de rigor también decir que *Os sertões* —ya que eso tiene alguna importancia— crea su propio género.

EL CUENTO

El cuento en el Brasil ofrece una trayectoria paralela a la que hemos señalado para el cuento de Hispanoamérica.

Antes del siglo XIX existe el cuento popular, de tradición oral, tal como se refleja —por escrito— en *O peregrino da América*, de Nuno Marques Pereira (¿1652?-¿1731?).

El cuento literario nace en el siglo XIX, y nace dentro del romanticismo, no muy lejos de la novela, y también con apreciable diferencia con respecto a ella. Mientras la novela gana, a poco de nacer, cierta altura (y calidad que guarda relación con la cantidad), el cuento poco o nada deja de valioso antes de la segunda mitad del siglo y antes de lo que significa el nombre inaugurador de Machado de Assis. Como vemos, ya en las lindes finales del romanticismo. De esta manera, no nos extraña ver, por ejemplo, que el crítico Braulio Sánchez-Sáez comience su *Primera antología de cuentos brasileños* (Buenos Aires, 1946) con Machado de Assis.

Volviendo al cuento típico del romanticismo, es de rigor citar los contenidos en los *Romances e novelas* de Joaquim Norberto de Sousa e Silva[6], y *O filho do pescador, Tardes*

---

[6] Se considera al cuento (?) *As duas órfãs* (1841), de Joaquim Norberto de Sousa e Silva, como el primer cuento literario impreso. Sousa e Silva es uno de los primeros «novelistas» que aparece en el Brasil. (Como es sabido su lengua distingue entre el «romance» y la

de um pintor, Maria ou A menina roubada, A providéncia y
As fatalidades de dois jovens de Antônio Gonçalves Teixeira
e Sousa. Claro que se los recuerda con simples razones de
cronología, de iniciación de un género que —en el Brasil
como en otras partes— se iba a empinar después.

Posteriormente (aunque dentro aún de la época de iniciación), sube algo la calidad con los relatos fantásticos de Álvares de Azevedo, contenidos en *Noite na taverna* (1855), y con
los relatos costumbristas de Silva Guimarães, incluidos en
Lendas e romances (1871), sector este último en el cual se
encuentran también Flanklin Távora (*A trindade· maldita*
—1861—, *Lendas e tradições populares do norte* —1878—),
Escragnolle Taunay (*Histórias brasileiras* —1874—) y Alencar a través de algunas narraciones (*Cinco minutos, Viù-
vinha*). Hasta llegar así a Machado de Assis, nueva etapa y
signo de madurez [7].

Precisamente Machado de Assis, en imprecisa frontera,
muestra en sus primeras colecciones de cuentos (*Contos flu-*

«novela».) Claro que la «novela» (nuestra «novela corta»), en la época
romántica, se reduce a muy poco. (Ver Pinto do Carmo, *Novelas e
novelistas brasileiros*, Río de Janeiro, 1957.) Joaquim Norberto de
Sousa e Silva, también editor de Gonçalves Dias —y de quien ya
hemos dado noticias— tiene para nosotros la particularidad de ser
el autor de unas *Indagações sôbre a literatura argentina contemporánea*, publicadas en la revista *Minerva Brasiliense*, de Río de Janeiro,
en 1844. El panorama de Sousa abarca desde la época de la Revolución hasta Echeverría.

[7] Es ya un lugar común referirse a la significación de Machado
de Assis. Escribió Osvaldo Orico:

«¿Dónde se sitúan las raíces del cuento en el Brasil? Cronológicamente, es uno de los géneros más recientemente aparecidos en nuestra literatura. Empieza ya adulto con Machado de Assis. Es cierto
que antes de él hubo experiencias e intentos dispersos, pero el ad-
venimiento del cuento entre nosotros, como es, como debe ser, es
obra de Machado de Assis. El es nuestro cuentista número uno. En
la cronología y en la calidad...» (Osvaldo Orico, *Antología de cuentistas brasileños*, Santiago de Chile, 1946, pág. 12.)

minenses —1870—, *Histórias da meia noite* —1873—) claros
perfiles románticos a través de un definido sentimentalismo
y hasta del tema fantástico[8].

Sin alcanzar, pues, la cantidad que caracteriza al cuento
romántico en Hispanoamérica, son igualmente visibles diferentes tipos, en particular, los más apegados al momento
(cuento sentimental, cuento fantástico, cuento costumbrista). Y, entre otras cosas, presenta el mérito indudable de
mostrar la iniciación de un maestro del cuento, como lo fue
después Machado de Assis.

La diferencia mayor con respecto a Hispanoamérica la
vemos en el hecho de que en el Brasil la verdadera madurez
del cuento (junto a una abundante producción) aparece con
el naturalismo, aquí claramente perfilado.

EL FOLLETÍN

Tampoco faltó en el Brasil esa subespecie literaria que
nació en la época romántica, aunque no la realza mayormente: me refiero al folletín. Origen, condiciones y difusión
no cambian, así como tampoco se altera el papel preponderante del periodismo en la estructura y triunfo del folletín.

Los modelos fueron las ineludibles obras francesas, en
especial las de Eugenio Sue[9]. También novelas de Alejandro
Dumas y *Los miserables*, de Víctor Hugo. Conviene, sin embargo, distinguir entre folletines típicos (como los de Eugenio Sue) y los que presentan sólo contactos. Precisamente,

---

[8] Cf. Herman Lima, *O conto, do realismo aos nossos dias*, en
Afrânio Coutinho (dir.), *A literatura no Brasil*, II, Río de Janeiro,
1955, págs. 229-232. Ver, también, Herman Lima, *Apuntes sobre el
cuento*, en *La Nación*, de Buenos Aires, 16 de septiembre de 1934.

[9] El diario *O comércio*, de Bahía, anunciaba en 1845 (número del
19 de febrero) la venta de los *Misterios de París*, en diez volúmenes.

en el Brasil se publicaron en forma de folletín narraciones que no son, en realidad, folletines: novelas de Alencar (*O Guarani*), de Macedo (*O forasteiro, A carteira de meu tio*) y muchas otras [10].

En cambio, sí son típicos folletines los que escribió el olvidado Justiniano José da Rocha, que antes se había ensayado como traductor.

En fin, es explicable que no siempre se pueda ver con claridad en la distinción que conviene establecer entre novela y esa forma (o subforma) especial de novela que fue el folletín. Las derivaciones y contribución real del folletín en la expansión de la novela durante el pasado siglo son discutibles. Lo que no puede discutirse es su origen romántico y el creciente favor de los lectores a través de muchos años.

---

[10] Heron de Alencar, *José de Alencar e a ficção romântica,* en Afrânio Coutinho (dir.), *A literatura no Brasil,* I, 2, pág. 923.

VIII

GÉNEROS Y TEMAS: EL TEATRO

Otra vez se cumple aquí el paralelismo que puede establecerse entre tantos aspectos de la historia literaria hispanoamericana y brasileña: el teatro de la época romántica se reduce a una producción de escaso valor. La única diferencia sensible que hay que señalar —siquiera como precedente— es que la época colonial en Hispanoamérica había dado algunos dramaturgos de valor (a la cabeza, Ruiz de Alarcón y Sor Juana Inés de la Cruz)[1], mientras que en el Brasil no encontramos nada parecido. Sabemos, sí, que se escribieron y se representaron obras, en su mayor parte de asunto religioso. Los restos conservados no son, por cierto, alentadores.

El teatro, como la novela brasileña, nace, pues, en la época romántica. La fecha de origen (ya que también en esta línea es fácil citar la fecha) es la de 1838, año de *O juiz de paz da Roça*, comedia de Martins Pena (por coincidencia, el

---

[1] Otros: González de Eslava (sin preocuparnos ahora del lugar de su nacimiento), Peralta Barnuevo, el toledano Eusebio Vela (que vivió en México)...

único dramaturgo, esencialmente dramaturgo, de algún valor) y de *Antônio José*, tragedia de Gonçalves de Magalhães.

El teatro brasileño de la época toma las dos direcciones típicas del teatro europeo. Más que direcciones, géneros particulares, aunque no tenían —por supuesto— la rigidez de los géneros clásicos. Así vemos en el Brasil el drama y la comedia.

DRAMA

Dentro del drama predominan, bien los de asunto histórico (característica corriente —casi exclusiva— del drama romántico), bien los de asunto contemporáneo, que enfilan hacia el melodrama. Los dos tipos coinciden en el sino de la escasa vida, aunque muchos de los más destacados románticos brasileños escribieron dramas: Gonçalves Dias (*Leonor de Mendonça*), Macedo (*Luxo e vaidade*), Alencar (*Mãe; O Jesuíta*), Álvares de Azevedo (*Macário*), Casimiro de Abreu (*Camões e o Jão*), Castro Alves (*Gonzaga ou a Revolução de Minas*), Francisco Pinheiro Guimarães (*História de uma moça rica*), Franklin Távora (*Três lágrimas*), etc.

Una particularidad distingue a los dramaturgos brasileños: la preferencia por la prosa. Particularidad que no deja de llamar la atención en medio del predominio del verso dentro del drama romántico europeo y, en general, dentro del americano. Otro signo característico: hasta el teatro llegaron las inquietudes sociales de la hora, sobre todo la tendencia abolicionista.

Poco quedó de todo eso. Aunque imaginamos que el repertorio de las compañías extranjeras que dominaba los teatros brasileños no era nada extraordinario, muy poco necesitaban para sobreponerse a las piezas dramáticas locales, que más de una vez quedaron sin pasar del manuscrito o del

libro al escenario (tal como ocurrió con *Leonor de Mendonça*, de Gonçalves Dias).

Alencar, como autor «nacional», se refiere a esa preferencia que se dispensa a obras y compañías extranjeras, y
comenta con punzante ironía (en la que no está ausente el
lado político), en un párrafo del prólogo de *O jesuita*:

> Li estos dias um convite feito aos autores brasileiros para
> que enviarem suas obras à Exposição do Chile[2], que proteja
> a criação de uma biblioteca internacional. Tive tentações de
> enviar-lhe um exemplar do *Jesuíta* com esta legenda: «Depois
> de tres anos de completa mudez do teatro brasileiro, anunciou-
> se a representação dêste drama na imperial côrte do Rio de
> Janeiro, onde não ouve cem indivíduos curiosos de conhecerem
> a produção do escritor nacional. Isto aconteceu no quinquagé-
> simo terceiro ano de nossa independência, imperando o Sr. D.
> Pedro II, augusto protector das letras, e justamente quando se
> faziam grandes dispêndios com preparativos para a Exposição
> de Filadélfia, onde o Brasil vai mostrar o seu *progresso* e *civi-
> lização*»![3].

COMEDIA

Poco más o menos hay que decir de la comedia. Casi todos los autores que cultivan el drama cultivan la comedia.
Las comedias de asunto costumbrista son las que más abundan. Algo menos, las comedias satíricas (a la manera de *A
torre em concurso*, sátira política de Macedo). El teatro brasileño de esos años ofrece su nombre representativo en Luis
Carlos Martins Pena (1815-1848). Dramaturgo por excelencia,
casi toda su obra conocida pertenece al teatro. Se han reco-

---

[2] Al margen de las palabras de Alencar, conviene reparar —aunque no pueda yo precisarlo— en el carácter continental de la Exposición chilena.

[3] Citado por Leo Kirschenbaum, *Teatro*, en Borba de Moraes y
Berrien, *Manual bibliográfico*, pág. 728.

gido alrededor de treinta piezas suyas, particularmente comedias.

Comedias breves (en un acto algunas de ellas), se distinguen por su factura poco complicada y por el acierto de los toques costumbristas. Por lo menos, un teatro que —dentro de sus cortas ambiciones— ha resistido mejor los años que otros frutos del teatro romántico brasileño. *O juiz de paz da Roça*, una de las primeras comedias y, sin duda, la más recordada, nos sirve para medir virtudes y limitaciones, dentro del tipo de comedia que cultivó con preferencia Martins Pena.

El único paralelo estimable que admite en Hispanoamérica debemos buscarlo en las comedias peruanas de Felipe Pardo y Ascensio Segura (comedia costumbrista de perfil entre clásico y romántico). A tono también en el no muy alto valor.

OTROS GÉNEROS

Fuera de las tres grandes vías frecuentadas por los escritores de la época (lírica, novela y teatro), muy poco es lo que las letras brasileñas muestran de valor en el período que estudiamos. Apenas algunos críticos como Francisco Adolfo de Varnhagen y como Joaquim Norberto de Sousa e Silva, ejemplos de curiosidad y fecundidad, más que de juicio y calidad crítica. En este sentido, aparecen con mayor prestancia los nombres de Alencar y Gonçalves Dias. Vale decir, dos de los grandes del romanticismo brasileño, que extienden ocasionalmente la pluma hasta la crítica literaria (y la filología, como ocurre con Gonçalves Dias) y mantienen también allí su prestancia.

Se escriben ensayos y obras históricas. El periodismo se enriquece, por lo común, a través del tributo de periódicos de vida efímera que llevan a los lectores urgencias de nuevos tiempos. Nacen panfletos y se extiende —hemos visto— el folletín. Todo esto como señal de la época e impresionando más por el número que por el valor particular. Lo que no encontramos en el Brasil —también en consonancia con los nuevos tiempos— es esa obra que se ve en otras regiones de América, espejo claro del tiempo, pero con raíces hondas en la tierra del continente. Me refiero a esos libros (por lo común, de prosa) que se apartan de casilleros conocidos o de trayectorias antiquísimas. En apariencia, participando de muchos de los géneros tradicionales: obras de Sarmiento, de Montalvo, de Juan Vicente González, de Mansilla... En el Brasil —repito— no encontramos ese tipo, por lo menos, levantado por la jerarquía literaria. No lo encontramos en tiempos de hervor romántico, pero sí en los primeros años de nuestro siglo, con *Os sertões*, de Euclydes da Cunha.

IX

GENERACIONES ROMÁNTICAS.
LOS GRANDES ROMÁNTICOS

GENERACIONES ROMÁNTICAS

Desde hace años han procurado los críticos dar cierto orden a la abundante producción que caracteriza la época romántica. Abundancia que —por otra parte— se reduce considerablemente cuando se procede con un criterio estricto de selección. Sin embargo, el establecimiento de escalas de valores —no difícil de hacer en el Brasil ni en ningún país de la América Hispánica— tampoco impide que esos pocos nombres señeros ganen perspectivas en la compañía numerosa que contribuye a dar la tónica del momento. No olvidemos que el escritor mediano, por ser precisamente eso, medianía, es el que mejor refleja su tiempo [1]. Hablar de Gonçalves Dias, de Alencar, de Castro Alves, en una visión selectiva dentro del panorama romántico americano, no oculta, ni mucho menos, una profusa compañía —a veces, fondo;

---

[1] Hay agudas observaciones de Daniel Mornet al respecto. Ver Philippe Van Tieghem, *Tendences nouvelles en histoire littéraire*, París, 1930, págs. 21-22.

a veces, confrontadora realidad— al estudiar el romanticismo
en el Brasil.

Por eso, no pueden extrañar minuciosos catálogos, algunos tan minuciosos como los de Sílvio Romero, en «fases»
y «momentos»[2]. Menos abrumador, Ronald de Carvalho nos
hace ver con mayor claridad entre aquella selva que pintaba
Romero. Carvalho distingue géneros, y dentro de la prepon-
derancia de la lírica destaca temas particularizadores, enca-
bezados por los poetas principales: Magalhães y la poesía
religiosa; Gonçalves Dias y la poesía de la naturaleza; Álvares de Azevedo y la poesía de la duda; Castro Alves y la
poesía social[3].

El cuadro que presenta Carvalho —particular, puesto que
persigue el estudio de un género, aunque es el que más valores presenta— sigue un elemental orden cronológico, dentro
del visible afán de hacer resaltar los temas personalizadores
de los grandes románticos brasileños.

El conocido poeta y crítico contemporáneo Manuel Bandeira coincide en su *Antologia* con Ronald de Carvalho, redu-
ciéndose, por supuesto, a la labor poética. En otras páginas
críticas, y sin apartarse del campo del verso, Bandeira distingue tres etapas en la marcha, ejemplificando cada una de
ellas con los poetas representativos (la inicial, de inspiración
religiosa —reflejo de Lamartine—, a la que Gonçalves Dias
agregó resonancias nacionales; la segunda, representada por
Álvares de Azevedo y su escuela; la tercera, perceptible con
la «Escuela condoreira»)[4].

----

[2] Cf. Manuel Bandeira, *Antologia dos poetas brasileiros da fase
romântica*, págs. 7-8.
[3] Ronald de Carvalho, *Pequena história da literatura brasileira*,
págs. 210-245.
[4] Manuel Bandeira, *Poesia*, en Borba de Moraes y Berrien, *Manual bibliográfico de estudos brasileiros*, págs. 710-711; ver, también,

Más recientemente, Otto Maria Carpeaux, después de señalar las dificultades que ofrece la sistematización del romanticismo brasileño, señala cuatro grupos, considerándolos desde el punto de vista estilístico: 1) Prerromanticismo (Gonçalves de Magalhães, Porto Alegre); 2) Romanticismo nacional y popular (Gonçalves Dias, Alencar, Silva Guimarães); 3) Romanticismo individualista (Álvares de Azevedo, Junqueira Freire, Laurindo Rabelo, Fagundes Varela); 4) Romanticismo liberal (Castro Alves, Luis Delfino, Joaquim Nabuco) [5].

Por último, Afrânio Coutinho procura acercar estilo e ideología y cronología, y distingue estos grupos, dejando a un lado un más exacto Prerromanticismo (1808-1836): Primer grupo (1836-1840) o de iniciación (Gonçalves de Magalhães, Porto Alegre, Martins Pena); segundo grupo (1840-1850), con predominio de la descripción de la naturaleza, panteísmo, indianismo (Macedo, Gonçalves Dias, Alencar); tercer grupo (1850-1860): individualismo y subjetivismo (Álvares de Azevedo, Pinheiro Guimarães, Junqueira Freire, Fagundes Varela); cuarto grupo (después de 1860): romanticismo liberal y so-

---

Manuel Bandeira, *Panorama de la poesía brasileña*, trad. de E. de Champourcín, México, 1951, pág. 22.

José Veríssimo, en su *História da literatura brasileira* (Río de Janeiro, 1916), ya distinguía tres momentos en el romanticismo brasileño.

[5] Otto Maria Carpeaux, *Pequena bibliografia crítica da literatura brasileira*, Río de Janeiro, 1955, págs. 71-125:

«O estudo do Romantismo, movimento literário dos mais complexos, encontra em todas as literaturas grandes dificuldades. No caso do Brasil, a dificuldade especial reside na preferência do gôsto nacional por êsse estilo, produzindo verdadeiro exército de poetas românticos durante período relativamente curto, de modo que é quase impossível distinguir com nitidez as diferentes fases de evolução do romantismo brasileiro...» (Id., pág. 90.)

cial (Silveira Távora, Escragnolle Taunay, Castro Alves, Machado de Assis)[6].

En fin, sin pretender descubrir nuevos mundos y procurando agrupar a los románticos brasileños en grupos coetáneos más amplios, tentemos aquí la elemental distribución (aunque esto sea un volver —en parte— a una simplicidad que Otto Maria Carpeaux reprueba). Por lo pronto —y subrayando siempre la importancia de la lírica—, reunamos junto a los líricos los nombres que algo significan en la novela y en el pobre teatro de la época. Los grupos serán, así, más compactos.

Alrededor de treinta años (no mucho más) dura el predominio visible del romanticismo, predominio centrado hacia el segundo tercio del siglo. En esos treinta años hay claramente dos generaciones románticas en el Brasil. (De nuevo puede hacerse un fácil paralelo con las letras hispanoamericanas, aunque hubo allí regiones en que el romanticismo prendió tan fuertemente que alcanzó —hacia el final del siglo— una tercera generación romántica. No es esto lo común, aclaro; basta con recordar lo que representa el modernismo para medir alcances en una ya débil supervivencia literaria.)

Al hablar de «generaciones literarias» pienso, sobre todo, en las fundamentaciones de Ortega y Gasset[7], simples pero convincentes, más que en las complejas particularizaciones de un Petersen o de otros teorizadores alemanes. Pues bien, en el Brasil (como en tantas otras partes, repito) el romanticismo se da en dos generaciones: una de triunfo y otra de expansión, derivación...

---

6 Afrânio Coutinho, *A literatura no Brasil*, I, 2, Río de Janeiro, 1955, págs. 586-589.

7 Cf., sobre todo, Ortega y Gasset, *El tema de nuestro tiempo* (1923) y *En torno a Galileo* (1933). (Ver *Obras Completas*, III y V, Madrid, 1947, págs. 143-242 y 13-164, respectivamente.)

A la primera pertenecen Gonçalves de Magalhães (1811-1882), Porto Alegre (1806-1879), Gonçalves Dias (1823-1864), José Bonifácio (o moço) (1827-1886), Alvares de Azevedo (1831-1852), Laurindo Rabelo (1826-1864), Junqueira Freire (1832-1855), Joaquim de Macedo (1820-1882), Luis Martins Pena (1815-1848)... Escritores que escriben y dan perfil a una producción literaria que se afirma alrededor de 1850 (años más y años menos).

Como puente vigoroso de enlace aparece Alencar (1829-1877), aunque más bien pertenece por su obra —que es lo que aquí importa— a la segunda generación[8].

En la segunda generación pueden incluirse estos nombres: Silva Guimarães (1827-1885), Tobías Barreto (1839-1889), Soares de Sousa (1839-1884), Casimiro de Abreu (1839-1860), Fagundes Varela (1841-1875), Franklin Távora (1842-1888), Escragnolle Taunay (1843-1889), Castro Alves (1847-1871)... Escritores que comienzan a producir alrededor de 1860 y que más de una vez se acercan a caracteres que no son precisamente los que configuran esencias románticas. La prosa novelesca, sobre todo, inclínase hacia el realismo y el naturalismo (tanto en el tipo de novela campesina como en la novela de la ciudad) y fructifica en un grupo de novelistas que amplían las posibilidades de la novela brasileña, novelas cuyas bases fueron trazadas en gran parte por Alencar (y no menos por Almeida). El verso mantiene algún tiempo típicos aspectos románticos hasta que se repliega —como refrenando ímpetus y excesos— en la poesía de los parnasianos.

---

[8] Coetáneo de Alencar es un interesante novelista, autor de un solo libro, pero que ha bastado para concederle buen lugar en las letras brasileñas. Me refiero a Manuel Antônio de Almeida (1830-1861), autor de las *Memórias de um sargento de milícias* (1852-1853), obra que anticipa con vigor la novela realista de su país.

LOS GRANDES ROMANTICOS

GONÇALVES DIAS

Con Gonçalves Dias se da en las letras brasileñas un ejemplo paralelo al de otras literaturas. No es el iniciador del movimiento romántico, pero es el que afirma la corriente e inicia la serie de los altos nombres del romanticismo en el Brasil [9]. Para destacarlo, se conjugaron en él vida y obra románticas y una fina sensibilidad poética.

No podemos afirmar que en Gonçalves Dias —como en tantos otros— la permanencia en Europa fue decisiva en su inclinación literaria; hay que decir, sí, que sus años de Portugal sirvieron para identificarlo más ahincadamente con un movimiento que tenía ya dimensión continental y que con mayor o menor fuerza llegaba hasta el Atlántico. Por otra parte, de esos años de Europa son algunas de sus obras, particularmente poesías que se imprimieron más tarde en su patria.

En Coimbra publica algunas composiciones sueltas. En 1845 regresa a su lar de Maranhão y continúa su labor literaria, que se acrece y vigoriza de manera definitiva en 1846, con la publicación de los *Primeiros cantos,* revelación y espaldarazo del poeta. A partir de este año la breve y enfermiza vida de Gonçalves Dias ofrece una producción literaria ininterrumpida, cuyos hitos fundamentales los marcan sus libros poéticos (*Segundos cantos e Sextilhas de Frei Antão* —1848—;

---

[9] Para decirlo con palabras de un crítico brasileño —Agripino Grieco—, aunque éste no se refiera a Gonçalves Dias: «Sabe-se que o primeiro não é o primeiro em ordem e sim em qualidade». (Prólogo a Castro Alves, *Espumas flutuantes,* ed. de Río de Janeiro, 1947, páginas XII-XXIII.)

Os Timbiras —1848—; *Últimos cantos* —1851—...) [10]. Agreguemos poesías suyas incluidas en las *Obras póstumas* (6 vols., 1868-1869). Alternando con ellas, y en nivel más bajo, sus dramas (*Leonor de Mendonça* —1847—, *Patkull, Beatriz Cenci*), sus obras filológicas (*Dicionário da lingua tupi* —1858—, *Vocabulário da lingua geral usada no Alto Amazonas* —1851—), sus obras histórico-geográficas (*Amazonas* —1855—, *Brasil e Oceânia* —1867—)...

La poesía de Gonçalves Dias y, en general, toda su obra, está tan apegada a la naturaleza brasileña que al escribir el nombre del escritor, al citarse un verso suyo, surge de inmediato el paisaje brasileño. Sin embargo, hay algo más hondo que da vida a ese paisaje en el espíritu del poeta y le da particularísimo acento: la melancolía, la evocación. Recordemos que muchas de sus primeras poesías, sobre todo de las «Poesías americanas» incluidas en los *Primeiros cantos*, responden no a una inspiración inmediata o directa, sino a un sentimiento de «nostalgia» que revive desde lejos el paisaje amado. Allí está precisamente la *Canção do exílio* para probarlo.

Después, al volver a su país, la naturaleza tomó en él más fuerza. Por supuesto que no era sólo sentimiento del paisaje —comunicación entre poeta y paisaje y paisaje y poeta—,

---

[10] Guido Spano fue amigo de Gonçalves Dias. Según nos cuenta, los *Últimos cantos* del poeta brasileño iban a llevar un prólogo del poeta argentino (escrito en portugués, lengua que Guido Spano dominaba). El alejamiento del Brasil, expulsado, le impidió —nos dice— realizarlo. (Ver Guido Spano, *Autobiografía*, ed. cit., pág. 28.) Lo concreto es que los *Últimos cantos* (1.ª ed., Río de Janeiro, 1851) salieron sin el prólogo de Guido Spano.

Una última noticia acerca de Gonçalves Dias y la Argentina. Roberto F. Giusti escribió, hace ya muchos años, una semblanza del poeta brasileño con motivo de darse su nombre a una calle de Buenos Aires. La semblanza fue recogida en *Crítica y polémica*, Segunda serie, Buenos Aires, 1924.

sino extensión hacia poemas de nutridos versos, con un argumento centrado sobre todo en el tema indianista (como se ve en *Tabira*, en *I-Juca-Pirama* y en el inconcluso *Os Timbiras*).

El hombre y el paisaje brasileños aparecen en Gonçalves Dias con un acento hasta entonces desconocido. Como se ha dicho más de una vez [11], el indio ya había aparecido antes en la literatura brasileña. Más aún, en la literatura americana. Lo que Gonçalves Dias fijó —y otros continuaron— fue la identificación sentimental, el hablar desde dentro del personaje. Reconozcamos que las condiciones políticas favorecían tal eclosión, condiciones ayudadas por características generales del movimiento romántico. Reconozcamos también que con el indianismo nacen idealizaciones y afinaciones (aunque a algunas —tratándose del «salvaje» brasileño— se le pueden encontrar precedentes lejanos). Con todo, lo que justifica a Gonçalves Dias —y a las mejores obras indianistas americanas— es la categoría poética, que alcanza aquí singular fisonomía continental, por encima de idealizaciones y abstracciones.

Con el naufragio en que murió Gonçalves Dias no sólo se perdió la vida preciosa del poeta (bastante delicada, por otra parte), sino también la continuación de su ambicioso poema *Os Timbiras*. Únicamente se conocen, así, los cuatro primeros cantos —publicados en 1857— de una obra poemática que iba a tener desusada extensión en la época y que algunos llegaron a llamar «Ilíada americana» [12]. Aquí quería dejar Gonçalves Dias su más alta ofrenda a América y a su patria, tal como anticipaba en la Introducción:

---

[11] Cf. Manuel Bandeira, *Panorama de la poesía brasileña*, trad. de Ernestina de Champourcín, México, 1951, pág. 32.

[12] Ver, para los problemas de edición, M. Nogueira da Silva, *Bibliografia de Gonçalves Dias*, págs. 65-68.

> Como os sons do boré, soa o meu canto
> sagrado ao rudo povo americano:
> quem quer que a natureza estima e preza
> e gosta ouvir as empoladas vagas
> bater gemendo as cavas penedias,
> e o negro bosque sussurrando ao longe—
> escute-me. —Cantor modesto e humilde,
> a fronte não cingi de mirto e louro,
> antes de verde rama engrinaldei-a,
> d'agrestes flores enfeitando a lira;
> não me assentei nos cimos do Parnaso,
> nem vi correr a linfa da Castália.
>
> Cantor das selvas, entre bravas matas
> áspero tronco da palmeira escolho.
> Unido a êle soltarei meu canto,
> enquanto o vento nos palmares zune,
> rugindo os longos encontrados leques... [13].

Para comprender lo que pudo ser ese poema nos quedan, en primer término, los cantos del comienzo. Además, y como punto de confrontación, el breve poema *I-Juca-Pirama* —de 1851—, en que el poeta comprime sin duda la idea de un más amplio desarrollo.

Para el lector no brasileño, y sin desconocer méritos al Gonçalves Dias de *I-Juca-Pirama* y *Os Timbiras*, el poeta se perfila mejor en composiciones breves: nostálgicas, religiosas, sentimentales, descriptivas...

Lo que destaca a Gonçalves Dias —más aún dentro de la lírica romántica en América— es su sentido del equilibrio, de la mesura, sin dejar por eso de ser nítidamente romántico. El verso de Gonçalves Dias es musical, bien trabajado, y se impone por su limada exuberancia. Aurélio Buarque de

---

[13] Gonçalves Dias, *Obras poéticas*, II, págs. 248-249.

Holanda —nos recuerda Manuel Bandeira [14]— ha demostrado
ya la desnudez de adjetivos que caracteriza a la *Canção do
exílio.*

Claro que no todos los románticos supieron aunar como
este poeta un sentimiento romántico y una cultura cuidada.
(Mejor que de cultura, podríamos hablar de buen gusto y
sentido de la lengua.) En fin, lo importante es que Gonçalves
Dias impone este sello peculiar a su lírica y encuentra en él
equilibrada defensa para otras excelencias, más desbordadas,
de sus poemas. En última instancia, todo constituye la maciza unidad de la obra.

ALENCAR

Hace años, al comentar Manuel Bandeira los resultados
de una encuesta sobre la novela brasileña, no dejaba de reparar que en una serie de «los diez mejores novelistas brasileños» figuraban —abriendo la marcha en el tiempo— Manuel
Antonio de Almeida, con sus *Memórias de um sargento de
milícias* y José de Alencar con *O Guarani.*

El resultado era realmente alentador —tanto para Almeida como para Alencar—, sobre todo considerando que, si bien
la encuesta era realizada por la *Revista Académica*, de Río
de Janeiro, la publicación distaba de ser académica en el
sentido corriente del término. Por supuesto, predominaban
en la lista nombres que corresponden a nuestro siglo.

Al referirse a la novela de Alencar, escribía Bandeira palabras de exacta comprensión:

> *O Guarani* —dice—, la novela de Alencar que más votos ob-
> tuvo, no tiene ya hoy para sus compatriotas —ni tampoco ha

---

[14] Manuel Bandeira, *Panorama de la poesía brasileña*, pág. 29.

de tenerlo para un extranjero— el interés que despertó cuando fue publicada como primer libro del autor en 1857. Ese libro era tan superior a todo lo que se había hecho hasta entonces en el género, que —exageradamente— fue recibido como una obra maestra. Pero *O Guarani* merece ser leído, porque marca realmente una etapa en la evolución de la novela brasileña... Hay en este libro, además, una evidente preocupación por la forma, cosa que sus antecesores descuidaban.

Los extranjeros deben también leer otro libro de Alencar, la historia de *Iracema*, verdadero poema indianista en prosa y, en su género, lo mejor que tenemos en nuestra literatura [15].

Evidentemente, el juicio de Bandeira es exacto; quizás, hasta puede decirse «riguroso», pero no hay que olvidar que está dirigido por una línea que obliga a la severidad. Por otra parte, aclaro que esto no supone ninguna novedad fundamental en la valoración de Alencar, escritor hoy de los más vivos que presenta el siglo XIX americano.

O Guarani (1857) e *Iracema* (1865) constituyen dos títulos en medio de muchos otros que señalan en Alencar uno de los escritores más fecundos de las letras brasileñas. Es cierto que la fecundidad fue sello romántico, pero también es cierto que a veces la fecundidad estuvo limitada por una vida breve en el tiempo. Alencar no alcanzó los cincuenta años; esta edad, sin embargo, supera fríos términos medios en la vida de escritores del pasado siglo. Como también Alencar comenzó muy temprano su producción literaria, nos explicamos la dimensión de su obra, dentro de la cual lo publicado es sólo una parte de lo mucho que escribió. Naturalmente, sobre lo conocido se apoya la importancia concedida al escritor.

---

[15] Manuel Bandeira, *Una encuesta sobre la novela brasileña*, en *Sur*, de Buenos Aires, 1942, núm. 96, pág. 10.

Siguiendo una línea también muy frecuente entre los escritores americanos del siglo XIX, Alencar fue hombre de notoria actuación política (varias veces diputado, Ministro de Justicia) y de activa labor periodística (fue director del *Diário do Rio*). Esa acumulación de tareas no fue obstáculo a su obra literaria (diremos mejor que —como ocurre en otros— fue más bien acicate y bandera).

La reiterada alusión a obras como *O Guarani* e *Iracema* oculta, sin duda, una producción variada. Alencar no cultivó solamente la novela: escribió dramas, poesías líricas, crítica literaria, sin contar otros sectores fronterizos. Lo que ocurre es que el novelista —levantado en una reiteración que produjo sus más nítidas calidades— sostiene el nombre del escritor y lo destaca en su tiempo. Como dramaturgo y poeta lírico, por ejemplo, Alencar es uno más entre muchos; como novelista, es el escritor que sobrevive a su tiempo. Y otras obras pueden agregarse —en nivel inferior, pero no muy lejos— a las citadas: *O sertanejo* (1876), *O gaúcho* (1870).

Hoy parece visible que Alencar quiso trazar a través de sus novelas un amplio cuadro de la vida brasileña, cuadro en el tiempo y en el espacio [16]. Por supuesto que no estaba en su intención (ni estaba tampoco en la esencia de la novela romántica) la idea de una gran obra cíclica. Lo concreto es que, observando en conjunto su obra, se nota esa variedad abarcadora. Por eso tampoco puede extrañarnos que se haya reparado en el claro sentido nacional que tiene la producción de Alencar: nacionalismo que es en él identificación y sentido de la expresión.

---

[16] Cf. Sílvio Romero y João Ribeiro, *Compêndio de história da literatura brasileira*, Río de Janeiro, 1906, págs. 262-263. (Cit. por Gladstone Chaves de Melo, introducción a Alencar, *Iracema*, páginas XXXI-XXXII.)

Volvamos a *O Guarani* e *Iracema*. Es natural que, sobre todo al mencionar estas novelas, se haga hincapié en el «indianismo» de Alencar, hasta con obligada confrontación con el indianismo de Gonçalves Dias. El indianismo —sabemos— da sello a uno de los aportes temáticos más nutridos que ofrece el romanticismo en América. Se habla de que el indianismo de Alencar fue «más profundo» que el de Gonçalves Dias [17]. Quizás fuera más exacto decir que fue diferente.

Aun dentro de ciertos toques idealistas que caracterizan, en general, al indianismo, el de Gonçalves Dias fue más lírico, más «poético», más evocativo, si se quiere. El de Alencar, apoyado en el campo abierto y propicio de la novela, aparece por lo común con un sentido directo, político y social, sin que eso corte demasiado —aún en su prosa— el vuelo lírico. Pero es —repito— un indio recortado con mayor nitidez sobre el paisaje. Por eso también me parece que se puede hablar —mejor— de diferencias o grados dentro del indianismo brasileño. Reconozcamos, sí, que el tema del indio ocupa mayor extensión en la obra de Alencar (aparte de lo que el género novelesco significa como difusión).

En fin, digamos que con Alencar y los rasgos de su lengua literaria ha pasado algo semejante a lo ocurrido entre nosotros con Sarmiento: la tacha de escritor incorrecto, de pobreza en la lengua, etc.

Dejando a un lado que no es ejemplar de la época (y menos en América) el escritor moroso de su estilo, el estudio detenido nos sirve para medir hasta dónde alcanza el poder de los juicios recibidos y aceptados sin análisis. En las palabras de Bandeira que hemos copiado hay una referencia a la «preocupación por la forma». Con más exactitud, hay que

---

[17] Ver Gladstone Chaves de Melo, introducción a Alencar, *Iracema*, págs. XXXII-XXXIII.

escribir que en Alencar vive no sólo un buen conocedor de la lengua, sino —lo que más importa— un escritor personal que da sello a la lengua común y que, en consonancia con el sentido de su arte, trata de infundir acento nacional a la lengua [18]. El camino firme lo veía —como hemos señalado en un capítulo anterior— en las lenguas indígenas de su patria. Si no fue del todo feliz en su intento, algo quedó de valor. Capacidad tenía, y conciencia de la empresa también. Indudablemente, Alencar abrió un camino fecundísimo que después ha sido mantenido y —claro está— muy transitado...

CASTRO ALVES

Antônio de Castro Alves fue el magnífico ocaso del romanticismo en el Brasil [19]. Con esta particularidad: de que en él se dan estrechamente unidas —no era el primero, por cierto— una vida y una obra románticas. Además, la obra literaria de Castro Alves, acorde con su muy corta vida —veinticuatro años— es poco abundante: en rigor, sólo un libro publicó en vida, las *Espumas flutuantes* (1870). Las poesías no recogidas en volumen (entre ellas se encuentran títulos fundamentales en la bibliografía de Castro Alves) fueron posteriormente editadas de manera diversa. Afrânio Peixoto las ha dispuesto en dos grupos —*Hinos do Equador*

---

[18] «Foi Alencar, dos nossos escritores românticos, um dos que mais teve preocupação de estilo, cuidado da expressão. Basta cotejar a primeira e a segunda edição de *Iracema*, para ver um semconto de alterações, de novas redações, sempre em busca de melhor expressão...» (Gladstone Chaves de Melo, *Alencar e «A língua brasileira»*, págs. 47-48.)

[19] «La última gran voz de la poesía romántica [en el Brasil]», dice Manuel Bandeira. (Ver *Panorama de la poesía brasileña*, pág. 52.)

y *Os escravos*—, que son, en general, aceptados en ediciones posteriores [20].

Si hay un poeta que se identifica de manera plena y espectacular con rasgos llamativos del romanticismo, ése es, sin duda, Castro Alves: precoz madurez, amante sin freno, vida accidentada, enfermedades... Por otra parte, prédica abolicionista. Estos rasgos repercuten, sobre todo, en una poesía sensual, en un sentido tibio del paisaje y en una poesía social que hacen inconfundible el verso de Castro Alves.

Hay, dentro de los breves años que abarca la producción del poeta, una gradación explicable: su poesía amorosa se extiende, prácticamente, a todo lo largo de ella, pero poco a poco vemos surgir, al avanzar, el tema de la esclavitud, tema que alcanza estremecida angustia en el último tiempo de Castro Alves, sin duda con la certeza de su próximo fin.

La mujer y el amor, y la sensualidad —en su concreción inmediata— dieron tema permanente a Castro Alves. No era para menos en quien llevaba en su sangre un ímpetu arrollador.

> ... Sòmente as vagas do sepulcro
> hão de apagar o fogo que em mim arde... [21].

escribió en versos espejos. Y al sentir la muerte próxima, alcanzó a escribir:

> E eu morro, ó Deus! na aurora da existéncia
> quando a sêde e o desejo em nós palpita... [22].

---

[20] El drama *Gonzaga ou a Revolução de Minas* pasó sin pena ni gloria. Esta obra la escribió para la actriz Eugênia Câmara.

[21] Cit. por Homero Pires, prefacio a Castro Alves, *Poesias escolhidas*, pág. 10.

[22] Castro Alves, *Mocidade è morte*, en *Poesias escolhidas*, pág. 40.

Claro que a veces el poeta descansa las ansias bullidoras y nos da una poesía sosegada, dulce, que no desmerece frente a otras suyas, más impetuosas, desbordadas...

En la lírica de Castro Alves resalta una particular captación de efectos sensoriales, tanto que a veces se adelanta a su tiempo para hacernos anticipar efectos modernistas. (Cf. *Os perfumes.*) Esta sensibilidad es también notoria en sus poesías paisajistas, o, con más exactitud, en las estrofas paisajistas de sus últimas composiciones, aquellas que tocan el tema eminentemente social. Poesías como *Crepúsculo sertanejo* quedan con colores firmes en las letras del Brasil.

Es indudable que el lugar que ocupa entre la poesía de Castro Alves el tema de la esclavitud ha contribuido eficazmente a sostener el vigor del poeta, ya desvanecido en algunos sectores de su obra. Sin embargo, no deja de llamar la atención esta supervivencia, sobre todo teniendo en cuenta que de la gran cantidad de composiciones que determinó el tema muy poco es lo que sobrevive.

La explicación no ofrece grandes dificultades. Es que raras veces encontró tal asunto un poeta de la altura de Castro Alves. Con el agregado de que el poeta asistía —en su apresurada juventud— a un momento crucial en la vida del país. El ardor de Castro Alves toma rápidamente partido y escribe poesías como *O navio negreiro* y *Vozes d'Africa.*

Sin entrar en problemas sutiles, no cabe duda de que el tema adquirió en él una fuerza inusitada, acorde con la injusticia que se combatía. ¿Cómo impedir, pues, que los versos de las *Vozes d'Africa* se sumaran a la lucha?[23]. El triunfo

---

[23] «Contava-me Martins Fontes, um dos seus fanáticos —dice Agripino Grieco—, que, na Santos de outrora, quando discutiam problemas do cautiveiro e afirmavam que a abolição brusca importaría no despovoamento das fazendas, na mutilação da vida rural, bastava que um parente de Martins se levantasse e, sem mais argumentos econô-

de Castro Alves está en el hecho de que, abolida la esclavitud
en su patria (hecho que él no pudo ver), sus poesías sociales
persistieron más allá de valores inmediatos que las ligaban
al momento. Y ésa es también la señal de supervivencia que
alcanza hasta nuestros días, junto con otras poesías suyas
en que el poeta habla a través de su ímpetu erótico, su inti-
midad o el paisaje brasileño.

----

micos, recitasse o *Navio negreiro* e as *Vozes d'África,* para que todos
os escravocratas emudecessem.» (Agripino Grieco, prólogo a Castro
Alves, *Espumas flutuantes,* págs. XIII-XIV.)

X

EL ROMANTICISMO EN LA AMÉRICA HISPÁNICA

Dentro del vaivén particular que suele acompañar los juicios sobre las épocas literarias pasadas, hay situaciones que se repiten con curiosa frecuencia. La época inmediata posterior —por lo común reacción— procede con carácter negativo. Espíritu de doble vertiente, con el que trata de levantar y justificar su propia razón de ser. Pero pasados los momentos de iniciación y choque, es frecuente ver también reacciones secundarias, menos violentas y hasta reconocimientos estimables.

Concretemos. En las apreciaciones sobre el romanticismo en la América Hispánica ha prevalecido de manera manifiesta el juicio retaceador de generaciones modernistas y de críticos posteriores que —por diversos motivos— se conformaron con repetir conocidas opiniones, respaldadas por nombres más o menos ilustres. Hay también explicaciones —ya que no justificaciones— para muchos enfoques del romanticismo en América: el carácter parcial, limitado, o bien la suma de vagas generalidades que importan esos trabajos. Basta con recordar que hasta hace pocos años las páginas de Rodó (capítulos finales del estudio acerca de *Juan María Gutiérrez y su época*) constituían la condensación más sensata. Después, los capítulos de Pedro Henríquez Ureña (en las *Corrientes literarias en la América Hispánica*, en la *Historia de la cultura en la América Hispánica*) dieron fundamentales esquemas orientadores, valiosísimos en sus proporciones.

Las dificultades en los estudios proceden, esencialmente, de la amplitud extraordinaria del enfoque (una amplitud que requiere sólidas bases nacionales o regionales, en cuanto a trabajos previos se refiere, y que —por fortuna— en los últimos años se ha apresurado). La amplitud facilita y dificulta. Facilita panoramas —por lo común, cómodos y apoyados en unos pocos puntos de apoyo valederos—, y dificulta por la nutridísima cantidad de materiales, materiales de los cuales debe surgir la obra seria. Esta es, poco más o menos, la situación de los trabajos sobre el romanticismo en la América Hispánica en esta nuestra época de creciente interés americanista. Un conocimiento más a fondo del tema es el que debe determinar la gran obra de este título, libro que todavía no se ha escrito.

HISPANOAMÉRICA

Existe, indudablemente, una unidad espiritual hispanoamericana. Y, con mayor expansión abrazadora, hay una visible unidad en la América Hispánica. Distinciones entre Hispanoamérica y el Brasil no cortan vínculos evidentes.

Es curioso, pero hubo después de la época de la Independencia incomprensibles aislamientos en el continente, aislamientos cortados, en realidad, hace pocos años. Por lo menos, hoy prevalece una mayor vinculación y comprensión. A pesar de tales vicisitudes, es imposible negar una unidad iberoamericana, latinoamericana, de la América Hispánica, o como se la prefiera llamar (quizás no hemos encontrado aún el nombre adecuado, aunque esto tiene relativo valor). Unidad manifiesta en el «paralelismo histórico» y «como sentimiento e ideal»[1]. Por otra parte, hasta aspectos del aislamiento que caracteriza a gran parte del siglo XIX se pueden explicar como una necesidad de concentración, de afirmación interna en los nacientes estados continentales.

Volvamos al nombre y su contenido. Hemos aceptado, por encima de otras denominaciones, la de América Hispánica. Sobre ella (como sobre el continente americano en su totalidad) han menudeado intentos de divisiones y particiones culturales. Sin negar valor (y posibilidades) a algunas de esas divisiones —sobre todo, a algunas tan atractivas como la de Germán Arciniegas— es evidente el peso de la elemental distinción entre Hispanoamérica y el Brasil: como es evidente también que la lengua es lo que más une.

Triunfa durante el siglo XIX un romanticismo universal (entendiendo lo de universal, por cierto, con sentido muy restrictivo), del cual participa América. Hay una concepción romántica del mundo y de la vida que repercute en la obra artística (así, como por reflejo, la obra artística no dejó de ejercer influencias en la vida de la época, vida romántica).

El romanticismo en Hispanoamérica sigue las líneas generales del romanticismo europeo; por algo el romanticismo nació en Europa y tuvo en nuestro continente derivaciones tan ceñidas al modelo europeo. Pero tuvo, además, acentos propios, esos que surgieron, sin eludir escuelas y corrientes, como algo consustancial a la tierra y al hombre de América. Obras que nacieron como resultado de momentos particulares en la vida político-social americana y encontraron el

---

[1] Alfonso Reyes, *La constelación americana*, México, 1950, pág. 12.

escritor capaz de interpretarlos y darles el calor de la expresión. Y otras obras también que nacen de realidades más íntimas y que se ligan, por hilos menos gruesos, a la época.

No en vano el romanticismo irrumpe después de la etapa de la independencia política en la mayor parte de los pueblos de la América Hispánica. Por eso es algo así como la puesta en marcha de una trabajosa independencia cultural, de ansias de personalización. En ella, sobre todo, deben interesarnos los logros, por escasos que sean. A su vez, esos logros no aparecen (ni lo pretendían) en novedades doctrinales, ni originalidades filosóficas que vertebran un pensamiento. Los aciertos más rotundos están en la concreción que significan determinadas obras, que aprovechan elementos inmediatos y a flor de tierra.

Por eso los mejores tributos no surgen casi nunca de recónditas intimidades ni de lentos procesos expresivos. Surgen, por el contrario, de la naturaleza, de una realidad social de apresurada transformación, de la visión histórica... En fin, de los cauces apropiados que podían brindar, en armónica conjunción, una doctrina literaria ajena y diferentes estímulos, entre los cuales ocupaba lugar importante el ámbito vital cercano.

El resultado es el conjunto que —a través de muchos años y distancias— permite reunir nombres como los de Sarmiento, Montalvo, Hernández, Gutiérrez González, Isaacs, González Prada, Juan Vicente González, Palma, Pérez Bonalde, Zorrilla de San Martín... (Listas de este tipo son siempre vagas y discutibles; el rigor aconseja, por lo menos, que sean reducidas.) Hay también escritores cuya fuerza se basa en una suma de elementos parciales, aunque no alcanzaron a dar la obra representativa. En fin, quedan títulos que han resistido con gallardía embates y tiempo: *Facundo, Siete tratados, Martín Fierro, Memoria sobre el cultivo del maíz*

en Antioquia, María, Tabaré, Biografía de José Félix Ribas...
(De nuevo, la lista es breve.)

El saldo es estimable, aunque se piense con frecuencia que es demasiado escaso en relación a la amplitud —en todo sentido— del período. Reparemos, sin embargo, en el carácter particularísimo de la época: marcada en lo político por los intentos de organización nacional, salpicada de anarquías y despotismos. Época que si confiere signos especiales a muchas obras, también corta posibilidades a otras, más afines a ámbitos de serenidad y reflexión. El romanticismo altera en parte un ritmo de siglos en América: al predominio colonial de algunas regiones —sobre todo, México y Perú— el siglo XIX opone una más pareja producción literaria. Regiones como el Río de la Plata, que muy poco habían significado, adquieren, en el momento americano, lugar de primera fila.

Reconocer la importancia del modernismo no tiene por qué llevarnos a negar signos positivos al movimiento romántico en América. Sin exagerar bellezas, sin acudir a prioridades locales que bien sabemos se quedan por lo común en eso —en locales—, el romanticismo continúa más de una rica tradición literaria colonial e inicia —con ideas y libros— otras tradiciones nobles. El brillo del modernismo y, en general, de la literatura de nuestro siglo no puede ocultar —ni tiene por qué ocultar— los relativamente pocos, pero auténticos, valores del romanticismo en Hispanoamérica.

En fin, no sin cierta sorpresa, hasta asistimos en nuestros días a un resurgimiento de elementos románticos (y barrocos), aunque no siempre se los reconoce con esos nombres. Signo de vitalidad que también merece ser tenido en cuenta.

Las consideraciones anteriores pueden extenderse hasta aquí, aunque trataré de evitar las más redundantes. Particularmente me interesa decir que, dentro de las semejanzas en el proceso, el Brasil ofrece muchos reflejos europeos y también reales valores nacionales.

En el campo de la crítica, al juicio, por lo común negativo, de fines del siglo pasado y comienzos de éste, ha sucedido una más serena actitud de comprensión y análisis. Claro que hace falta separar mucha hojarasca, pero los nombres nítidos del romanticismo en el Brasil merecen tales tributos. Los esfuerzos de críticos como Manuel Bandeira, Ronald de Carvalho, José Veríssimo y Afrânio Coutinho mucho han hecho para que tengamos hoy un mejor conocimiento de este momento literario. (Son, por otra parte, como se ha visto, autores de estudios que han servido con frecuencia a estas páginas.)

El saldo —diríamos indiscutible— del romanticismo en el Brasil muestra estas tres presencias firmes: Gonçalves Dias, Alencar y Castro Alves. (Además, algunos otros que se acercan: Álvares de Azevedo, Fagundes Varela, Casimiro de Abreu, Silva Guimarães.) Pero en un intento de aproximaciones, sobre todo pensando en la serie señalada dentro de las letras hispanoamericanas, conviene ceñirse a los tres primeros: la valoración será así más justa.

Gonçalves Dias, Alencar y Castro Alves son escritores que se acercan a la realidad de su tiempo y de su país, que pueden desligarse, en lo posible, de tutelas absorbentes (para que el romanticismo no sea sólo un cambio de reflejos) y que nos dejan, como concreción artística, un grupo de libros estimables. La diferencia que va desde la labor fecunda de Alencar (y aun de Gonçalves Dias) hasta la breve producción de Castro Alves no es —una vez más— obstáculo a la pareja proyección de las obras. Sin hacer inútiles comparaciones, puede agregarse que en Castro Alves se reproduce un ejemplo frecuente en la lírica universal.

También una vez más hay que recordar que el carácter «nacional» que se observa en Gonçalves Dias, Alencar y Castro Alves (temas, expresión, intención...) vale en cuanto encontró identificación adecuada en estos poetas. Carácter nacional, entonces —antes y después— tienen multitud de obras que no se salvan sólo por eso. Parecerá perogrullesca la aclaración, aunque se justifica ante repetidas alusiones (por cierto, estrechas) acerca del «sentido nacional» de la obra artística.

PALABRAS FINALES

En los últimos años las letras brasileñas han logrado una difusión en otros países americanos, particularmente en el nuestro, como no la lograron con anterioridad. (Hubo excepciones, claro está. Como ejemplo de simpatía y aproximación no puede olvidarse aquí la obra —ya un tanto alejada— de Martín García Mérou [2], hombre inquieto y de hondo sentir americano.) En esa difusión, que revela y revelará al lector hispanoamericano aspectos insospechados de la vida y la cultura brasileñas, el conocimiento de sus románticos, sobre todo de aquellas obras singulares (*O Guarani, Iracema,*

---

[2] Martín García Mérou, *El Brasil intelectual. Impresiones y notas literarias* (en *La Biblioteca*, de Buenos Aires, II, 1896, y III y VI, 1897). En libro, *El Brasil intelectual*, Buenos Aires, 1900.

de Alencar; los diversos *Cantos* de Gonçalves Dias; las *Espumas flutuantes,* de Castro Alves) mostrará valiosísimos aspectos de una realidad americana, por desgracia no captada como corresponde.

ÍNDICE DE NOMBRES PROPIOS

ÍNDICE GENERAL DEL TOMO II

II

BRASIL

BIBLIOTECA ROMÁNICA HISPÁNICA

Dirigida por: DÁMASO ALONSO

I. TRATADOS Y MONOGRAFÍAS

II. ESTUDIOS Y ENSAYOS

33. Hugo Rodríguez-Alcalá: *Narrativa hispanoamericana. Güiraldes Carpentier - Roa Bastos - Rulfo (Estudios sobre invención y sentido).* 218 págs.

VIII. DOCUMENTOS

2. José Martí: *Epistolario (Antología).* Introducción, selección, comentarios y notas por Manuel Pedro González. 648 págs.

IX. FACSÍMILES

1. Bartolomé José Gallardo: *Ensayo de una biblioteca española de libros raros y curiosos.* 4 vols.
2. Cayetano Alberto de la Barrera y Leirado: *Catálogo bibliográfico y biográfico del teatro antiguo español, desde sus orígenes hasta mediados del siglo XVIII.* XIII + 728 págs.
3. Juan Sempere y Guarinos: *Ensayo de una biblioteca española de los mejores escritores del reynado de Carlos III.* 3 vols.
4. José Amador de los Ríos: *Historia crítica de la literatura española.* 7 vols.
5. Julio Cejador y Frauca: *Historia de la lengua y literatura castellana (Comprendidos los autores hispanoamericanos).* 7 vols.

OBRAS DE OTRAS COLECCIONES

Dámaso Alonso: *Obras completas.*
    Tomo I: *Estudios lingüísticos peninsulares.* 706 págs.
    Tomo II: *Estudios y ensayos sobre literatura.* Primera parte: *Desde los orígenes románicos hasta finales del siglo XVI.* 1.090 págs.
    Tomo III: *Estudios y ensayos sobre literatura.* Segunda parte: *Finales del siglo XVI, y siglo XVII.* 1.008 págs.
    Tomo IV: En prensa.
Homenaje Universitario a Dámaso Alonso. Reunido por los estudiantes de Filología Románica. 358 págs.
Homenaje a Casalduero. 510 págs.
Homenaje a Antonio Tovar. 470 págs.
Studia Hispanica in Honorem R. Lapesa. Vol. I: 622 págs. Vol. II: 634 págs. Vol. III: En prensa.

Juan Luis Alborg: *Historia de la literatura española.*

Tomo I: *Edad Media y Renacimiento.* 2.ª edición. Reimpresión. 1.082 págs.

Tomo II: *Época Barroca.* 2.ª edición. Reimpresión. 996 págs.

Tomo III: *El siglo XVIII.* Reimpresión. 980 págs.

José Luis Martín: *Crítica estilística.* 410 págs.

Vicente García de Diego: *Gramática histórica española.* 3.ª edición revisada y aumentada con un índice completo de palabras. 624 págs.

Graciela Illanes: *La novelística de Carmen Laforet.* 202 págs.

François Meyer: *La ontología de Miguel de Unamuno.* 196 págs.

Beatrice Petriz Ramos: *Introducción crítico-biográfica a José María Salaverría (1873-1940).* 356 págs.

Los *«Lucidarios» españoles.* Estudio y edición de Richard P. Kinkade. 346 págs.

Vittore Bocchetta: *Horacio en Villegas y en Fray Luis de León.* 182 páginas.

Elsie Alvarado de Ricord: *La obra poética de Dámaso Alonso.* Prólogo de Ricardo J. Alfaro. 180 págs.

José Ramón Cortina: *El arte dramático de Antonio Buero Vallejo.* 130 págs.

Mireya Jaimes-Freyre: *Modernismo y 98 a través de Ricardo Jaimes Freyre.* 208 páginas.

Emilio Sosa López: *La novela y el hombre.* 142 págs.

Gloria Guardia de Alfaro: *Estudios sobre el pensamiento poético de Pablo Antonio Cuadra.* 260 págs.

Ruth Wold: *El Diario de México, primer cotidiano de Nueva España.* 294 págs.

Marina Mayoral: *Poesía española contemporánea. Análisis de textos.* 254 págs.

Gonzague Truc: *Historia de la literatura católica contemporánea (de lengua francesa).* 430 págs.

Wilhelm Grenzmann: *Problemas y figuras de la literatura contemporánea.* 388 págs.

Antonio Medrano Morales: *Lingüística inglesa.* 408 págs.

Veikko Väänänen: *Introducción al latín vulgar.* Reimpresión. 414 págs.

Luis Díez del Corral: *La función del mito clásico en la literatura contemporánea.* 2.ª edición. 268 págs.

Miguel J. Flys: *Tres poemas de Dámaso Alonso (Comentario estilístico).* 154 págs.

Irmengard Rauch y Charles T. Scott (eds.): *Estudios de metodología lingüística.* 252 págs.

Étienne M. Gilson: *Lingüística y filosofía (Ensayos sobre las constantes filosóficas del lenguaje).* 334 págs.